本书受华东政法大学人文学院专项资助

塔尔斯基真之语义理论研究

梅祥 著

THE RESEARCH OF TARSKI'S SEMANTIC THEORY OF TRUTH

知识产权出版社
全国百佳图书出版单位

图书在版编目（CIP）数据

塔尔斯基真之语义理论研究 / 梅祥著．—北京：知识产权出版社，2017.12

ISBN 978－7－5130－5347－1

Ⅰ.①塔… Ⅱ.①梅… Ⅲ.①语言哲学—研究 Ⅳ.①H0

中国版本图书馆 CIP 数据核字（2017）第 314083 号

责任编辑：雷春丽　　**责任出版：**刘译文

封面设计：SUN 工作室　韩建文

塔尔斯基真之语义理论研究

梅祥　著

出版发行：知识产权出版社有限责任公司

网　　址：http：//www.ipph.cn

社　　址：北京市海淀区气象路 50 号院

邮　　编：100081

责编电话：010－82000860 转 8004

责编邮箱：leichunli@cnipr.com

发行电话：010－82000860 转 8101/8102

发行传真：010－82000893/82005070/82000270

印　　刷：北京科信印刷有限公司

经　　销：各大网上书店、新华书店及相关专业书店

开　　本：720mm×1000mm　1/16

印　　张：12.5

版　　次：2017 年 12 月第 1 版

印　　次：2017 年 12 月第 1 次印刷

字　　数：186 千字

定　　价：50.00 元

ISBN 978－7－5130－5347－1

前　言

本书是关于塔尔斯基真之语义理论的研究。1933 年，塔尔斯基发表了著名论文《形式化语言中的真之概念》，在该文中塔尔斯基从否定在自然语言中定义真的可能性出发，区分了对象语言与元语言，并使用满足概念给真做了一个实质上恰当、形式上正确的真之定义，以塔尔斯基的真之定义为核心形成了塔尔斯基的真之语义理论。塔尔斯基的真之语义理论产生了许多人们为之争论的问题。比如塔尔斯基的真之语义理论会不会是一种符合理论？如果认为塔尔斯基的真之语义理论是符合论，那么如何解释符合理论面临着需要解释事实概念与符合概念的问题，也面临着解释命题与事实之间的符合关系是一一对应的关系还是其他关系的问题。另外，塔尔斯基给出了以句子为载体的真谓词的真句子定义，但塔尔斯基的真之句子定义能否达到对真这个概念的直觉把握？真句子定义能否完全解释真这个概念？塔尔斯基真之语义理论是否提供了一种可以消去真谓词的途径？真谓词能被消去吗？塔尔斯基的真之语义理论是否成功解决了语义悖论问题？自然语言是否无法解释语义悖论？等等。本书将在塔尔斯基真之语义理论的基础上对这些问题进行探讨。

为了清晰地阐述塔尔斯基语义学思想，我们必须先考察关于弗雷格的语义学思想。因为虽然塔尔斯基是现代逻辑语义学的奠基人，但是弗雷格的语义学思想早于他，弗雷格的语义思想影响了塔尔斯基对真之语义理论的构建。弗雷格从句子出发进行相应的哲学思考。弗雷格区分了句子的涵义和意谓，他认为一个句子的涵义是思想，一个句子的意谓是真值。思想是句子的内容，也可以被称为命题；真值是指句子是真的或假的情况。相比句子的涵义，我们会对句子的意谓更加关心，因为句子的意谓是真值，寻问句子的真使我们转向了科学的思考。弗雷格有许多的语义学思想，但是他并没有构建一个系统的语义学理论体系，也没有明确回答什么是语义学。而塔尔斯基则在解释一个给定的语言中的真句子定义时构建了一个系统的语义学理论体系，奠定了现代逻辑语义学的基础。

为了具体研究塔尔斯基真之语义理论的“真”的概念，我们必须考察关于塔尔斯基真之语义理论体系的构建过程。我们可以简单地将塔尔斯基真之语义理论的构建过程描述为：塔尔斯基首先否定了在自然语言中定义真的可能性，然后区分了对象语言与元语言，并使用满足概念给真做了一个实质上恰当、形式上正确的真之定义，以塔尔斯基的真之定义为核心形成了塔尔斯基的真之语义理论。塔尔斯基的真之语义理论奠定了现代逻辑语义学的基础，并且为我们进一步把握“真”概念与经典逻辑间的关系提供了参照，促进了真之理论和意义理论的发展，推动了经验科学和演绎科学的发展。

在考察完塔尔斯基的真之语义理论之后，我们开始探讨塔尔斯基的真之语义理论是否是一种符合论，从而获得一种关于塔尔斯基真之语义理论的认识。认为塔尔斯基的真之理论是一个符合理论的人们，似乎总是在坚持塔尔斯基的真之条件给出了一个真与事实相符合的解释；而不认为塔尔斯基的真之理论是一个符合理论，甚至认为塔尔斯基的理论是一个紧缩论的人们，似乎总是认为我们能够用一个句子完满地替代那个有引号的并且后面跟着“是真的”这话的句子，因此真这个谓词是可以被消去的。当然，还有一些人基于塔尔斯基在文章中的言论去判断塔尔斯基是不是一个符合论者。

对于符合理论而言，我们认为如果塔尔斯基的真之理论解释了符合理论所面临的一些问题，那么他的理论就应该是一种符合理论。符合理论面临着需要解释事实概念与符合概念的问题，也面临着解释命题与事实之间的符合关系是一一对应的关系还是其他关系的问题。而在塔尔斯基的真之理论中，塔尔斯基的真之定义解释了什么是事实，而通过戴维森的在自然语言的片段中能解释真这个概念的观点，我们认为塔尔斯基的真之条件解释了什么是与事实相符合。又因为塔尔斯基所定义的是一个句子的真之定义，因此我们认为他解释的是句子与事实之间的对应关系，并且是一种多对一的关系。所以我们认为塔尔斯基的真之理论解释了符合理论面临的一些问题，他的理论是一种符合理论。另外，基于塔尔斯基的一个观点，即他只想抓住真与事实相符合的古典的真之概念而非真在某方面有用的真之概念，我们联想到似乎可以尝试从真之作用上来表明“真的”一词有着使我们理解一个陈述与事实相符合的作用。通过上述分析，我们最终表明塔尔斯基的真之理论是一个符合理论，真谓词不能被消去，真谓词在一个句子中保证了句子的一致性的外延，并且使我们理解了一个陈述与事实的符合。

在获得一种对塔尔斯基的真之语义理论认识的基础上，我们展开了对真之概念的研究。首先我们研究了真之载体问题。塔尔斯基给出了一个陈述所表达的是句子的外延式的真之定义。根据塔尔斯基的说法，亚里士多德的那句古老的名言，即“是什么说不是什么，不是什么说是什么，这是假的；是什么说是什么，不是什么则说不是什么，这是真的”。这句名言很好地表达了“真”这个概念的直觉。而这种直觉是一种陈述与事实的符合。由于塔尔斯基将陈述看作句子，所以他认为这种直觉表达的是一种句子的真与事实的符合。但是一个陈述不仅仅表达的是一个句子，还有可能是一个判断或命题。因此要解释“真”这个概念，还必须考虑到一个陈述是判断还是命题。但正如塔尔斯基所认为的，命题的意义模糊不清，句子似乎作为真之载体是最便利的选择。而在以往的历史中，对一个真的判断或真的命题进行解释时也都会遭遇各种各样的困难。那么能否给出一个真的判断或真的命题的合理解释呢？我们认为，如果不将判断视为一种思想行为，不把命题视为一种独立的观念实体，而是将判断或命题放在一个陈述当中去考虑，那么就有可能给出一个陈述所表达是真的判断或一个陈述所表达的是真的命题的解释。我们随后在塔尔斯基的真句子定义的基础上对一个陈述表达的是真的判断和一个陈述所表达的是真的命题作出了解释。把握真之陈述，有助于我们把握住真这个概念的直觉。

探讨完真之载体之后我们分别对真之消去和真之悖论作了探讨。对于真之消去，我们探讨了冗余论和紧缩论。根据对冗余理论以及紧缩理论的分析，我们能借助塔尔斯基的真之理论发现它们理论所面临的困难。其中典型的是当用相应的句子或用相应的词比如“断定”“确定”等去消去真这个谓词会遭遇各种各样的困难，甚至会导致一些矛盾性的或违反直觉的结论出现。对于真这个谓词，我们的态度是不能被消去。在此之后，我们开始考虑与“真”概念相关的语义悖论问题，因为这是塔尔斯基真之语义理论所要解决的理论目标。我们分析了塔尔斯基解释语义悖论的经典方案，即语言分层思想及其面临的问题，这里就包括来自克里普克的批判。克里普克在对塔尔斯基的语言分层思想进行批判的基础上提出了真值间隙理论。然而，克里普克的方案依然存在着类似塔尔斯基方案的脱离对“真”概念的直观把握。最后我们吸取了克里普克回归自然语言去解释语义悖论的思想，并借助戴维森的在自然语言片段中去解释真这个概念的思想，构建了一种面向自然语言对语义悖论的语义解释。

综合以上几个研究部分，我们将在塔尔斯基真之语义理论的基础上，勾勒出对“真”概念比较系统的研究框架，使得对“真”概念的研究在其产生、基础解释、消去、与其他概念的关系以及防止语义悖论的产生多个层次上呈现出它丰富的形态。通过我们的讨论，我希望本书能够达到以下几个目的。

第一，展现“真”概念与经典逻辑之间的内在关联，为全面把握经典逻辑提供一种借鉴。由于经典逻辑是建立在二指逻辑，即真和假的基础之上，而“假”可以通过“非真”来表达，因此“真”概念成了经典逻辑最基础的语义概念。虽然“真”概念在对一种逻辑的语义解释中以语义值的方式出现，但这并不意味着忽视“真”概念本身的哲学蕴意。而从真之语义理论出发，将有助于为我们研究“真”概念与经典逻辑间的关系提供一种新的思路，从而有益于全面把握和理解经典逻辑。

第二，为构建一种面向自然语言的对语义悖论的语义解释提供参考。塔尔斯基真之语义理论的主要贡献之一便是关于“真”的一个具体问题，即语义悖论的解决。但是塔尔斯基在处理语义悖论所采取的语言分层思想由于不够直观，脱离了自然语言而受到克里普克的批判，而克里普克的固定点理论同样也面临着塔尔斯基真之语义理论同样的问题。我们认为，可以借鉴戴维森的真之条件意义理论，可以尝试通过自然语言中本身那些并不产生悖论的自然语言片段，给出相应的符合直观地解释，通过这种解释去分析自然语言中容易产生悖论的另一部分自然语言中的句子。

第三，综合考察主要的当代真之理论，为我们理解“真”概念提供不同的理论维度，并为意义理论的发展提供一种思考方向。塔尔斯基通过构建形式化语言中的真之概念创立了真之语义理论；奎因在真之语义理论的基础上提出了“真即去引号”的思想；戴维森通过对真之概念的研究实现了对意义的解释；达米特也围绕着“真”与“证实”的关系构建了自己的意义理论等。通过对比研究当代这些真之理论，有助于避免研究的单一片面化，将会丰富人们对“真”概念的理解方式，并为人们研究意义理论提供理论视角。

第四，为特殊经验科学的发展提供一种可供借鉴的研究方法。基于真之语义理论的“真”概念研究，往往需要对“后承”“满足”“真”“句子”等进行一种精确的定义，当人们再进行这种概念的讨论时，它便提供了一种牢固的基础。此外，许多的经验科学，比如心理学、社会学等或多或少地涉及语义概念。比如一位心理学家通过一个人对某些问题给出答案“是真的”和“是假的”的数目来定义所谓的智商。因此，“真”概念的研究有助于为特殊经验科学的发展提供一种参考机制。

通过以上几个目标，笔者希望本书有助于人们对塔尔斯基的真之语义理论和当代西方哲学中“真”概念的理解，并促进真之理论的研究和发展。

本书是在笔者的博士后研究报告的基础上完善而形成的。在此，要特别感谢在清华大学学习期间，导师王路教授在生活和学术上给予的关心和帮助。在本书及相关论文的写作过程中，何向东教授、刘新文研究员、马明辉教授、王文方教授，还有来自荷兰皇家科学院的院士马汀教授、英国伦敦大学国王学院的鲍勃教授提供了许多的建议，在此一并感谢。感谢导师何向东教授和时显群教授的淳淳教诲。感谢张晓光教授、王苹副教授、缪四平副教授、杜文静副教授在生活和工作上给予的爱护和帮助。感谢王晓骊教授、臧志彭副教授帮助我联系出版。同时，还要特别感谢知识产权出版社的雷春丽编辑的辛勤工作。最后我要感谢的是一直陪伴和支持我的朋友和家人。感谢我的朋友周游、邢海波、夏禹、娄敏等，感谢他们在日常生活中对我的关心。最后，我特别要感谢我的妻子周江颖，感谢她在背后默默的付出和陪伴。还要特别感谢一直支持与鼓励我的爸爸妈妈和姐姐，他们永远是我的坚强后盾。此书献给一直陪伴我的家人，爱你们！

目　录

Contents

第 1 章 导论

“真”概念是当代西方哲学研究的基础与核心概念，塔尔斯基的真之语义理论是当代西方研究“真”概念的基础理论，它奠定了现代逻辑语义学的基础，推动了“真”概念在现代逻辑语义学框架下的研究。本书通过考察真之语义理论、真之符合论、真之条件意义理论、真之去引号理论和真之极小主义五种主要的真之理论，将“真”概念置于真之语义理论的视角下，进而揭示“真”概念的产生、定义及关于真之载体、消去和悖论的语义探讨。为方便读者对塔尔斯基真之语义理论的了解，本章将简要介绍塔尔斯基真之语义理论国内外研究的相关情况，以及本书要讨论和涉及的一些当代真之理论。

1.1 国内外与“真”概念相关的研究

传统西方哲学中对“真”概念的论述可以追溯到巴门尼德、亚里士多德等集大成哲学家的论著中。比如，巴门尼德在一首《论自然》的残诗中借女神之口提出了“知识的两条道路：‘真之路’与‘意见之路’”，他认为与真一致的东西是我们所见的东西不能不是。亚里士多德在《形而上学》中对“真”作出了这样的解释“是什么说是什么，不是什么说不是什么，这是真的；是什么说不是什么，不是什么说是什么，这是假的”。虽然在传统希腊哲学中对“真”概念的解释提出从时间上来看比较早，但是对“真”概念的研究大多缺乏系统论证。而到了中世纪，“真”概念往往与神、上帝紧密结合在一起，比如，奥古斯汀在《忏悔录》中认为上帝就是真。虽然亚里士多德在古希腊时期就创立了三段论，开创了逻辑学这门学科，但由于三段论的局限性，“真”概念在传统西方哲学研究中并没有被突显出来，因此传统西方哲学中对“真”概念的系统研究是缺乏的。

现代逻辑的产生突显了对“真”概念研究的重要性。传统三段论逻辑由于受句法形式的影响，“being”概念而不是“真”概念一直是处于传统逻辑和西方哲学的核心概念。但由于现代逻辑之父弗雷格建立了经典谓词逻辑，原有的三段论逻辑的基本句式“S 是 P”完全可以由谓词逻辑处理，而在谓词逻辑中，“being”概念被取消了，但“真”概念被突显出来了，而把“真”概念突显出来将有助于我们转向科学的思考，弗雷格说：“句子的意谓是真值，寻问句子的真就使我们转向了科学的思考。”弗雷格在其诸多的论文中，如《概念文字》《函数和概念》《论概念和对象》《论涵义和意谓》《思想：一种逻辑研究》都系统地论述和表达了“一个句子的涵义是思想，一个句子的意谓是真值”的思想。自弗雷格之后“真”概念就一直作为逻辑学的核心概念存在，并成了分析哲学和语言哲学的基础概念。

建立在“真”概念研究的基础上形成了一批传统的真之理论。如逻辑原子符合论、融贯论、冗余论。但传统的真之理论都存在众多的问题，比如，符合论对于“真”与“事实”符合的解释问题，融贯论的约束力和有效性十分勉强，冗余论用“断定”来替代“真”引发的悖论。然而，最大的问题是在自然语言中不可避免地会有语义悖论（说谎者悖论）的出现。为了有效解决自然语言中的语义悖论，塔尔斯基在 1933 年发表了《形式化语言中的真之概念》，构建了不同于自然语言的形式化语言，并在其中对“真”概念作了形式化的语义学解释，奠定了现代逻辑语义学的基础，创立了真之语义学理论。

塔尔斯基的真之语义理论与哥德尔不完全性定理、图灵机及其判定问题被誉为现代逻辑的三大成果。正因为塔尔斯基的真之语义理论对“真”概念研究的重要性，许多国外著名的哲学家在塔尔斯基的真之语义理论的基础上对“真”概念进行研究，从不同的视角出发，创立了新的真之理论，推动了逻辑和哲学的发展。比如，戴维森的真之条件意义理论受塔尔斯基真之语义论影响较大，他对塔尔斯基真之语义论的继承在于他对句子中的真和意义的探讨是以塔尔斯基的真之语义论为核心的，他不满塔尔斯基仅将真之定义局限于形式化的语言中，而是致力于将它发展至自然语言系统，通过将塔尔斯基的真之语义论与意义理论结合在一起来实现用塔尔斯基的理论为意义理论服务的理论诉求。再比如克里普克在真之语义理论语言分层思想的基础上，通过构建一种形式化的语言，定义了一个固定点的概念，并且通过定义“极小固定点”形式化地定义了有根性这个概念，即如果一个句子在极小固定点上是有真值的，那么这个句子就是有根的。从而得出悖论性的句子在任何一个固定点上都不能有真值的结论，进一步拓展了塔尔斯基解决语义悖论的语言分层思想。还有奎因在真之语义理论的基础上提出了“真即去引号”的思想；霍维奇批判了塔尔斯基的真之语义理论，提出了极小主义，主张将真谓词紧缩到极小等。

此外，还有一些与塔尔斯基真之语义理论相关的重要的二手文献资料。比如，奎宁（Wolfgang Künne）在牛津大学出版社出版的《真之概念》一书中就对塔尔斯基的语义学概念、塔尔斯基的真之定义和塔尔斯基的真之条件谈论了自己的看法。克里克哈姆（Krikham）在MIT出版社出版的《真之理论》中具体分析了塔尔斯基的语义理论以及人们对塔尔斯基的理论的批判，并针对这些批判作出了分析。除此之外，还有帕斯卡·恩真（Pascal Engel）的《真》；苏珊·哈克的《逻辑哲学》等。除此之外，还有一些是将塔尔斯基的文章以及研究塔尔斯基的文章收录其中的论文集，这些也方便了我们去研究塔尔斯基的真之语义理论，比如史蒂分（Steven R. Givant）、拉尔非（Ralph N. McKenzie）编辑的《阿尔弗雷德·塔尔斯基论文集》；林奇（M P. Lynch）编辑的《真之性质》；霍维奇编辑的《真之理论》。值得一提的是，吴吉尔（J. H. Woodger）翻译了塔尔斯基的《逻辑、语义学、数学》论文集，其中收录了塔尔斯基从1923年到1938年的重要文献，这对于我们研究塔尔斯基的真之语义理论提供了重要的文献来源。另外，由费弗曼（A. B. Feferman）、索罗门·费弗曼（Solomon Feferman）所著的塔尔斯基传记《阿尔弗雷德·塔尔斯基：生活和逻辑》为我们了解塔尔斯基的生平与学术提供了重要的参考价值。

通过上述分析，我们可以看到国外对“真”概念的研究自弗雷格创立现代逻辑以后呈现了井喷式的发展，而自塔尔斯基的真之语义理论之后，国外学者从不同的切入点出发，挖掘塔尔斯基真之语义理论的精华，形成了一批十分重要的，在逻辑学、分析哲学和语言哲学等领域具有深刻影响的当代真之理论。目前，对塔尔斯基的真之语义理论和其他当代真之理论中的“真”概念研究是国际上逻辑哲学、分析哲学和语言哲学的前沿和核心问题研究。比如，当今国际著名的哲学期刊《哲学研究》《哲学季刊》《思想》《符号逻辑》《哲学学报》等，关于塔尔斯基的真之语义理论及其“真”概念研究相关的论文是这些期刊主要的文献来源之一。由于塔尔斯基对“真”概念研究的思想十分丰富，因此真之语义理论所产生的哲学问题也十分多，比如哪些载体能成为真之载体，“真”能否被消去，“真”能否被定义，塔尔斯基是物理论者、符合论者、紧缩论者，还是中立者等。其中有众多的哲学问题并没有解决或解释清楚。

国内系统研究真之概念和理论的学者主要有王路教授、王文方教授等。他们系统的研究成果为本书的研究提供了参照。比如，王路教授的《“是”与“真”——形而上学的基石》一书中就对“是”与“真”进行了具体分析。王路教授还翻译了奎因的《真之追求》，达米特的《分析哲学的起源》，戴维森的《真与谓述》等与真之理论有关的书籍。王路教授于 2007 年在《世界哲学》杂志编译了一篇《真与意义理论》，其中涉及了紧缩论、极小主义、真之制造者、去引号理论等，这些论文推动了国内学者对当代真之理论的了解和研究的重视。王文方教授曾经系统做过真之概念与真之修正理论研究，其中《古典双面真之理论的几个基本困难》《真之理论悖论的弗完全解悖方案》《塔斯基的真理定义与物理论》《古普塔及贝尔纳普的真之修正理论述评》《站在克里普克的肩膀上看真理》等论文和书籍为我们研究“真”概念提供了重要的参考意见。除此之外，国内其他许多学者也从不同的角度对塔尔斯基的真之语义理论及其他当代真之理论和“真”概念本身做了一些研究，比如，黄华新教授的《塔尔斯基与弗雷格求真方法之比较》、郭继海教授的《塔尔斯基是一个符合论者吗》、周振忠教授的《塔尔斯基的真之理论与符合论》《收缩论及其不一致性研究》、周志荣教授的《论“真”概念的物理主义还原》、王巍教授的《真之理论的新进展——最小主义及其批评》，这些都为本书的研究提供了借鉴。

综合上述研究现况，由于塔尔斯基真之语义理论的突出贡献和重要性，其对“真”概念研究思想内容的丰富性，及其所产生的众多关于“真”概念的未有效解决或清楚解释的问题，促使我们展开了关于塔尔斯基真之语义理论的研究。本书将充分借鉴和吸收前人的研究方法和成果，努力突破前人研究的局限，以期达到系统、深入研究基于塔尔斯基真之语义理论的“真”概念目标。

1.2　当代真之理论介绍

由于本书对“真”概念的探讨是建立在对塔尔斯基真之语义理论的分析基础之上，因此我们将在第二章详细介绍塔尔斯基的真之语义理论。此外，因为我们在分析真之概念时，除了涉及塔尔斯基的真之语义理论外，还会涉及上述所提到的许多当代真之理论，为了方便讨论，这里我们有必要对这些真之理论做一个简单的介绍。

1.2.1　戴维森的真之条件意义理论

戴维森的理论受塔尔斯基真之语义论影响较大，他对塔尔斯基真之语义论的继承在于他对句子中的真和意义的探讨是以塔尔斯基的真之语义论为核心的，而他的发展就在于他不满塔尔斯基仅将真之定义局限于形式化的语言中，于是他致力于将它发展至自然语言系统，通过将塔尔斯基的真之语义论与意义理论结合在一起来实现用塔尔斯基的理论为意义理论服务。戴维森认为塔尔斯基的真之理论与意义理论存在着一种明显的联系，因此戴维森的工作是用塔尔斯基的外延式的“真”之概念来解释意义理论。戴维森的做法是通过反用，修改塔尔斯基真之语义论，通过将“真”作为初始概念来分析自然语言中句子的真之条件而形成了一个新的意义理论，即真之条件意义理论。

具体来讲，戴维森采取了一种语义上升的方式把意义理论中相应的内涵表达式逻辑地转化为了外延表达式。戴维森认为对于“S意谓P”（P是S的描述句）这样的句子，“意谓”是一个内涵模糊会产生歧义的表达式，因此需要一个清晰的外延表达式来代替。戴维森的建议是向替代“P”的句子提供一个恰当的句子关联词，而向替代“S”的描述语提供它自己的谓词，结果便是：

(T) S是T当且仅当P

接着戴维森认为我们对令人满意的意义理论所提出的条件，在本质上其实就是塔尔斯基用来检验一个真之形式化语义定义是否恰当的约定T。因此，对于（T）也可以转换为另外一种形式，即：

S是真的当且仅当P

如果要利用（T）去构造自然语言的意义理论，戴维森认为就需要为“真”添加语境因素，把真看作为一个我们话语的特性，或者言语行为的特性，或者说是关于句子、时间和人的有序三元组的特性。因此，戴维森对（T）作了适当地修改：

(T′) 由U在时间t所（潜在地）M是真的，当且仅当P

[这是对戴维森例子的形式处理，其中M是说者U表达的句子，P是对U在时间t所（潜在地）M的翻译]

至此，戴维森用外延表达式，通过“真”构建了一个自然语言中的意义理论。在戴维森看来，他的意义理论符合一个恰当的意义理论所需要的条件（格雷林概括了戴维森所观察到的一个恰当的意义理论所需要满足的四个条件①），因此是一个恰当的意义理论。除此之外，戴维森用心良苦地表明塔尔斯基没有去试图定义真，并认为塔尔斯基证明了真是不能定义的，从而为他的“‘真’是个初始概念，不能被定义”的观点找到一个塔尔斯基理论的支撑。

1.2.2 奎因的去引号理论

奎因对塔尔斯基的真之语义理论做了继承和发展，构建了真之去引号理论。首先，从基本思想来看，奎因与塔尔斯基是一致的，认为句子才是真之载体，而并非命题。其次，从奎因在《逻辑哲学》和《真之追求》讨论真的章节中可以看到奎因对塔尔斯基的真之语义理论都做了相应的转述，比如奎因转述了塔尔斯基定义被对象序列“满足”的概念，转述了用“满足”定义“真”。奎因对塔尔斯基真之语义论的发展在于他提出了“真即去引号”的思

① A. C. Grayling. *An Introduction to Philosophical Logic*. Sussex: The Harvester Press, 1982, p. 222.

想，建立了真之去引号理论。奎因认为对于"'雪是白的'是真的，当且仅当雪是白的"这样一个句子，把真归于句子即是把白归于雪。真的归属恰恰取消了引号，真即去引号。

把"真"视为"去引号"的好处是，避免了带有真谓词的句子形式会产生隐晦指称的问题。我们知道，在指称透明的语境下，对一个句子的部分代之以意谓相同的部分，句子的真值不变。比如 8 > 7 中的"8"是透明指称的，当代之以涵义不同，意谓相同的"行星的数目"时，整个句子的真值不变。但在指称隐晦的语境中，加了引号的句子变成了该句子的名字，此时该句子意谓的不再是真值，而是它的名字。如果对该句子代之以意谓相同的部分，句子的真值将发生改变。比如，对于这样的一句话，即"行星的数目 > 7"包含 5 个汉字，"行星的数目 >7"是句子行星的数目 >7 的名字，若是将"8"代入"行星的数目"，整个句子的真值将发生改变。但奎因认为："对于带有'真的'陈述的句子，即'……'是真的，'……'是一个'真之函数'，当我们用另一个含有相同真值的句子予以替换时，整个句子的真值不变。"问题是，这里的句子仍然是带有引号的，是会造成隐晦指称的，这岂不是矛盾。而如果能将这里的真谓词消去，那么就没有隐晦指称的问题了。但是如果单纯消去真谓词又会改变带有真谓词的句子是一个真之函数的事实。因此，奎因将真谓词视为去引号，消去引号表明真谓词归属于句子。这样既解决了隐晦指称问题，又保留了一个去掉引号的句子带有真的性质。

1.2.3 克里普克的真值间隙理论

克里普克对塔尔斯基的真之语义理论的分析是从批判塔尔斯基的语言分层思想着手的。克里普克认为塔尔斯基的语言分层思想违反了人们在自然语言中对"真"这个概念的直观使用，批判了塔尔斯基只是构建了一个有穷的语言层级，塔尔斯基的分层无法扩展到一种无穷的层级。

克里普克从人们在自然语言中如何理解"真"这个概念入手，形成了一个有根性的概念，并认为悖论性的句子是"无根"的，它们掉入了一种真值间隙当中，因此没有真值。我们也把克里普克的理论称为一种真值间隙理论。为了解释什么叫"有根"，克里普克在塔尔斯基的语言分层思想的基础上，通过构建一种形式化的语言，定义了一个固定点的概念，并且通过定义“极小固定点”形式化地定义了有根性这个概念，即如果一个句子在极小固定点上是有真值的，那么这个句子就是有根的。悖论性的句子在任何一个固定点上都不能有真值。

1.2.4 霍维奇的极小主义理论

霍维奇是紧缩主义在当代发展的代表性人物，他否认真谓词具有实质性的涵义，提出了极小主义理论，主张将真谓词紧缩到极小。对于真之定义，霍维奇否认需要有一个真之定义使得每一陈述内容的具体部分（这部分以哲学的非问题化的术语所表示）都运用了这样的真之概念分析；对于真之理论，霍维奇认为在极小主义的真之理论中只有形如<p>是真的当且仅当 p 的等价式。

霍维奇认为真谓词仅是为了某种逻辑上的需要而存在的。在某些场合，我们需要相信或假定一些命题，但是我们又不了解这些命题确切的是什么，此时真这个概念就产生了作用。霍维奇具体论证到，对于“每件东西都是红色的或不是红色的；并且是令人满意的或不满意的；并且是便宜的或不便宜的……”这样一个表达排中律的陈述中，“每件东西都是红色的或不是红色的”是等同于“每件东西是红的或不是红的这个命题是真的”。于是，我们便可使用“每个形如<每件事物是 F 或不是 F>的命题是真的”来把握上述表达排中律的陈述。真谓词在这里使我们构造了另一个命题，我们完全可以借助相信或假定这个命题去相信或假定原先的命题。

霍维奇对真这个概念所理解的等值图示与塔尔斯基的不同，他认为真之载体是命题而不是句子，他用<p>来表示命题 p，因此极小主义理论的等值图示可以写成：（E）命题“p”是真的，当且仅当 p，或者<p>是真的当且仅当 p。霍维奇认为极小主义的全部理论就在于（MT）命题“雪是白的”是真的，当且仅当雪是白的；命题“夸克实际存在”是真的，当且仅当夸克实际存在……的无穷合取，而又由于（E）<p>是真的当且仅当 p 可以被看作表示为上述的无穷合取，所以霍维奇认为在真之理论中只有形如<p>是真的当且仅当 p 这样的无穷的等价式。

霍维奇否认需要有一个能运用于每个陈述内容的具体部分的真之概念分析，他认为“真”这个概念所起的作用十分简单，即是对于任何一个断定句P，我们的语言都保证有一个相等的句子“命题P是真的”，在这里原来的句子转化为名词词组“P这个命题”，占据着对象变项的空位，并且这个真谓词只是起着恢复一个句子结构的作用，即去名字算子（de - nomiflalizor）的作用。

1.2.5 菲尔德的物理主义化归论

塔尔斯基在《形式化语言的真之概念》开篇就提到“如果不能预先把语义概念化归为其他概念，我就不会使用任何的语义概念”，菲尔德在此读出了塔尔斯基的物理主义倾向，但菲尔德认为塔尔斯基并没有给出一个物理论者完全满意的化归定义。理由有两点：

（1）我们可以将上述塔尔斯基对“满足”的定义改写为：满足是开句子S与无穷序列f之间的一种关系R：当开句子是一元时，它将是一个由无穷序列f的i次位的序列所形成的，当开句子是二元时，它将是两个对象之间的一种关系R……当开句子是n元时，它将是n个对象之间的一种关系R；对于一个开句子S而言，它的否定表明无穷序列f与开句子S不具有关系R；一个开句子S_1和S_2合取表明无穷序列f既与S_1，又与S_2有关系R；一个加存在量词的开句子S_3表明每个至多在第k次位不同于f的无穷序列g与S_3有关系R。我们可以看到“满足”这个语义概念在递归定义中并没有出现，因此最终得到排除。但菲尔德认为塔尔斯基的工作到这里就结束了，塔尔斯基只是把真这个概念化归为其他某些语义概念，而没有以任何方式来详细解释其他的这些概念。

（2）菲尔德采用这种形式（∀e）〔e是真的≡B（e）〕表达了塔尔斯基所建立的真之理论的形式化标准，这种形式的任何条件作为一种适宜的真之条件来接受，当且仅当它是正确的并且“B（e）”是一个不含有语义词的合适公式。菲尔德认为“B（e）”与“e是真的”虽然外延等价，但外延等价并不意味着这是一个可接受的化归。比如对于化学家来说，给出一个具有（∀E）（∀n）（E有价n≡E是钾并且n是+1，或……或E是硫并且n是-2）

这种形式的‘价定义’会是一件很容易的事情……虽然这是一种外延上正确的价定义，它也不会是一种可接受的化归”。因为它并没有解释 n 具有什么样的物理性质。

因此，菲尔德认为塔尔斯基并没有给出一个物理论者满意的化归定义，但菲尔德认为给出一个这样的定义是有可能的。菲尔德的做法是修改了塔尔斯基的真之定义，将“满足关系”化归为了“指示”与“适用”关系。而将“满足关系”化归为“指示”与“适用”的关系并不是物理论者所想要接受的最终结果，菲尔德认为还需要将“指示”与“适用”的关系进一步用物理论者所期望的解释来化归为最终的物理关系。而菲尔德相信克里普克的因果理论正好可以用来做“指示”与“适用”的关系的物理化归。因此，菲尔德认为通过诉诸于克里普克的因果理论便可以实现一个物理论者所要求的以物理的性质、关系来解释语义概念的诉求。

第 2 章
塔尔斯基的真之语义理论

阿尔弗雷德·塔尔斯基（Alfred Tarski，1901 ~ 1983 年）是美籍波兰裔犹太逻辑学家和数学家。1924 年在华沙大学获得数学博士研究生学位，1926 年任华沙大学教员，1939 年移居美国并担任哈佛大学的教员，1940 年在纽约市立学院担任教职，1942 年受聘于加州大学伯克利分校，随后他一直在伯克利工作直至退休。1945 年塔尔斯基加入美国国籍。1968 年塔尔斯基从伯克利退休，但他一直指导博士研究生直至去世。塔尔斯基的研究兴趣很广，其中他的研究领域涉及抽象代数、拓扑学、几何学、数理逻辑、分析哲学等领域。塔尔斯基所取得的成就是辉煌的，特别是他在元数学、数理逻辑、模型论的贡献，以至于人们通常把他跟亚里士多德、弗雷格、伯特兰·罗素和哥德尔相提并论。塔尔斯基的传记作者费弗曼（A. B. Feferman，S. Feferman）在所著的塔尔斯基传记 *Alfred Tarski：Life and Logic* 中开篇就写道："塔尔斯基是所有时代最伟大的逻辑学家之一。他和同时代的哥德尔一起改变了逻辑学在 20 世纪的面目，尤其是通过他对真的概念和模型论的研究。"①

塔尔斯基的学术思想深受华沙学派的影响。华沙学派诞生于 20 世纪 20 年代。华沙学派致力于对集合论、数理逻辑和科学方法论的研究。塔尔斯基毕业于华沙大学，并就职于华沙大学。塔尔斯基的真之语义理论便形成于他在华沙大学就职期间。塔尔斯基在华沙大学学习期间，先后听取了卢卡西维茨（Lukasiewicz）、列斯尼夫斯基（Le′sniewski）和柯达尔宾斯基（Kotarbi′nski）等教授的课程，列斯尼夫斯基和柯达尔宾斯基之间关于真的讨论，启发了塔尔斯基对真这个概念的思考，卢卡西维茨对说谎者悖论的分析推动了

---

① A. B. Feferman，S. Feferman. *Alfred Tarski*：*Life and Logic*. Cambridge：Cambridge University Press，2004，p. 1.

塔尔斯基语言分层思想的提出。塔尔斯基于1933年发表了重要论文《形式化语言中的真之概念》。该论文是塔尔斯基在借鉴列斯尼夫斯基的讲稿以及两人进行私人学术讨论的基础上形成的。除此之外，该论文在很大程度上也吸收了卢卡西维茨和柯达尔宾斯基关于真的观点，塔尔斯基在文中多处引用到他们对于真的相关论述。塔尔斯基除了受到华沙学派学术思想的影响外，还受到了弗雷格、罗素、怀特海、哥德尔等逻辑学家的影响。特别是哥德尔。1942年塔尔斯基受到古根汉姆基金的资助，在普林斯顿高等研究院工作，在这里他与哥德尔一起对一些重要的逻辑学和数学问题进行了讨论和研究。

虽然在塔尔斯基的工作之前，弗雷格提出了涵义、意谓、真值等形成语义学研究的基本概念，还提出了“意义的组合性”思想，推动了哲学领域的“语言转向”，[①] 使人们从把握句子的语义性质的过程去把握句子的思想，可以算是“提出语义学理论的第一人”[②]，但我们认为弗雷格的工作只是提出了一些语义学的思想，他并没有系统地构建一个语义学理论。

塔尔斯基于1933年发表其著名论文《形式化语言中的真之概念》，在这篇文章中，塔尔斯基通过否定在自然语言中定义真的可能性，区分对象语言与元语言，并使用满足概念给真做了一个实质上恰当、形式上正确的真之定义，以塔尔斯基的真之定义为核心形成了塔尔斯基的真之语义理论。塔尔斯基的真之语义理论奠定了现代逻辑语义学的基础。与弗雷格的语义学思想相比，塔尔斯基通过构建一个形式化语言中的真之定义，系统地建立了一个真之语义理论。因此，我们认为塔尔斯基是真正系统化地构建一个语义学理论的开创者。本章我们将详细地从形式和非形式的角度介绍塔尔斯基如何构建他的真之语义理论。

2.1 弗雷格的语义学思想

弗雷格是德国著名的数学家、逻辑学家，他开创了现代逻辑，也被人们

① 达米特：《分析哲学的起源》，王路译，上海译文出版社2005年版，第5～14页。

② M. Dummett. *The Seas of Languge*. Oxford：Oxford University Press，1993，p. 130.

称为语言哲学和分析哲学之父。弗雷格对许多逻辑上的哲学问题进行了创造性地研究，产生了许多推动现代哲学和现代逻辑发展的思想。这里我们要讨论的是弗雷格的语义学。

2.1.1　弗雷格区分了句子的涵义和意谓

弗雷格的语义学思想主要表现在他严格区分了句子的涵义和意谓。弗雷格认为一个句子的涵义是它的思想，一个句子的意谓是它的真值。这里的思想指的是句子的内容，从某种角度来讲，它指的是传统逻辑所说的命题。弗雷格说："我用'思想'不是指思维的主观活动，而是指思维的客观内容，它能够成为许多人共有的东西。"[①] 对于什么是真值，弗雷格认为一个句子的真值就是指这个句子的真或句子的假，他说："我们把句子中的真值理解为句子是真的或句子是假的情况，再没有其他情况。"[②]

句子的涵义和意谓是不同的，不同的句子它们可以有不同的涵义，却可以有相同的意谓。比如，对于例子"晨星是一个被太阳照亮的物体"和"昏星是一个被太阳照亮的物体"。如果一个人不知道晨星是昏星，他就可能会把其中的一个句子认为是真的，而把另一个句子看作是假的。因此，弗雷格认为这两个句子的涵义是不同的，它们所表达的思想也是不同的。但是这两个句子所意谓的是相同的，因为它们都意谓的是同一颗星星被太阳照亮。所以这两个句子涵义不同，意谓却相同。由于句子的意谓是真值，因此对于这两个句子，当我们用"昏星"去替代"晨星"，或者用"晨星"去替代"昏星"时，这两个句子的真值必然保持不变。因此，弗雷格认为当句子的一部分被意谓相同而涵义不同的一个表达式替代时，句子的真值必然保持不变。

有些句子它们可以有涵义，却没有真值或真值不确定。比如对于"奥德赛在沉睡中被放到伊萨卡岸上"。这个句子很明显是有涵义的。但是因为无法确定这里出现的名字"奥德赛"是否有一个意谓，因此同样人们无法确定整个句子是否有一个意谓。如果人们认为这个句子是真的或假的，那么人们肯定也会承认"奥德赛"这个名字不仅会有涵义而且有一个意谓。弗雷格认

---

① 弗雷格：《弗雷格哲学论著选辑》，王路译，王炳文校，商务印书馆 1994 年版，第 96 页。

② 弗雷格：《弗雷格哲学论著选辑》，王路译，王炳文校，商务印书馆 1994 年版，第 97 页。

为，如果人们停留在思想上，则可以满足于涵义。如果只考虑句子的涵义，即思想，那么就没有必要去探讨句子部分的意谓。为了句子的涵义，可以只考虑句子部分的涵义，而不考虑它的意谓。因此一个句子是否有意谓并不会改变这个句子的思想。但我们通常并不满足于一个句子的涵义，而总是去探讨这个句子的意谓，因为如果一个句子的某一部分没有意谓，思想对于我们就失去了价值。之所以我们会对句子的意谓更加关心，是因为句子的意谓是真值，寻问句子的真就使我们转向了科学的思考。因为句子的部分意谓影响着整个句子的意谓，所以句子的部分意谓也会影响整个句子的真值，因此我们也总是在探讨一个句子的部分意谓。①

思想与意谓在对于人们获得认识而言缺一不可。如果一个句子只有思想，没有意谓，那么思想对于我们就失去了应有的价值，因为我们并不知道我们的思想是真还是假；又因为所有真句子都有相同的意谓，所有假句子也有相同的意谓。如果一个句子只有意谓，没有思想，那么所有细节都会消失。因此，弗雷格认为我们绝不能只考虑句子的意谓，但是纯思想又不能提供认识，所以只有思想与其意谓，即其真值一起才能提供认识。②

既然真值对于我们获得认识很重要，那么什么是真的？弗雷格并不认为能够有效地去解释“真”，他认为一个命题 P 与命题这是真的 P 是相等的，当你说某个命题什么什么是真的时候，你并没有说出比你说那个命题什么什么更多的东西。比如，一个人会说：“2 是一个质数这个思想是真的”，但仔细想来，没有比“2 是一个质数”更多内容被表达出来。因此，作为一个句子算子的“这是真的”或“那是真的”在表达一个命题为真时是冗余的。所以弗雷格在他的文章中也并没有对真这个概念作一个定义性地解释。这也是他的语义学思想与塔尔斯基的真之语义理论的一个明显区别。

2.1.2 弗雷格提出了“意义的组合性思想”

除了区分句子的涵义和意谓，弗雷格还提出了“意义的组合性思想”，即一个句子的意义是由它的组成部分的意义来决定的。虽然弗雷格并没有在

---

① 弗雷格:《弗雷格哲学论著选辑》，王路译，王炳文校，商务印书馆 1994 年版，第 96 – 97 页。

② 弗雷格:《弗雷格哲学论著选辑》，王路译，王炳文校，商务印书馆 1994 年版，第 98 – 99 页。

他的著作中明确提出"意义的组合性"概念，但是我们可以通过他的著作发现他的"意义组合性思想"。一般认为，弗雷格的"意义组合性思想"来源于弗雷格在《算术基础》中所设立的"语境原则"的思想，即"不要单独孤立地去研究语词的意义，语词的意义必须放在句子的前后关系中去研究"。[①]

在《论涵义与意谓》一文中，弗雷格说道："如果一个句子的意谓就是它的真值，那么当句子的一部分被意谓相同而意义不同的一个表达式替代时，句子的真值必然保持不变。"[②] 这里弗雷格区别出了句子整体和句子部分之间的关系，这样就涉及句子的意谓和句子部分的意谓的关系。[③]

在《复合思想》一文中，弗雷格认为："语言能做的事情是令人震惊的，它通过少数音节就可以实现表达无数思想的目的，以至于即使当一个被人所领悟的思想第一次通过用字词的形式被表达出来时，它也能够被那些对他们来说是全新思想的人所理解，但是如果我们没有能力区分出思想中符合一个句子的部分的那些部分，这就实现不了。"[④] 虽然弗雷格在这里强调的是句子的结构是作为一种思想结构的映像出现，但是我们仍然能在这里看出他的"意义的组合性思想"。

弗雷格提出了"意义的组合性思想"之后，人们在弗雷格思想的基础上概括出了"意义的组合性原则"，即一个复合表达式的意义是它的部分的意义的一个函项。[⑤] 也就是说对一个句子的意义分析需要考察它的组成部分的意义。

达米特认为弗雷格的哲学促使了哲学领域的"语言转向"[⑥]。"语言转向"并不是意味着哲学研究转向了语言学的研究，而指的是人们对哲学研究采取了一种语言分析的方法，并通过现代逻辑作为工具进行语言分析。语言分析

---

① G. Frege. *Foundations of Arithmetic*. J. Austin transl. Oxford: Blackwell, 1950, p. xxii.

② 弗雷格：《弗雷格哲学论著选辑》，王路译，王炳文校，商务印书馆1994年版，第98页。

③ 王路："弗雷格关于意义和意谓的理论"，载《哲学研究》1993年第8期。

④ G. Frege. Compound Thoughts. *Mind*, New Series, 72 (285). Oxford University Press, 1963, p. 1.

⑤ J. Partee. *Handbook of logic and language*. J. V. Benthem, A. T. Meulen ed. North Holland, 1997, p. 419.

⑥ 达米特：《分析哲学的起源》，王路译，上海译文出版社2005年版，第7页。

的一个显著特点是人们从句子作为出发点去考虑哲学问题。① 人们可以通过对句子结构的分析去研究思想的结构。弗雷格认为一个句子的结构是作为一种思想结构的映像出现的。② 能够识别构成涵义作为一个思想的部分，依附于对表达思想的句子的结构的理解。因此，人们对一个句子进行句法分析时必须着眼于随后的语义解释，即如何根据句子的构成把句子确定为真的或假的。句子的结构和思想的结构必须一起发展。而句子有语义性质，可由一定的手段被赋值为真的或假的，因而表达一种思想。思想是在把握句子的语义性质的过程中被把握的，谈论思想的结构就是谈论句子部分相互的语义关系。③

2.1.3 弗雷格的语义学思想与塔尔斯基的真之语义理论的不同

虽然弗雷格在他的著作中展现了许多的语义学思想，但是我们认为这些语义学的思想并不意味着弗雷格提出了一个语义学的理论。因为弗雷格的语义学思想只是建立在涵义、意谓、真值等语义概念分析的基础之上，虽然他提出了“意义的组合性思想”，并且他的哲学推动了哲学领域的“语言转向”。但弗雷格并没有像塔尔斯基那样系统地构建一个语义学的理论体系。塔尔斯基通过给出一个给定的语言的句子的真之定义系统地构建了一个语义学的理论体系。

弗雷格也没有对什么是语义学做一个详细具体地解释。而塔尔斯基明确地告诉了我们语义学是研究什么的一门学科。塔尔斯基说道：“语义学是一门学科。从广泛意义上来说，它探讨一种语言的一些表达式和那些表达式所‘指称’的对象（或‘事物状态’）之间特定的关系。”我们可以提出指示、满足、定义这些概念作为语义概念的典型例子，比如它们出现在这些例子中：“他是国家之父”这个表达式指示（指谓）乔治·华盛顿；雪满足“x 是白的”这个句子函数（条件）；“2·x = 1”这个等式定义（独特地确定）了

① 王路：“论‘语言转向’的性质和意义”，载《哲学研究》1996 年第 10 期。

② G. Frege. Compound Thoughts. *Mind*, New Series, 72 (285). Oxford University Press, 1963, p. 1.

③ 达米特：《分析哲学的起源》，王路译，上海译文出版社 2005 年版，第 7 页。

1/2这个数。①

另外，弗雷格认为真这个概念无法解释，“真”是一个初始词项，“真”不能被定义为与事实的符合。理由如下：我们用 P 来表示一个观念或者判断，用 F 来表示一个事实，F^* 表示与 F 不同的事实，用 C 来表示二者的关系。那么对于定义 C_1：观念 P 是真的，当且仅当 PCF。如果这个定义 C_1 是正确的，那么观念 PCF 应该是真的。根据我们的定义，这个可以根据 C_1 和事实的符合关系来进行兑换。C_2：观念 PCF 是真的，当且仅当 $PCFCF^*$。同理就会出现 C_3：观念 $PCFCF^*$ 是真的，当且仅当 $PCFCF^*CF^{**}$……因此把真定义为与事实的符合就会出现上述“弗雷格式的倒退”② 的情况。而塔尔斯基则给出了一个给定的语言的句子的真之定义，塔尔斯基对给定语言的句子真的定义方式奠定了现代逻辑语义学的基础。因此，相比弗雷格的语义学思想，我们认为塔尔斯基的工作实现了对现代逻辑语义学理论的构建。塔尔斯基的真之语义理论是建立在对真这个概念进行分析的基础之上，因此我们有必要了解塔尔斯基对真这个概念的看法。

2.2　塔尔斯基的真之定义

2.2.1　真谓词是一个特殊的语义谓词

真这个概念在塔尔斯基的理论中是作为一种特殊的语义谓词出现的。但我们要问，什么样的谓词才能算是一种语义谓词？为什么在塔尔斯基的理论中，“真”是一个特殊的语义谓词？

语言是世界在我们人类社会中被反映的载体，而句子是语言实现的表达式，句子的内容往往体现出来的是表达式的性质或者是表达式与所表达的事物之间的关系。因此，对句子的语义解释往往又需要解释这个表达式所拥有的性质是什么或者该表达式与所表达的对象之间的关系是什么。另外，弗雷

① A. Tarski. The Semantic Conception of Truth and The Foundations of Semantics. In *Alfred Tarski Collected Papers*. S. R. Givant, R. N. McKenzie ed. Brikhäuser Verlag Basel, 1986, p. 669.

② P. Engle. *Truth*. Acumen Publishing Limited, 2002, pp. 17 ~ 18. 这个推论是由 Blackburn 所阐明的，参见 S. Blackburn. *Spreading the Word*. Oxford: Oxford University Press, 1985, pp. 227 ~ 228.

格的“意义组合性思想”表明对于一个句子语义解释至少还需要依赖于这个句子中的部分的意义。由此，我们可以看到，语义概念总是和两个论题分不开的，一个是“意义的组合性原则”；另一个是表达式所拥有的性质或者表达式与所表达的事物间的关系。

奎宁也曾认为一个谓词从广义而言是语义的，当且仅当它满足两个条件：第一，要么它表示一个表达式所拥有的性质，要么它表示一个表达式与所表达的事物之间的关系；第二，它至少依赖于表达式中的部分的意义。比如如果我们遵循施特劳森对“x 谈论 y”的使用，这里的谓词就不是一个语义谓词，因为它不符合条件一，它所表示的关系的左边是一个说话者，而不是一个表达式。再比如，“x 有 5 个字母”便不符合第二个条件，因为它不依赖于表达式中的部分意义。①

奎宁除了从广义的角度分析了一个谓词是语义的，他还从一个狭义的角度对这一点做了分析。奎宁认为一个谓词从狭义而言是语义的，当且仅当要么是它自身；要么是使用其他的一些谓词来定义它，这个用来定义它的谓词表示的是表达式与表达式所符合的对象之间的一种关系。如果按照奎宁的说法，那么塔尔斯基所使用的真谓词便是一种从狭义的角度所谈论的。因为在塔尔斯基的理论中，他正是用“满足”这样的语义谓词来定义“真”。那为什么可以用“满足”这样的语义谓词来定义“真”？

谓词有一元谓词、二元谓词、多元谓词的区别，而语义谓词也有它自己的区分。在塔尔斯基的观点里，有些语义谓词是直接关系，有些是间接关系。② 直接关系的语义谓词是二元的谓词，而间接关系的语义谓词是一元的谓词。对于一元的谓词，我们是可以通过二元的谓词来给予正确解释的。比如，一元谓词“……是夫妻”可以通过二元谓词“……嫁给……”来解释。因此，在塔尔斯基那里，间接关系的语义谓词是能够通过直接关系的语义谓词来准确解释的，所以诸如“……满足……”“……适用……”“……指派……”“……定义……”等这样的直接关系的语义谓词是可以用来解释像

① W. Künne. *Conceptions of Truth*. Oxford: Oxford University Press, 2003, p. 179.

② A. Tarski. Truth and Proof. In *Alfred Tarski Collected Papers*. S. R. Givant, R. N. McKenzie ed. Brikhäuser Verlag Basel, 1986, p. 411.

“……是真的”“……是假的”等这样的间接关系的语义谓词。

直接关系的语义谓词往往表达的是一些表达式与表达式所符合的对象之间的一种关系。比如，指派，它表达的就是一种让名字“北京”符合中国的首都的关系；适用，它所表达就是所有的猫都符合表达式“x 是一只猫”的关系等。除此之外，有一些二元的语义谓词表达关系并不需要依靠表达式中的部分意义，完全可以仅仅是通过表达式之间获得。比如，互为指派关系便产生于“a”与“b”的一一对应，当且仅当“a 等同于 b”，并不需要依靠“a”与“b”的意义。①

因此，“满足”是一个直接关系的语义谓词，它所表达的是一些表达式与表达式所符合的对象之间的一种关系，它能够被用来解释像“真”这样的间接关系的语义谓词。那为什么是用“满足”而不是其他直接关系的语义谓词来定义“真”？对于这一问题，由于牵涉到塔尔斯基的真之语义定义，因此我们将在后面作出具体分析。

“真”作为一个谓词，它表达的是特定的表达式，即句子的性质。② 而具有“真”这个谓词的表达式表示的不仅指句子本身，还指这些句子所“谈论”的对象，或者有可能指由它们所描述的“事物状态”。③ 真之所以是一个特殊的语义谓词，是因为在塔尔斯基的理论中，“真”必须要有其他的谓词来定义，用来定义“真”的谓词是表示表达式与表达式所符合的对象之间的一种关系。而通过上述分析，我们知道这个谓词便是“满足”。而“满足”是一个语义谓词，因此塔尔斯基把“真”这个谓词也算作语义谓词。

塔尔斯基在分析真这个特殊的语义谓词时，他为自己设立了一个所谓的

---

① 除此之外，还比如“同一关系”“实质蕴含关系”等，参见 W. Künne. *Conceptions of Truth*. New York: Oxford University Press, 2003, p. 180.

② 塔尔斯基之所以认为真表达的是句子的性质，而不是命题的性质，是因为他认为“命题”这个词的意义无法被确定，而将“真的”用于句子在他看来是最便利的。参见 A. Tarski. The Semantic Conception of Truth and The Foundations of Semantics. In *Alfred Tarski Collected Papers*. S. R. Givant, R. N. McKenzie ed. Brikhäuser Verlag Basel, 1986, p. 666.

③ A. Tarski. The Semantic Conception of Truth and The Foundations of Semantics. In *Alfred Tarski Collected Papers*. S. R. Givant, R. N. McKenzie ed. Brikhäuser Verlag Basel, 1986, p. 669.

“科学语义学”[1] 的目标。为了实现这个目标，他必须要保证语义学必须不预设任何抽象的实体的存在。又由于同一个表达式在一种语言中为真，在另一种语言中可能是假的或无意义的。因此一个句子的真这个概念总是与一种特殊的语言联系在一起。[2] 所以塔尔斯基给出了一种形式化的语言，并且保证了其中所出现的语义谓词都能加以定义。但也许人们会提出疑问：为什么塔尔斯基会构建一个复杂的形式化语言去解释“真”？为什么不在更加简单、方便的自然语言中去解释“真”？这是因为在自然语言中使用真这个谓词会产生语义悖论，为了避免自然语言的歧义性，塔尔斯基转向了精确的形式化语言去解释“真”。

2.2.2 自然语言中的真之概念

为什么在自然语言中解释“真”就会有歧义，甚至会产生语义悖论？对于这个问题，塔尔斯基首先从在自然语言中把握真这个概念的直觉进行分析。

亚里士多德有句名言：“是什么说不是什么，不是什么说是什么，这是假的；是什么说是什么，不是什么则说不是什么，这是真的。”对于这句名言，塔尔斯基认为我们需要把握的是其中关于真这个概念的直觉。这里真这个概念的直觉指的就是一个陈述与事实的符合，而塔尔斯基把陈述看作句子，因此按塔尔斯基的说法就是句子的真与事实相符合。[3] 而对于定义真这个概念，我们首先想到的是在自然语言中去定义它，因为这符合我们把握真这个概念的直觉。但很快，我们便会发现在自然语言中定义真这个概念会面临难以克服的困难。

根据真这个概念的直觉，我们说一个句子是真的，就是在说事情的一种状态如此如此，并且事情的状态确实是如此如此。但我们会发现这种说法虽然把握了真这个概念的直觉，但是对于把它作为一个定义还远远不够，因为

---

① A. Tarski. The Semantic Conception of Truth and The Foundations of Semantics. In *Alfred Tarski Collected Papers*. S. R. Givant, R. N. McKenzie ed. Brikhäuser Verlag Basel, 1986, pp. 692 – 693.

② A. Tarski. The Semantic Conception of Truth and The Foundations of Semantics. In *Alfred Tarski Collected Papers*. S. R. Givant, R. N. McKenzie ed. Brikhäuser Verlag Basel, 1986, p. 666.

③ A. Tarski. The Semantic Conception of Truth and The Foundations of Semantics. In *Alfred Tarski Collected Papers*. S. R. Givant, R. N. McKenzie ed. Brikhäuser Verlag Basel, 1986, p. 667.

它缺乏一个定义所要求的形式上的清楚明白性。因此，合适的表达日常关于真这个概念的直觉的表达式，塔尔斯基认为应当是“x 这个句子是真的当且仅当 p”这样形式的表达式（简称 T 表达式）。这里的“p”我们可以用任一句子来代替它，而“x”则需要用代替“p”的句子的任意一个单独的名字来代替。之所以采取这样的替代方式而不是其他的，这里有两个原因：第一，以这样的方式所形成的替代实例体现了人们在日常生活中所把握的真这个概念的直觉，比如，哪怕现实的情况不是在下雪，但人们依然会同意表达式“正在下雪”这样的句子是真的，当且仅当正在下雪。第二，因为“x 是真的”这种形式的表达式不会是一个有意义的句子，而且根据日常的直觉和语言的语法，我们在讲“x 是真的”时候，作为主语的“x”往往是一个名词或者类似名词作用的表达式，因此，当我们用任一句子来代替“p”时，这里的“x”则需要使用这个句子的名字使它发挥类似名词的作用。当我们用代替“p”的句子的任意一个单独的名字来代替“x”时，需要给代替的名字加上引号，从而成为一个引号的名字①，这将使得每一个引号的名字明确表达了一个不变个体的名字。比如，“雪是白的”是真的，当且仅当雪是白的。这里“雪是白的”就是一个引号的名字，它表达了表达式右边句子的名字。

对于诸如“雪是白的”是真的，当且仅当雪是白的这样的表达式，即“x 这个句子是真的当且仅当 p”做一个一般概括能否得出令人满意的一个句子为真的一般性定义呢？通过分析，我们会发现这是困难的。因为这里的“x”是一个引号名字，所以我们在做一般概括时要确保每一个真的句子都符合这个引号的名字，即对于所有的 x 而言，x 这个句子是真的，当且仅当对于某一个 p 而言，x 等同于“p”并且 p。但我们会发现这样的概括是有问题的。因为从引号的作用来分析，引号的名字就像一种语言的某个单词。引号的名字是由引号加上在引号中间的表达式形成的。引号中间的表达式就像形成某个单词中的字母，没有独立的意思，而且它在引号下是固定的，不能被任何其他事物来替代。这正如不能用任何事物来代替“snow”中的字母“s”

① 除了用引号把一个句子括起来形成它的名字，还存在其他形成名字的方式，但是十分烦琐。具体可参见 A. Tarski. The Concept of Truth in Formalized Languages. In *Logic Semantics Metamathematics*. J. H. Woodger transl. Hackett Publishing Company, 1983, p. 157.

一样。因此，由引号和引号中间被固定的表达式所形成的引号的名字是一个明确表达一个不变的个体名字，所以当字母“p”作为引号名字的一部分来使用时，它就不能用任何事物进行代替。① 但有人也许会想到，为了使得引号名字“p”中的p能够被替代，使它能被看作一个变元，能不能把“p”看作一个函数，而把引号（“”）看作一个函数算子从而使得这个一般概况的定义成为一个令人满意的真之定义呢？事实上这是不能的。因为这会导致语义悖论，即对于这样的句子：

对于所有的p而言，如果c等同于句子“p”，那么~p

我们用符号“c”作为“对于所有的p而言，如果c等同于句子‘p’，那么~p”印刷上的缩写，让我们来考虑下“c”的意义，我们可以经验地建立起：

（α）“对于所有的p而言，如果c等同于句子‘p’，那么~p”等同于c

现在我们假设一个包含引号函数的表达式：

（β）对于所有的p和q，如果句子“p”是等同于句子“q”，那么p当且仅当q

因为“q”是句子，现在我们令“q”等同于句子c，那么我们就会发现把前提（α）和（β）放在一起就会得出一个矛盾的表达式，即对于所有的p而言，如果句子“p”等同于c，那么p当且仅当~p。

除了上述这种在自然语言中构造一个句子为真的方法外，也许有人会想到我们能够借助于许多形式逻辑中的规则对真句子进行结构性的定义。比如，每一个表达式由三部分组成，第一个部分是句子，第二个部分是连接词“并且”，第三个部分是句子。第一个部分和第三个部分都是真句子。如果一个真句子包含三个部分，第一个部分是一个真句子，第二个部分是连接词“并且”，那么第三个部分就会是一个真句子。当然除了“并且”这个逻辑连接词外，还有诸如“如果……那么……”“当且仅当”“并非”等，这些逻辑；连接词能够使一些简单句形成一些复合的句子。而每一个部分的真之定义所对应的真句子都来自由这些复合句所组成的一个特定的句子类中。因此为了

---

① 如果字母“p”不是作为引号名字，而只是作为一个真句子来使用，这种概括是没有意义的。

得到一个真句子的一般结构性定义，我们只需要不断地设定一系列的一般规则使我们从表达式的结构性质中确认哪些句子是真的，哪些句子是假的，或者通过对一些真句子或假句子进行各种各样的结构转换从而确定出其他句子相类似的性质。但在自然语言中，这种对真句子的结构性定义的方式仍然是令人失望的。因为自然语言是不封闭的、是不受限制的。所以我们没有能力讲清楚自然语言中句子的结构，也不能从他们中区分出真句子。

通过一系列努力地尝试，塔尔斯基对于在自然语言中定义真这个概念的态度是悲观的。根本的原因在于，自然语言具有一种无所不包的性质，这种性质使得它具备了翻译其他语言的能力，但同时它的这种无所不包性使得某些处于这种语言中的表达式包含了“真”和“假”这样的语义谓词，以及用来指称这个句子的明确的名字。而这是会导致语义悖论的，如说谎者悖论。[①]因此，即使我们遵循了一般的逻辑规则，我们仍无法在自然语言中找到一个令人满意的真句子定义。所以塔尔斯基放弃了尝试去解决自然语言中的真之概念的定义问题。相比自然语言的模糊性、容易产生歧义性等特点，形式化语言具有无歧义性、能够避免矛盾等特点。形式化语言的精确性使得塔尔斯基完全将自己对这一问题的思考限制在了形式化的语言中。

在形式化的语言中，塔尔斯基首先区分了两种语言来讨论真之定义。一种是被谈论的语言，称为对象语言；另一种是用来谈论第一种语言的语言，称为元语言。塔尔斯基认为对于一个真句子的表达式（T）“x 是一个真句子当且仅当 p”，式子的左边“x”应该用对象语言中的任何一个句子的一种结构描述性的名字来代替，而式子的右边“p”则应该用这个句子在元语言中的翻译的表达式来代替，因此元语言必须比对象语言本质上要丰富，这样元语言才能够实现对对象语言的翻译并且能够为对象语言提供结构描述性的名字。我们在前面讲过，塔尔斯基在为自己所设立的“科学语义学”的目标之

① 对于这样的句子：C 不是一个真句子。我们用符号“C”作为“C 不是一个真句子”印刷上的缩写，让我们来考虑下“C”的意义，我们可以经验地建立起：（α）“C 不是一个真句子”等同于 C。对于 C 句子的引号名字我们做了一个这样的解释：（β）“C 不是一个真句子”是一个真句子当且仅当 C 不是一个真句子。如果把前提（α）和（β）放在一起我们就会得出一个矛盾：C 是一个真句子当且仅当 C 不是一个真句子。

下，需要定义所有的语义概念。因此，除了对象语言的词、指称对象语言表达式形式的词和建立这些表达式的名字时使用的词以外，元语言是不包含任何未进行定义的词。又由于元语言能够实现对对象语言的翻译，因此通过定义便能把指称对象语言的语义词引入元语言。通过这种方式有助于实现一个“科学语义”要求下的真之定义。对于塔尔斯基而言，一个句子为真的一般性定义的外延是一个属于类演算语言[①]中特定的句子类，因此实现一个句子为真的一般性定义就需要定义类演算语言中的真句子。塔尔斯基构造了一个比类演算语言本质上要丰富的元语言，从而使得类演算语言能够被翻译到元语言中去。然后，塔尔斯基用递归定义了满足概念，再使用满足概念定义了类演算语言中的真之概念。接下来我们将具体分析塔尔斯基是如何构造元语言和类演算语言。

2.3 形式化语言中的真之定义

我们知道一个形式化的语言需要有：（1）字母表（字母表规定了一形式系统的初始符号，常、变项；谓词与函数符号；联接词和量词；辅助符号，若要使用这些符号之外的一些符号则需要通过定义得出）；（2）形成规则（通过形成规则可以定义合适公式）；（3）公理；（4）变形规则；（5）定理。塔尔斯基按照形式化的语言系统的要求构造了一个类演算语言系统。

首先塔尔斯基为类演算语言设置了四个常元，即否定符号“N”，析取符号“A”，全称量词符号“Ⅱ”和包含符号“Ⅰ”，此外他还通过使用“x_{I}”“x_{II}”“x_{III}”……这些有“x”以及含有下标线的符号作为类演算语言的变元，若k是一个不等于0的自然数，那么包含k个小撇的符号就称为第k次变元。这样，类演算语言的表达式就是通过常元与变元的不同方式的组合构成的，比如“$Ix_{I}x_{II}$” “$NIx_{I}x_{II}$”……（这里塔尔斯基使用的是波兰表达法）。

然后塔尔斯基为元语言构造了两类表达式和两类公理：

---

① 类演算语言是关于类的经过形式化语言构造步骤所建立起来的一种人工构造语言。

一类表达式是具有一般逻辑性质的表达式，这类表达式分别取自于命题演算、谓词演算、类演算、基础算术、关系逻辑等，比如，这类表达式包括“并非”“或者”“包含于”“所有”“当且仅当”“个体”“类”“无穷类”“基数”“有序对”“关系的第 n 域”“序列”。这里着重需要介绍的是从关系逻辑得来的词项：对于任意的对象 x，相应地至少有一个对象 y 使得 xRy（也就是，x 与 y 有 R 关系）。在这里我们特别需要注意“序列”这个概念，因为在塔尔斯基的真之定义中，最后塔尔斯基就是通过对象序列来满足一个开句子实现一个真句子的定义的。因此，有必要介绍下序列这个概念。

序列是一个与关系概念联系十分紧密的概念，上述的 xRy 有两个元素，这叫作二元关系，其中 x 被称为这个关系的前域，y 被称为这个关系的后域。除了二元关系，还有三元关系、四元关系、五元关系等。这些都被称为多元关系。由多元关系 R 的第 n 项组成的类称为 R 的第 n 个域；若一个关系的前域只包含一个元素 x 且它的后域只包含一个元素 y，那么这个关系称为一个有序对；若一个关系的每一个第 n 域都只包含一个元素，那么这个关系称为有序 n 元组：对于任意一个二元关系 R，若它的前域只包含一个元素 x，且对于后域中的每一个元素 y，都有 xRy，那么 R 称为一对多关系；n 项序列是这样一个一对多关系，它的后域是所有自然数 k（$1\leqslant k\leqslant n$）组成的类；无穷序列是这样一个一对多关系，它的后域是所有自然数组成的类；对于任意一个给定的序列 R 和一个自然数 k，若 x 满足 xRy，那么 x 称为序列 R 的 k 次项，或者带下标 k 的序列 R 的项。如果两个序列 R 和 S，除了在第 k 个词项上可能 R_k 不同于 S_k，在其他任何词项上 R_1 和 S_1 都相同，则序列 R 和序列 S 称为最多在第 k 次位置不同。

另一类表达式是具有结构描述性质的表达式，它包括“否定符号”“逻辑求合符号”“全称量词符号”“包含符号”“K 次变元”“一个表达式 X 和另一个表达式 Y 前后相连形成一个表达式”，塔尔斯基使用六个术语作为它们的缩写，即 ng、sm、un、in、V_k、$x\frown y$。此外，元语言还包括一些名字的变元：（1）a，b（具有任意属性的个体组成的类）；（2）f，g，h（个体类的序列）；（3）k，l，m（自然数和自然数的序列）；（4）t，u，w，x，y，z（表达式）；（5）X，Y（表达式的类）。

元语言包含两类公理，一类是逻辑公理（这里指的是谓词演算的六条逻辑公理）；另一类是塔尔斯基特别设定的公理，它包括：

公理 1. ng，sm，un，in 都是表达式，但没有任何两个是等价的。

公理 2. Vk 是一个表达式，当且仅当对于任意一个非零自然数 k，都有 V_k不同于 ng，sm，un，in，并且如果 $l \neq k$，那么 V_k就不等于 V_l。

公理 3. $x \frown y$ 是表达式，当且仅当 x 和 y 都是表达式，并且 x、y 与 ng，sm，un，in 以及任意一个 V_k都不相同。

公理 4. 如果 x、y、z 和 t 都是表达式，那么 $x \frown y = z \frown t$ 是表达式当且仅当以下条件之一能够得到满足：（α）$x = z$ 并且 $y = t$；（β）有一个表达式 u，使得 $x = z \frown u$ 并且 $t = u \frown y$；（γ）有一个表达式 u，使得 $z = x \frown u$ 并且 $y = u \frown t$。

公理 5.（归纳原理）如果 x 是满足下列条件的一个类：（α）$ng \in X$，$sm \in X$，$un \in X$ 和 $in \in x$；（β）如果 k 是一个不同于 0 的自然数，那么 $Vk \in X$；（γ）若 $x \in X$ 且 $y \in X$；则 $x \frown y \in X$，那么每一个表达式都属于 X 这个类。塔尔斯基认为公理 5 清晰地表明了每一个表达式都是由有限多个符号所组成的，并且他认为上述的公理系统是范畴的，而这一事实保证了在某种程度上这个公理系统可以为元语言的构造提供一个丰富的基础。

塔尔斯基在给出元语言和类演算语言表达式后就使得在元语言中为每个类演算语言的表达式构造一个结构描述性的名字成为可能，而这只需要比照类演算语言表达式中常元与变元的排列方式，通过在元语言中以相同的排列方式再加上括号把这些结构描述性的表达式组合起来就能实现。比如，类演算语言表达式“$Ix_{I}\ x_{II}$”，它在元语言中的结构描述性的名字是“$(in \frown V_1) \frown V_2$”。而类演算语言的四个常元在意义上是等同于元语言的具有一般逻辑性质的表达式，这也就意味着类演算语言中的每一个表达式都能被准确翻译到元语言中去。因此，元语言能够实现类演算语言的翻译并且能够为类演算语言提供结构性的名字。

随后，塔尔斯基又通过定义谓词，定义自由变元，实现了对一个富有意义的句子的定义，即“X 是一个句子（$X \in S$），当且仅当 X 是一个不包含任何自由变元的谓词”而通过对公理、变形规则和后承的定义，塔尔斯基最终实现了对类演算语言的定理的定义。出于技术上的考虑，塔尔斯基在定义如上一些概念之前，首先引进一些辅助符号。

定义 1. x 是一个以 v_k 为第一个词项，v_l 为第二个词项的包含于（inclusion）（用符号表示为 $x = \iota_{k,l}$）当且仅当 $x = (in \frown v_k) \frown v_l$。

定义 2. x 是表达式 y 的否定（用符号表示 $x = \neg y$）当且仅当 $x = ng \frown y$。

定义 3. x 是表达式 y 和 z 的逻辑加（析取）（用符号表示为 $x = y + z$）当且仅当 $x = (sm \frown y) \frown z$。

定义 4. x 是表达式 t1，t2，t3，……，*tn* 的逻辑加（用符号表示为 $x = \sum_{k}^{n} tk$）当且仅当 t 是一个表达式有限的 n 项序列，并且满足如下条件中的一个：（α）$n = 1$ 且 $x = t1$；（β）$n > 1$ 且 $x = \sum_{t}^{n-1} tk + tn$。

定义 5. x 是表达式 y 和 z 的逻辑乘（合取）（用符号表示为 $x = y \cdot z$）当且仅当 $x = \neg [(\neg y) + (\neg z)]$。

定义 6. x 是表达式 y 在变元 vk 下的全称量化（用符号表示为 $x = \cap_k y$）当且仅当 $x = (un \frown vk) \frown y$。

定义 7. x 是表达式 y 在变元 v_{p1}，v_{p2}，v_{p3}，……，v_{pn} 下的全称量化（用符号表示为 $x - \cap_{pk}^{k \leqslant n} y$）

当且仅当 p 是自然数的有限序列，并且满足下述条件之一：（α）$n = 1$ 且 $x = \cap_{p1} y$；（β）$n > 1$ 且 $x = \cap_{pk}^{k \leqslant n-1} \cap_{pn} y$。

定义 8. x 是表达式 y 的全称量化，当且仅当或者 $x = y$，或者存在一个自然数的有限 n 项序列 p，使得 $x = \cap_{pk}^{k \leqslant n} y$。

定义 9. x 是表达式 y 在变元 v_k 下的存在量化（用符号表示为 $x = \cup_k y$）当且仅当 $x = \neg \cap_k \neg y$。

接下来，塔尔斯基开始定义句子函数和自由变元两个概念。

定义 10. x 是一个句子函数当且仅当 x 是一个满足如下四个条件之一的表达式：（α）存在自然数 k 和 l 使得 $x = \iota_{k,l}$；（β）存在一个句子函数 y，使得 $x = \neg y$；（γ）存在句子函数 y 和 z 使得，$x = y + z$；（δ）存在自然数 k 和一个句子函数 y 使得 $x = \cap_k y$。

定义 11. v_k是句子函数 x 的自由变元当且仅当 k 是一个非零自然数，而且 x 是一个满足如下条件之一的句子函数：（α）存在一个自然数 l 使得 $x=\iota_{k,l}$或者 $x=\iota_{l,k}$；（β）存在一个句子函数 y 使得 v_k是 y 的自由变元且 $x=\neg y$；（γ）存在句子函数 y 和 z 使得 v_k是 y 的自由变元且 $x=y+z$ 或者 $x=z+y$；（δ）存在一个非 k 的自然数 l 和一个句子函数 y 使得 v_k是 y 的自由变元且 $x=\bigcap_l y$。

有了如上一些辅助符号后，塔尔斯基开始定义“句子”“公理”“后承”和“可证句子”等重要概念。

定义 12. x 是一个句子（或一个有意义的句子）（用符号表示为 $x\in S$）当且仅当 x 是一个句子函数且没有变元 v_k是函数 x 的自由变元。（S 代表所有有意义的句子的类。）

定义 13. x 是一个公理（原始句子）当且仅当 x 满足如下两个条件中的一个：（α）$x\in S$ 且存在句子函数 y、z 和 u 使得 x 是如下四个函数之一的全称量化：$\neg(y+y)+y$，$\neg y+(y+z)$，$\neg(y+z)+(z+y)$，$\neg[(\neg y)+z]+[\neg(u+y)+(u+z)]$；（β）x 等于下面 5 个句子中的一个：$\bigcap_1\iota 1,1$，

$\bigcap_1\bigcap_2\bigcap_3\neg\iota 1,2+\neg\iota 2,3+\iota 1,3$，

$\bigcap_1\bigcap_2\bigcup_3[\iota 1,3\cdot\iota 2,3\cdot\bigcap_4(\neg\iota 1,4+\neg\iota 2,4+\iota 3,4)]$，

$\bigcap_1\bigcap_2\bigcup_3[\iota 3,1\cdot\iota 3,2\cdot\bigcap_4(\neg\iota 4,1+\neg\iota 4,2+\iota 4,3)]$，

$\bigcap_1\bigcup_2(\bigcap_3\bigcap_4[(\neg\iota 3,1+\neg\iota 3,2+\iota 3,4)\cdot(\neg\iota 1,3+\neg\iota 2,3+\iota 4,3)]\cdot\bigcap_5[\iota 5,1+\bigcup_6(\iota 6,2\cdot\neg\iota 6,1\cdot\iota 6,5)])$。

定义 14. x 是一个从句子函数 y 通过将（自由）变元 v_l替换为（自由）变元 v_k得到的表达式，当且仅当 k 和 l 是非零自然数，且 x 和 y 是满足如下六个条件之一的句子函数：（α）$x=\iota_{k,k}$且 $y=\iota_{l,l}$；（β）存在一个非 l 的自然数 m 使得 $x=\iota_{k,m}$且 $y=\iota_{l,m}$或者 $x=\iota_{m,k}$且 $y=\iota_{m,l}$；（γ）v_l不是函数 y 的自由变元，且 $x=y$；（δ）存在句子函数 z 和 t 使得 $x=\neg z$，$y=\neg t$，且 z 是一个从 t 中通过将变元 v_l换为 v_k而得到的表达式；（ε）存在句子函数 z，t，u 和 w，使得 $x=z+u$，$y=t+w$，其中 z 和 u 分别是从 t 和 w 中通过将 v_l替换为 v_k得到的；（ζ）存在句子函数 z，t 和一个非 k 和 l 的自然数 m 使得 $x=\bigcap_m z$，$y=\bigcap_m t$，且 z 是从 t 中通过将变元 v_l替换为变元 v_k得到的。

定义15. x 是句子类 X 的 n 阶后承，当且仅当 $x \in S$，$X \subseteq S$，n 是一个自然数，并且或者 $n=0$，且 $x \in X$ 成立，或者 $n>0$，且如下五个条件之一成立：(α) x 是类 X 的 $n-1$ 阶后承；(β) 存在句子函数 u 和 w，句子 y 和自然数 k、l，使得 x 是函数 u 的全称量化，y 是函数 w 的全称量化，u 是一个从函数 w 通过用变元 v_k 代替变元 v_l 得到的，并且 y 是类 X 的 $n-1$ 阶后承；(γ) 存在句子函数 u 、w 和句子 y、z 使得 x、y 和 z 分别是函数 u、$\neg w+u$ 和 w 的全称量化，并且 y 和 z 是 $n-1$ 阶的类 X 的后承；(δ) 存在句子函数 u 和 w 以及句子 y 和 z 使得 x，y，z 分别是函数 u，$\neg w+u$ 和 w 的全称量化，y 和 z 是 $n-1$ 阶的类 X 的后承；(ε) 存在句子函数 u、w，句子 y 和自然数 k，使得 y 是函数 $u+w$ 的全称量化，x 是函数 $u+\cap_k w$ 的全称量化，v_k 不是 u 的自由变元，且 y 是 $n-1$ 阶的类 X 的后承。

定义16. x 是句子类 X 的后承［用符号表示为 $x \in Cn(X)$］当且仅当存在一个自然数 n 使得 x 是类 X 的 n 阶后承。

定义17. x 是一个可证明（可接受）的句子或一个理论（用符号表示为 $x \in Pr$）当且仅当 x 是所有公理的集合的后承。

定义18. X 是一个演绎系统，当且仅当 $Cn(X) \subseteq X \subseteq S$。

定义19. X 是一个一致的句子类，当且仅当 $X \subseteq S$ 并且如果对每一个句子 x，或者 $x \notin Cn(X)$，或者 $\neg x \notin Cn(X)$。

定义20. X 是一个完全的句子类，当且仅当 $X \subseteq S$ 并且如果对每一个句子 x，或者 $x \in Cn(X)$，或者 $\neg x \in Cn(X)$。

定义21. 句子 x 和 y 在句子类 X 下是等价的，当且仅当 $x \in S$，$y \in S$，$X \subseteq S$，并且 $\neg x+y \in Cn(X)$，$\neg y+x \in Cn(X)$。

通过对公理、变形规则和后承的定义，塔尔斯基最终实现了对类演算语言的定理定义。类演算语言的构造为塔尔斯基进一步用“满足”来定义“真”提供了基础。最终塔尔斯基通过使用满足这个概念给出了形式化语言中真这个概念的定义。

定义22：定义类的无穷序列 f 满足一个谓词 x，当且仅当下列四个条件之一得到满足：(a) 存在自然数 k 和 l，使得 $x=\iota_{k,l}$，且 $f_k \subseteq f_l$；(β) 存在谓词 y，使得 $x=\neg y$，且 f 不满足 y；(γ) 存在谓词 y 和 z 使得 $x=y+z$ 且或者 f 满足 y，或者 f 满足 z；（δ）存在自然数 k 和谓词 y，使得 $x = \cap_k y$，且每个至多在第 k 次位不同于 f 的无穷序列 g 满足 y。

定义 23：定义 x 是一个真句子（$x \in Tr$），当且仅当 $x \in S$，且每一个类的无穷序列都满足 x。

2.4 从非形式化语言分析真之定义

2.4.1 形式上正确和实质上恰当

塔尔斯基为一个可接受的真之定义做了一个约定（简称 T 约定），即一个形式正确的对象语言中的真之定义必须在元语言中是实质恰当的，当且仅当所有的句子是从表达式（T）“x 是真的当且仅当 p”中通过用对象语言中的任一句子的一种结构描述性的名字代替“x”，用这个句子在元语言中的翻译代替“p”而得到（简称这样的 T 表达式为 T 型等值式或 T 模式或 T 图示），并且它必须以上述方式所得到的句子的所有特例作为它的后承。一个真之定义是实质恰当的，指的就是这个真之定义符合人们日常对真之概念的直觉。如果一个形式正确的真之定义缺乏实质恰当，它就不是一个令人满意的真之定义。比如，对于这样一个形式正确的真之定义，“对于所有的 x 而言，x 是汉语的真句子当且仅当 x 等于 x”，这就使得所有的汉语句子都能成为真句子，这是有悖于我们日常对真这个概念的理解。因此，一个形式正确的对象语言中的真之定义必须在元语言中是实质恰当的。而约定 T 之所以能成为实质恰当的充分必要条件在于，约定 T 充分地保证了一个可接受的真之定义的所有句子都来自塔尔斯基在约定 T 中所要求的那种形式上的正确性，即所有的句子是从表达式（T）“x 是真的当且仅当 p”中通过用对象语言中的任一句子的一种结构描述性的名字代替“x”，用这个句子在元语言中的翻译代替“p”而得到。这就可以把众多达不到塔尔斯基约定 T 所要求的真之定义排除在可接受的范围之外，这里就包括应用经典逻辑中的“由假得全”

规则所建立的真之定义。[①] 另外，塔尔斯基认为凡通过以一个特殊的句子替代“p”，并以这个句子的名字替代“x”而得到的 T 型等值式都可以被看作一个部分的真之定义，从某种意义上来讲，一个一般的真之定义是所有这些部分的真之定义的逻辑合取。但给出这样的一个合取定义是困难的，因为这种（T）表达式的特例是无穷的。所以从这一角度来讲，实际给出一个实质恰当的真之定义是不可能的。但实质恰当对一个可接受的真之定义是必须的，因此，约定 T 自然就成为了实质恰当的必要条件，这样能够保证一个实质恰当的真之定义符合约定 T 的要求。

在约定 T 中，除了有对象语言与元语言之分，我们还不能忽略了前面讲过的元语言要比对象语言丰富的要求，这里涉及一个语言分层的概念，如果忽视了这一概念就可能会导致循环定义。比如，对于这样的一个表达式“‘约翰所说的一切是真的’是真的当且仅当约翰所说的一切是真的”。如果我们注意到了约定 T 中塔尔斯基的这种分层思想，我们会发现循环定义能够被避免。塔尔斯基认为语言应该是有层级的，一个最基本的不包含任何真谓词的语言我们称之为 L_0。然后，根据 T 型等值式，“在 L_0 中为真”能够被翻译到元语言中去，也就是说，在元语言中能够定义“在 L_0 中为真”。这就使得元语言应该具有 L_0 中所没有的真谓词，也就是说，元语言应该包含 L_0 中的每一个句子加上真谓词，此时我们把已经具有那样真谓词的元语言称为 L_1。我们知道“对象语言”和“元语言”这些词只有相对的意义，我们可以让元语言成为用更高层级的元语言去定义的对象语言。因此，我们可以用更高层级的元元语言去定义包含真谓词的 L_1，也就是说在元元语言中，应该包含 L_1 中的每一个句子再加上真谓词，如此我们将进一步具有真谓词的元元语言称为 L_1……所以对于最基本的语言 L_0，它里面的每一个句子是不包含真谓词的。而对于表达式“‘约翰所说的一切是真的’是真的当且仅当约翰所说的一切是真的”。明显不满足塔尔斯基对语言分层的要求，因此它不符合形式上正确性的要求，所以它并不是一个可接受的真之定义的特例。分析至此，

---

① 比如“对于所有的 x，x 是汉语中的一个真句子当且仅当 x 不是汉语中的一个真句子”，因为它是一个矛盾式，所以根据“由假得全”规则，它包含着所有 T 图式的替换特例。但是它并不符合约定 T 的要求，因此它不是一个恰当的真之定义。

我们似乎会想到塔尔斯基对自然语言那种无所不包的性质的态度。塔尔斯基之所以对成功在自然语言中定义真这个概念感到悲观，其中很大一部分原因在于自然语言的无所不包性使得某些处于这种语言中的表达式包含了“真”和“假”这样的语义谓词，以及用来指称这个句子的明确的名字，从而导致语义悖论。而塔尔斯基通过提出语言分层的思想，便能够有效避免这一悖论。因为对于表达式“C不是一个真句子”是一个真句子当且仅当C不是一个真句子，根据前面的分析，表达式的左边应该是一个L_0的句子，而L_0中的每个句子是不包含真谓词的，而该表达式的左边“C不是一个真句子”包含了真谓词。因此，这一语义悖论在塔尔斯基的真之定义中被排除。

2.4.2 递归定义

前面我们曾提到，塔尔斯基通过约定T而得到的T型等值式都可以被看作一个部分的真之定义，从某种意义上来讲，一个一般的真之定义是所有这些部分的真之定义的逻辑合取。比如，T型等值式“‘雪是白的’是真的当且仅当雪是白的”“‘草不是白的’是真的当且仅当草不是白的”“‘小明喜欢小张’是真的当且仅当小明喜欢小张”……这些T型等值式只是表达了个别句子的真是什么意思，因此只能被看作一个部分的真之定义，如果要得到一个一般的真之定义，那么就不得不对它们进行逻辑合取。但由于这种T型等值式是无穷的，因此给出这样的一个合取定义是困难的。尽管如此，塔尔斯基还是通过另一种方法给出了一个一般的真之定义，这种方法便是递归。

塔尔斯基的递归方法是将一个无穷的句子按照一种结构定义的方式表达出来。无穷句子的结构实际上是由一些简单句加上各式各样的逻辑连接词而组成的无穷复合句。比如对于简单的一个句子“桌子是圆的”，我们加上一个否定连接词就会变成一个复合句“桌子不是圆的”，我们再把这一复合句用逻辑连接词“并且”合取另一个简单句“奥巴马是总统”，就会产生另一个更为复杂的复合句“桌子不是圆的，并且奥巴马是总统”……我们不断通过添加逻辑连接词便会产生更多、更复杂的甚至是无穷的复合句。我们用字母p、q、r……代表不同的简单句。如果p是句子，那么非p也是句子；如果p是句子、q是句子，那么p并且q也是句子；如果p是句子、q是句子，那么 p 或者 q 也是句子……而递归定义能使我们在面临无穷句子的情况下定义出真句子。我们可以先通过 T 型等值式来定义出简单句子的真假，然后我们再设立逻辑规则使得它既能够在简单句子的基础上构造复合句子，又能确立复合句子的真值。当我们依据规则构造了表达无穷句子的表达式，便自然也就可以定义出一种语言所有句子的真值，而对于塔尔斯基而言，便是能够定义出类演算语言的所有句子的真值。

我们先讨论不涉及量词的递归定义。我们用字母 p 代表一个简单句子。那么不涉及量词的真之递归定义我们可以表达为：（1）“p”是真的，当且仅当 p；（2）“非 p”是真的，当且仅当 p 不是真的；（3）“p 并且 q”是真的，当且仅当 p 是真的并且 q 是真的；（4）“p 或者 q”是真的，当且仅当要么 p 是真的要么 q 是真的；（5）“如果 p，那么 q”是真的当且仅当要么 p 不是真的要么 q 是真的。比如，我们给定一些简单的真句子，“桌子是圆的”是真的，当且仅当桌子是圆的；“天是蓝的”是真的当且仅当天是蓝的；“小明爱小张”是真的，当且仅当小明爱小张。我们可以根据上述“递归定义”定义出一个复合句的真假。给定一个复合句“天是蓝的并且小明爱小张，或者桌子是圆的”。通过定义，“天是蓝的并且小明爱小张，或者桌子是圆的”是真的当且仅当要么天是蓝的并且小明爱小张是真的，要么桌子是圆的是真的。而“天是蓝的并且小明爱小张”是真的，当且仅当天是蓝的是真的，并且小明爱小张是真的。而“天是蓝的”是真的当且仅当天是蓝的；“小明爱小张”是真的，当且仅当小明爱小张；“桌子是圆的”是真的，当且仅当桌子是圆的。因此，“天是蓝的并且小明爱小张，或者桌子是圆的”是真的，当且仅当天是蓝的并且小明爱小张，或者桌子是圆的。

2.4.3　满足与真

由于不涉及量词，上述定义只能是作为一个一般的真之定义的部分定义。要想实现一个一般的真之定义，就必须完成对量化语言的真之定义。我们在这里需要区分开两种句子，一种是闭句子，一种是开句子。闭句子是一个语法完全并且没有自由变元的，它是可以被确定真或假；而开句子是一个语法完全但在句中会有自由变元的出现，它既不真也不假，比如，“x 是红的”是无法被确定真或假。但是开句子是可以采取相应的方式转变成闭句子，比如通过加量词来限制其中的自由变元或者用名字来代替其中的自由变元，从而使得开句子中的自由变元消失。[①] 既然上述不涉及量词的递归定义能实现从简单的句子到复合句子的真假定义，那么对于量化语言，能不能通过添加量词先形成一个简单的量化句子，然后再根据上述方法定义出复合量化句的真假？通过分析，我们会发现这种方式会是失败的，一方面因为有一些量化句并不是由闭句子构成的，而是由开句子构成的，比如存在一个 x，x 是蓝色的并且 x 是白色的，而开句子是没有真值的，因此不能从没有真值的开句子中定义出由它所形成的量化句的真值；另一方面开句子也是无穷的，因此如果按照上述的递归定义的方式一样会遇到无穷量化句的真之定义问题。

虽然开句子不能被确定为真或假，但我们会发现，开句子具有能被对象满足或不满足的关系，并且闭句子的真或假是根据开句子被对象满足或不满足来决定的。比如，“珠穆朗玛峰是世界的最高峰”，这个句子讲的就是“存在一个 x，这个 x 是世界的最高峰并且 x 是珠穆朗玛峰”很明显，这个句子的真就在于有那么一个对象满足开句子“x 是世界的最高峰并且 x 是珠穆朗玛峰”。因此，满足概念能够帮助我们定义一个量化句子的真假。但很快，我们就发现，满足概念是一个关系性质，它表达的是开句子与对象序列的一种关系，也就是一些表达式与所对应的世界的某些对象间的关系。那么这些对象序列是如何满足一个量化句子呢？我们知道如果真之定义需要所有的真句子，那么对于一个全称量化的句子，比如所有 x_k，x_k 是白的[②]，为了证明它是真的就必须要求世界上的一切事物是白的。塔尔斯基设定了两个条件从而确保有那么一个序列 g 能满足一个全称量化句。塔尔斯基要求序列 g 必须满足去掉量词后的开句子；相同的开句子必须被每一个像 g 那样的除了在 k 个位置有不同对象的序列所满足。这两个条件保证了不只是在对象序列 g 中的第 k 个位置的对象是白的，而且所有的这些序列都满足这个开句子。这样

---

① 如果在开句子中有多个不同的自由变元，而量词只限制了相应的自由变元，而其他的自由变元的存在使得这个句子仍然是个开句子。

② k 是 X 的下标，表明在一个对象序列中第 k 个位置的对象满足这个开句子。

"所有 x_k，x_k是白的"被一个对象序列 g 所满足当且仅当世界中的一切都是白的。又因为一个真句子定义需要所有的真的句子，所以我们可以说，"所有 x_k，x_k是白的"是真的当且仅当一切都是白的。一个真句子的定义就可以这样被给出。

既然一个真句子定义可以通过某个对象序列来满足一个开句子来给出，那么为什么塔尔斯基还要把真句子定义为被所有的对象序列所满足呢？这是因为当开句子被一个对象序列满足时，它就是被所有的对象序列满足。因为无论是一个对象序列，还是其他的对象序列，如果它要满足开句子都必须遵循上述的条件。所以把一个真句子定义为这个句子被某个对象序列满足并不妨碍把一个句子为真定义为它被所有对象序列所满足。

通过上面的分析，我们已经很清楚塔尔斯基是如何一步一步给出一个句子为真的定义。由于满足概念是一个语义概念，所以"科学语义学"的要求使得满足概念必须化归为物理的和数理逻辑的概念，而元语言和类演算语言的区分及构造为塔尔斯基以"科学语义学"的方式定义满足概念奠定了基础。塔尔斯基进而通过满足概念构造了类演算语言中一个句子为真的一般性定义。

让我们再次回到塔尔斯基的文章本身给出对应于塔尔斯基的真句子定义的解释。塔尔斯基把满足概念定义为开句子 S 与无穷序列 f 之间的一种关系。塔尔斯基首先定义了最简单的开句子，具体来讲，当开句子是一元时，它将由无穷序列 f 的 i 次位的序列所满足，比如"x 是白的"被由无穷的对象所组成的序列中"雪"这个对象所满足；当开句子是二元时，它将被一个二元有序组所满足，比如"X > Y"被 <5，4 > 这个二元有序组所满足……当开句子是 n 元时，它将被一个 n 元有序组所满足，在这里要注意的是，n 元有序组中的元素的次序是十分重要的，比如"X > Y"并不被二元有序组 <4，5 > 所满足；然后塔尔斯基又定义了复合的开句子，具体来讲，对于一个开句子 S 而言，它的否定表明无穷序列 f 不满足开句子 S，比如"x 是白的"的否定式"并非 x 是白的"将被一个不满足"x 是白的"的无穷序列 f <……煤…… > 所满足；一个开句子 S_1 和 S_2 合取表明无穷序列 f 满足 S_1，并且满足 S_2，比如"x 是肥的并且 x 是贪吃的"将被一个既满足"x 是肥的"又满足"x 是贪吃的”无穷序列 f <……猪……>所满足；一个加存在量词的开句子 S_3 表明每个至多在第 k 次位不同于 f 的无穷序列 g 满足 S_3，比如“∃x（x 是一个运动员）”将被一个无穷序列 g <……姚明……>所满足，这里的对象“姚明”是被存在量词所约束的第 k 次位的对象，而无穷序列 g 与 f 的不同至多是在“姚明”这个对象所在的位置上不同。塔尔斯基的这一定义确立了“一个类的无穷序列满足一个谓词”的意义，因为句子是一种不包含任何自由变元的特殊谓词，所以塔尔斯基相当于间接地定义了“一个类的无穷序列满足一个句子”。定义了“满足”概念后，塔尔斯基使用“满足”给出了一个句子的真之定义，即一个句子为真当且仅当它被所有的序列所满足，一个句子为假当且仅当它不被任何序列所满足。①

2.5 塔尔斯基真之语义理论的贡献

基于自然语言的一种无所不包性，塔尔斯基认为在自然语言中去解释真这个概念会导致语义悖论的出现，因此他选择了一种形式化的语言。在一种形式化语言中，塔尔斯基区分了对象语言与元语言，并使用满足概念给真做了一个实质上恰当、形式上正确的真之定义，以塔尔斯基的真之定义为核心形成了塔尔斯基的真之语义理论。塔尔斯基的真之语义理论奠定了现代逻辑语义学的基础。塔尔斯基的真之语义理论对现代哲学的发展功不可没，特别是塔尔斯基对真这个概念的分析，赢来了许多哲学家的高度赞誉，波普尔曾说道：“由于塔尔斯基的教导，我不再犹豫去谈论‘真’和‘假’”。② 塔尔斯基的真之语义理论与哥德尔不完全性定理、图灵机及其判定问题被誉为现代逻辑三大成果，享有至高的学术地位。塔尔斯基所创立的真之语义理论是逻辑学研究的重要成果，它对各学科的意义和影响是巨大的。

---

① 具体可以参见塔尔斯基的定义 22：定义类的无穷序列 f 满足一个谓词 x，当且仅当下列四个条件之一得到满足：（a）存在自然数 k 和 l，使得 $x = \iota_{k,l}$，且 $f_k \subseteq f_l$；（β）存在谓词 y，使得 $x = \neg y$，且 f 不满足 y；（γ）存在谓词 y 和 z 使得 $x = y + z$ 且或者 f 满足 y，或者 f 满足 z；（δ）存在自然数 k 和谓词 y，使得 $x = \cap_k y$，且每个至多在第 k 次位不同于 f 的无穷序列 g 满足 y。定义 x 是一个真句子（$x \in Tr$），当且仅当 $x \in S$，且每一个类的无穷序列都满足 x。

② K. Popper. *The Logic of Scientific Discovery*. Routledge Press，2002，p. 273.

2.5.1　塔尔斯基的真之语义理论推动了真之理论和意义理论的发展

塔尔斯基的真之语义理论产生之后，有许多的哲学家都对塔尔斯基的真之语义理论进行了探讨，其中有对他理论的继承与发展，也有对他理论的质疑，并通过对他理论的批判与继承形成了一些新的真之理论。奎因在塔尔斯基的真之语义理论的基础上提出了“真即去引号”的真之去引号理论；霍维奇在分析塔尔斯基的真之语义理论的基础上提出了真之极小主义理论；菲尔德在批判塔尔斯基的真之理论的基础上提出了真之物理主义；克里普克在批判塔尔斯基的语言分层思想时提出了真值间隙理论等。

另外，塔尔斯基的真之语义理论还推动了意义理论的发展。意义理论是围绕真与句子来讨论的，它探讨的是真与句子的一种关系，主要研究的是句子的意义和所指，这里包括句子部分的意义和所指，也包括专门的意义和所指。而在当代语言哲学领域围绕真来探讨意义问题的代表人物是美国哲学家戴维森和英国哲学家达米特。戴维森在继承了塔尔斯基真之语义理论基本思想的情况下，以一种实在论的方式提出了用“真”来解释“意义”的思想，从而创立了真之条件语义学。达米特则从一种反实在论的立场，认为“意义”是句子的真之条件，而这种真之条件是一种可证实的真之条件，围绕真与证实的关系达米特构建了自己的意义理论。这些真之理论和意义理论的建立与发展都离不开塔尔斯基的真之语义理论，因此塔尔斯基的真之语义理论促进了真之理论和意义理论的发展。

2.5.2　塔尔斯基的真之语义理论推动了演绎科学方法论[①]的发展

塔尔斯基的真之语义理论定义了什么是后承，为一致性和完全性提供了解释。而塔尔斯基认为是一致性和完全性的研究使得方法论的研究范围扩充了，也使得演绎科学方法论的全部性质发生了根本改变。[②] 一般而言，一个

---

① 由于研究范围的扩充，演绎科学方法论时常被其他名词所代替，比如“证明论”“元逻辑与元数学”“逻辑语法与演绎科学的语义学”，由于在这里要说明演绎科学方法论与演绎科学的关系，所以使用“演绎科学方法论”在这里是比较恰当的。塔尔斯基：《逻辑与演绎科学方法论导论》，周礼全、吴允曾、晏成书合译，商务印书馆1963年版，第133页。

② 塔尔斯基：《逻辑与演绎科学方法论导论》，周礼全、吴允曾、晏成书合译，商务印书馆1963年版，第133页。

演绎理论的基本组成部分是基本词项与被定义的词项、公理及定理。[①] 但是一致性和完全性地研究扩充了演绎理论的组成部分，从而使得人们在构建一个演绎系统时必须去考虑它的一致性和完全性。[②]

演绎科学方法论与演绎科学是不同的。演绎科学方法论已经变成了一门关于演绎科学的一般性的科学，就像算术是关于数的科学，几何是关于几何图形的科学。在现代方法论中，我们不仅研究构成演绎理论的句子，并且研究这些理论的本身。我们考虑组成这些句子的符合与表达式以及这些表达式之间的性质和它们之间的关系，我们建立关于这些概念的一般定律。而这些都属于演绎科学方法论。[③]由于塔尔斯基的真之语义理论提供了一个紧密和准确的演绎系统，而且他对后承、一致性和完全性的研究无疑是推动了演绎科学方法论的发展。

2.5.3 塔尔斯基的真之语义理论促进了特殊经验科学的发展

由于塔尔斯基坚持一种“科学语义学”的目标，所以塔尔斯基在形式化语言的真句子定义过程中，他对于引入的概念，比如“后承”“满足”“真”等进行了一种精确的定义，而当人们再进行这种概念的讨论时，它便提供了一种牢固的基础。此外，许多经验科学，如心理学、社会学等都会或多或少地涉及语义概念。比如，一位心理学家通过一个人对某些问题给出答案是真的和是假的的数目来定义所谓的智商；对一位文化历史学家，他可能认为一个人种在其发展的各个连续阶段使得对象的范围具有充分的指示物，这会是一个有重大意义的主题。[④]

塔尔斯基认为理论语义学的应用最自然而且最有前途的领域是语言学对

---

① 塔尔斯基：《逻辑与演绎科学方法论导论》，周礼全、吴允曾、晏成书合译，商务印书馆1963年版，第113页。

② 一个演绎理论是一致的，如果在其中没有任何句子是既能证明又能否证的；一个演绎理论是完全的，如果其中的每一个句子或者能够证明或者能够否证。这里的否证指的是：如果一个句子的否定能够在一个给定的理论中被证明，我们就说这一句子在这个理论中能够被否证。

③ 塔尔斯基：《逻辑与演绎科学方法论导论》，周礼全、吴允曾、晏成书合译，商务印书馆1963年版，第133页。

④ A. Tarski. The Semantic Conception of Truth and The Foundations of Semantics. In *Alfred Tarski Collected Papers*. S. R. Givant, R. N. McKenzie ed. Brikhäuser Verlag Basel, 1986, p. 689.

自然语言的经验研究。有时加上一些附加条件，这门科学的某些部分就能被称为“语义学”。若是在语言的历史发展中研究意义的进化，可以对此称为“历史语义学”。一般把关于在一种自然语言中出现的语义关系的研究的总和称为“描述语义学”。塔尔斯基认为理论语义学与描述语义学的关系，就类似于纯数学和应用数学的关系，或者类似理论物理学和经验物理学的关系。[①] 所以塔尔斯基的真之语义理论所建立的语义学概念能够找到在经验科学中的应用，又由于这些概念得到了精确定义，它们的无矛盾性巩固了它们在经验科学中被应用的基础，从而进一步推动了特殊经验科学的发展。

① A. Tarski. The Semantic Conception of Truth and The Foundations of Semantics. In *Alfred Tarski Collected Papers*. S. R. Givant, R. N. McKenzie ed. Brikhäuser Verlag Basel, 1986, p. 689.

第 3 章

塔尔斯基真之语义理论与符合论

塔尔斯基在1933年发表的著名论文《形式化语言中的真之概念》中给出了一个语言系统L中的真句子定义，在其1944年发表的阐释性的论文《真之语义概念和语义学的方法》中强调他的定义是为了去把握住亚里士多德式的真的概念的直觉，即“是什么说不是什么，不是什么说是什么，这是假的；是什么说是什么，不是什么则说不是什么，这是真的”。用现代哲学术语来讲，这个直觉就是一个句子的真与事实相符合。① 以塔尔斯基的真之定义为核心所形成的塔尔斯基的真之语义理论似乎为人们呈现出了一种符合理论的建构，并导致了众多哲学家对塔尔斯基的真之语义理论是否是符合理论的争论。这些争论主要围绕在塔尔斯基本人是否倾向于他的理论是一种真之符合理论和除开塔尔斯基的本意，他的理论是否是一种符合理论？麦克（J. L. Mackie）、苏珊·哈克（Susan Haack）和赫尔伯特·基思（Herbert Keuth）对这些问题作了否定性回答，而戴维森、波普尔、塞拉斯（Wilfred Sellars）和普莱茨（Mark Platts）作了肯定性回答。杰拉尔德（Gerald Vision）否定了后一个问题，而菲尔德和艾耶尔则肯定了后一个问题。②

有些哲学家认为塔尔斯基的真之语义理论是一种冗余论或者紧缩论，据此他们并不认为塔尔斯基的真之语义理论是一种符合论。奎因、索玛斯是这

① A. Tarski. The Semantic Conception of Truth and The Foundations of Semantics. In *Alfred Tarski Collected Papers*. S. R. Givant, R. N. McKenzie ed. Brikhäuser Verlag Basel, 1986, p. 667.

② R. L. Kirkham. *Theories of Truth*. The MIT Press, 1992, p. 170. 具体其他人的观点可参见：J. L. Mackie. *Truth. Probability and Paradox*. Oxford: Oxford University Press, 1973, p. 28; S. Haack. *Philosophy of Logics*. Cambridge: Cambridge University Press, 1978, pp. 100 – 112; H, Keuth. Tarski's Definition of Truth and the Correspondence Theory. *Philosophy of Science*, 45 (3), Philosophy of Science Association, 1978, p. 424; D. Davidson. True to the Facts. In*Inquiries into Truth and Interpretation*. Oxford: Oxford University Press, 1984, p. 48; M. Platts. *Ways of Meaning*. London: Routledge and Kegan Paul, 1979, p. 34.

一观点的支持者，戴维森曾讨论并否定了他们的这一观点。① 要回答塔尔斯基的真之语义理论是否是符合论，首先需要我们去理解塔尔斯基的真之语义理论。有些哲学家似乎认为塔尔斯基的真之语义理论为真谓词消去提供了途径，从而质疑塔尔斯基的真之语义理论是符合论。我们将先对这一观点进行分析。在此分析的基础之上，我们将进一步分析塔尔斯基的真之语义理论是否是符合论。

3.1　塔尔斯基的 T 约定与真之消去

3.1.1　基于 T 约定实质恰当性条件的真之消去观

塔尔斯基于 1933 年发表了著名论文《形式化语言中的真之概念》。在这篇论文里，塔尔斯基给出了一个形式化语言中对真谓词的定义。塔尔斯基为讨论形式化语言中的真之定义区分了对象语言和元语言。一种被讨论的语言称为对象语言，而被用来讨论对象语言的语言则称为元语言。基于对象语言和元语言的区分，塔尔斯基为一个合适表达真谓词的 T 型等值式给出了一个形式上正确的要求，即（T）“x 是一个真句子，当且仅当 p”，式子的左边“x”应该用对象语言中的任何一个句子的一种结构描述性的名字来代替，而式子的右边“p”则应该用这个句子在元语言中的翻译的表达式来代替。元语言必须比对象语言本质上要丰富，这样元语言才能够实现对对象语言的翻译并且能够为对象语言提供结构描述性的名字。塔尔斯基为一个可接受的形式化语言中的真之定义做了一个 T 约定，即一个形式正确的对象语言中的真之定义必须在元语言中是实质恰当的，当且仅当所有的句子从形式上满足 T 型等值式的要求，并且它必须从 T 型等值式所得到的句子的所有特例作为它的后承。虽然塔尔斯基的 T 约定是他为进一步构造一个恰当真之定义所提出的真之条件，但是人们似乎为 T 约定找到了另一种作用，认为 T 约定提供了消去真谓词的途径。

---

① D. Davidson. The Folly of Trying to Define Truth. In The Nature of Truth. M. P. Lynch ed. The MIT Press, 2001, p. 628.

苏珊·哈克认为："T约定的实质恰当性条件允许出现真之冗余定义：对于所有p而言，陈述'p'是真的，当且仅当p。"[①] 让我们对这一定义作出具体分析。如果我们将"对于所有p而言，陈述p是真的"这一句子换成自然语言表达，就是"陈述总是真的"。真谓词被消去意味着，当我们在说一个陈述是真的时候，其实是在说这个陈述本身。这种冗余思想来源于兰姆赛的真之冗余论。兰姆赛认为真谓词是多余的，真谓词可以被消去而不会造成语义上的损失。兰姆赛特别分析了需要添加量词来描述命题的情况。兰姆赛认为，因为人们总是认为"是真的"给一个句子添加了一个动词，却忘了命题"P"本身已经包含了一个动词，这个动词就是"断定"。[②] 对于诸如"陈述总是真的"这样的句子，根据兰姆赛的建议，这里真谓词可以被断定一词来代替，应该被转化为"陈述总是断定的"。所以"对于所有p而言，陈述p是真的"可以依照兰姆赛的方法将其转化为"对于所有P来说，如果他断定P，则P"。很明显，在被冗余论转化的式子中真谓词消失了。也就是说，如果认为一个句子中的真谓词是可被消去的，那么我们可以依照兰姆赛的方法将原句子作出相应的转化，用"断定"来替代原句子的真谓词。

既然苏珊·哈克认为T约定可以允许真之冗余定义，那么这一定义必须满足T约定的两个条件，即形式上正确和实质上恰当。形式上正确很好满足，只要T型等值式的左边"陈述P"是右边句子"P"的名字。实质上恰当要求从T型等值式推出的所有真句子的真谓词都是冗余的。但这里的问题是并非所有真句子的真谓词都是冗余的。塔尔斯基指出：诸如在"真句子的所有推论都是真的"这样的全称陈述的句子中，真谓词不能被消去。[③] 苏珊·哈克会认为对于塔尔斯基这个例子，我们可以继续作出兰姆赛式的改写，用"断定"替代真谓词，即"对于任意一个P和任意一个Q，[如果断定P，且(如果断定P，那么Q)，那么Q]"。[④] 虽然在改写的句子中，真谓词确实没有

---

① 苏珊·哈克：《逻辑哲学》，罗毅译，商务印书馆2006年版，第139页。

② P. Weingartner. *Basic Questions on Truth*. The Netherlands: Kluwer Academic Publishers Press, 2000, p. 17.

③ A. Tarski. The Semantic Conception of Truth and The Foundations of Semantics. In *Alfred Tarski Collected Papers*. S. R. Givant, R. N. McKenzie ed. Brikhäuser Verlag Basel, 1986, pp. 682 - 683.

④ 苏珊·哈克：《逻辑哲学》，罗毅译，商务印书馆2006年版，第158页。

出现，但是用"断定"替代真谓词会影响原句子的表达涵义，而且会导致一些违背直觉的情况出现。比如，将"真句子的所有推论都是真的"转化为"真句子的所有推论都是断定的"，但是没有人能够断定无穷多的句子，没有人能够考察所有的推论。因此，虽然从真句子得出的所有推论都是真的，但是并不意味着我们就能去断定所有的推论。

另外，用"断定"去替代真谓词还会违背经典逻辑中的一些规则。比如在经典逻辑中，"p 不是真的"和"非 p"是相等的，根据上述定义，我们可以相应地将其转化为"p 不是可断定的"和"非 p 是可断定的"，然而这两者是不相等的。因为给出合适理由的断定不一定是"真"。正如，有外星人不是可断定的并不意味着没有外星人是可断定的。去断定一个事物的过程是把某事物视为某事物的过程，对一事物给出断定意味着它被视为真。"什么是真"和"什么被视为真"是不一样的。然而，人们也许会想，之所以"被视为真"与"真"不一样，是因为确定"真"的条件是充分的、完全的，而"被视为真"的条件是不完全的。因此，能否设置一个理想的状态下，在一个理想的条件下，当断定的东西与事实一致，"被视为真"与"真"相等？但遗憾的是通过"可知能力悖论"，我们会发现这一努力是失败的。可知能力悖论得出的结论是：如果一些事物能被认识到是一种不可知的真，它就能被认识到是一种真；但是如果它能被认识到是一种不可知的真，那么它就是一种不可知的真，因此它是不可知的。所以有一种可能，即存在一个真永远不被知道，并且如果存在一个不可知的真，它将永远不会被以那样的方式被知道。①这里的观点与波普尔关于"真"的看法是相似的。波普尔认为我们的理论只能逼近"真"，"一个理论 t_2 比另一个理论 t_1 更接近'真'，当且仅当 t_2 的真内容超过了 t_1 的真内容"。② 也就是说，即使在一个理想的条件下，"被视为真"也只是无限地逼近"真"。而如果用"断定"来替代真谓词，那么"被视为真"就被当作"真"，这在认识论上是有误的。

通过上述分析，如果认为从 T 约定的实质恰当性条件允许真之冗余定义，

---

① F. B. Fitch. A Logical Analysis of Some Value Concepts. *Journal of Symbolic Logic*, 28 (2), Association for Symboliclogic, 1963, pp. 135 – 142.

② 苏珊·哈克：《逻辑哲学》，罗毅译，商务印书馆 2006 年版，第 144 页。

那么就能推出所有真句子的真谓词是冗余的，但是并非所有真句子的真谓词都能够被消去。即使苏珊·哈克认为可以借鉴兰姆赛的观点用“断定”来替代真谓词，对真句子作出相应的转化，但是用“断定”来替代真谓词不仅会产生一些违背直觉的情况，还会违背经典逻辑的一些规则导致认识论上的错误。因此，真之冗余定义无法满足T约定的实质恰当性条件，T约定并不允许真之冗余定义的出现。

3.1.2 基于T型等值式特例的真之消去观

霍维奇认为真谓词可被消去，他给出的理由是真谓词只是出于某种逻辑上的需要，应该被紧缩到极小范围来谈论；他给出的方式是T型等值式的特例能够清楚的定义真谓词，真谓词可以被T型等值式的特例所替代。

霍维奇的这种观点主要来源于两种对真谓词的认识：一种是认为真谓词不具有一种本质性的特性。对于真谓词性质的认识，人们可能会习惯通过语言的类比，把一些本质性的性质归属于真谓词，比如“是红的”揭示了世界的一种性质，而“是真的”也诸如“是红的”具有类似的能力。霍维奇反对这种看法，不认为真谓词具有上述的作用，他说：“人们不能期望‘是真的’如其他的一些谓词那样，具有远远超过这个词具体意谓的功能。”[①] 真谓词所具有的功能仅仅是逻辑上的，这也形成了霍维奇另一种对真谓词的认识，即认为真谓词只是用来恢复句子的结构，“命题p是真的”和“命题p”没有什么不同。原有的命题通过添加真谓词被构造为另一个与之相等的命题，人们可以通过相信其中一个命题去相信另一个。比如，霍维奇指出：对于“每件东西都是红色的或不是红色的；并且是令人满意的或不满意的；并且是便宜的或不便宜的……”这样一个表达排中律的陈述中，“每件东西都是红色的或不是红色的”是等同于“每件东西是红的或不是红的这个命题是真的”，于是我们便可使用“每个形如<每件事物是F或不是F>的命题是真的”来把握上述表达排中律的陈述。[②] 因此，对于一个命题，真谓词的有无并不影响人们对这个命题的把握，真谓词只是起了一个恢复句子结构的作用。霍维

① P. Horwich. *Truth*. Oxford: Basil Blackwell, 1990, p. 2.

② P. Horwich. *Truth*. Oxford: Basil Blackwell, 1990, p. 4.

奇说道："对于任何一个断定句p，我们的语言都保证有一个相等的句子'命题p是真的'，在这里原来的句子转化为名词词组'p这个命题'，占据着对象变项的空位，并且这个真谓词只是起着恢复一个句子结构的作用，即去名字算子（de－nomiflalizor）的作用。"① 因此，真谓词具有能够被消去的理由。

基于对真谓词可被消去的认识，霍维奇认为："极小主义的T型等值式的特例能够很好的作为公理和定理定义真谓词。"② 霍维奇的T型等值式来自于塔尔斯基的T型等值式，唯一的不同是，霍维奇将命题视为真之载体，而塔尔斯基是将句子视为真之载体。③ 由于命题被当作极小主义的真之载体，因此极小主义的T型等值式可以写成：（E）命题p是真的，当且仅当p，或者＜p＞是真的，当且仅当p。霍维奇认为极小主义的全部理论就在于："（MT）命题'雪是白的'是真的，当且仅当雪是白的；命题'夸克实际存在'是真的，当且仅当夸克实际存在；……的无穷合取。而又由于（E）＜p＞是真的，当且仅当p可以被看作表示为上述的无穷合取，所以在极小主义中只有形如'＜p＞是真的，当且仅当p'这样无穷的等价式。""极小主义只是那些T型等值式的特例，没有比这些特例更多的东西。"④ 既然在极小主义的理论中只有那些T型等值式的特例，而T型等值式的特例能够作为公理和定理定义真谓词，那么在极小主义中，真谓词可以通过这些特例被消去。

对于真谓词可被消去的理由，我们支持霍维奇的真谓词不具有本质性的特性，但我们不赞同他所认为的"命题p是真的"和"命题p"相等，我们并不能通过认识其中的一个命题去认识到另一个。如果我们认为霍维奇的观点是合理的，那么我们会推出一些奇怪的结论。因为真谓词的添加构造了一个与命题p相等的命题，所以真谓词成为我们认识这两个命题相等的充分必要条件。现在我们引用弗雷格的"认知相等"的思想，即在任意一语境C下，两个句子是认知相等的当且仅当在语境C下，没有人会在完全理解它们

---

① P. Horwich. *Truth*. Oxford：Basil Blackwell，1990，p. 5.

② P. Horwich. Implicit Definition，Analytic Truth，and Apriori Knowledge，Nous，wiley，1997，31（4），p. 437.

③ P. Horwich. A Minimalist Critique of Tarski on Truth. in Deflationism and Paradox，J. C. Bell，B. A. Garb ed. Oxford：Oxford University Press，2005. p. 77.

④ P. Horwich. *Truth*. Oxford：Basil Blackwell，1990，pp. 7－8.

的情况下，把其中的一个句子在语境 C 下表达为真的同时不把另一个句子在语境 C 下表达为真。[①] 根据这一思想"命题 p 是真的"与"命题 q 是真的"是认知相等的。比如"钢笔是钢笔是真的"和"没有单身汉是结婚的是真的"是认知相等的。如果真谓词能够使我们认识到"命题 p 是真的"和"命题 p"相等，那么"钢笔是钢笔是真的"与"钢笔是钢笔"是认知相等的，"没有单身汉是结婚的是真的"与"没有单身汉是结婚的"是认知相等的。进而得出"钢笔是钢笔"和"没有单身汉是结婚的"是认知相等的。如果这样两个命题是认知相等的，那么所有的命题都可以表达为同一个命题，到最后只会剩下一个"不证自明"的命题了，这显然是不合理的。

对于霍维奇消去真谓词的方法，我们认为 T 型等值式的特例并不能构建一个恰当的真之定义，更无法消去真谓词。根据塔尔斯基的真之语义理论，我们提出以下几点理由：T 型等值式的特例是无穷的，如果将 T 型等值式的特例作为真谓词的定义，那么这一定义就会包含无穷多句子的逻辑合取，而我们很难在元语言中去解释什么是"无穷多句子的逻辑合取"；塔尔斯基真之语义理论中有很多重要的概括性定理，而 T 型等值式的特例是具体的，缺乏概括性，如果将 T 型等值式的特例作为公理来定义真谓词，那么会使得我们的理论缺乏一些重要的概括性定理；塔尔斯基明确指出："若所有元理论的可证句子类是一致的，也不能在元理论的基础上以约定 T 的涵义构建一个合适的真之定义。"[②] 这是因为 Tr 是所有真句子类，它是一个一致且完全的演绎系统，但是 Pr 是所有可证句子类，它是一个一致但不完全的演绎系统。也就是说，每一个可证的句子都是一个真句子，即若 $x \in Pr$ 则 $x \in Tr$，但并不是每一个真句子都是可证的，即存在着 $x \in Tr$ 但 $x \notin Pr$ 的情况。[③] 所以如果将 T 型等值式的特例作为元理论的公理和定理，也不能构建一个满足 T 约定条件的恰当的真之定义。塔尔斯基曾认为一个真谓词的定义从理论上总有消

---

① W. Künne. *Conceptions of Truth*. Oxford：Oxford University Press，2003，p. 42.

② A. Tarski. The Concept of Truth in Formalized Languages. In *Logic Semantics Metamathematics*. J. H. Woodger transl. Hackett Publishing Company，1983，p. 247.

③ 塔尔斯基的定理 4、5、6、7，A. Tarski. The Concept of Truth in Formalized Languages. In *Logic Semantics Metamathematics*. J. H. Woodger transl. Hackett Publishing Company，1983.

去真谓词的可能，而如果 T 型等值式的特例都不能成为一个恰当的真之定义，那么它更无法具备从理论上消去真谓词的能力。

3.1.3　T 约定并不提供消去真谓词的途径

通过对苏珊·哈克观点的反驳，我们证明了 T 约定的实质恰当性条件不能允许真之冗余定义，不能从 T 约定得到真谓词可被消去。通过对霍维奇观点的反驳，我们认为 T 型等值式的特例并不能用来当作消去真谓词的方式。T 约定的实质恰当性条件的作用是消去一些不恰当的真之定义，T 型等值式的特例只是塔尔斯基为了用满足概念来定义真谓词所做的准备工作，T 约定并不应该被人们当作消去真谓词的方式，正确认识 T 约定将有助于我们认识 T 约定与真之概念的关系。

3.1.3.1　对 T 约定实质恰当性条件的认识

T 约定之所以能成为一个恰当真之定义的充分必要条件在于，T 约定充分地保证了一个实质恰当的真之定义的所有句子都来自塔尔斯基在 T 约定中所要求的那种形式上的正确性。这就可以把众多达不到塔尔斯基 T 约定所要求的真之定义排除在可接受的范围之外，这里就包括应用经典逻辑中的“由假得全”规则所建立的真之定义，比如“对于所有的 x，x 是汉语中的一个真句子当且仅当 x 不是汉语中的一个真句子”，因为它是一个矛盾式，所以根据“由假得全”规则，它包含着所有 T 型等值式的替换特例。但是它并不符合 T 约定的要求，它不符合实质恰当性条件中对形式上正确的要求，因此它不是一个恰当的真之定义。另外，实质恰当性条件要求所有的真句子都是一个恰当真之定义中 T 型等值式的特例。T 约定的实质恰当性条件是为了保障每一个恰当的一个真之定义符合人们日常对真之概念的直觉。如果一个形式正确的真之定义缺乏实质恰当，它就不是一个令人满意的真之定义。比如，对于这样一个形式正确的真之定义，“对于所有的 x 而言，x 是汉语的真句子当且仅当 x 等于 x”，这就使得所有的汉语句子都能成为真句子，这是有悖于我们日常对真这个概念的理解。

T 约定的实质恰当性条件的作用是排除那些不恰当的真之定义，这些定义对真这个概念的理解和使用违背了我们日常的直觉，比如前文所述的真之冗余定义，我们并不能得出所有真句子的真谓词是冗余的，这是不符合实质恰当性条件的。所以从T约定的实质恰当性条件的作用来看真之消去，我们就能得出T约定的实质恰当性条件不是允许真之冗余定义出现，而是不允许。

3.1.3.2 对T约定T型等值式特例的认识

塔尔斯基认为凡通过以一个特殊的句子替代“p”，并以这个句子的名字替代“x”而得到的T型等值式都可以被看作一个部分的真之定义，从某种意义上来讲，一个恰当的一般的真之定义是所有这些部分的真之定义的逻辑合取。比如，T型等值式“‘雪是白的’是真的当且仅当雪是白的”“‘草不是白的’是真的当且仅当草不是白的”“‘小明喜欢小张’是真的当且仅当小明喜欢小张”……这些T型等值式只是表达了个别句子的真是什么意思，因此只能被看作一个部分的真之定义，如果要得到一个一般的真之定义，那么不得不对它们进行逻辑合取。由于这种T型等值式是无穷的，直接给出这样的一个合取定义是困难的。但实质恰当性对于一个恰当的真之定义是必要的，因此需要选择一种方法来满足这里的条件。塔尔斯基为了给出一个一般的真之定义，他采取了递归定义的方法。

塔尔斯基的递归方法是将一个无穷的句子按照一种结构定义的方式表达出来。无穷句子的结构实际上是由一些简单句加上各式各样的逻辑连接词而组成的无穷复合句。比如，对于简单的一个句子“桌子是圆的”，我们加上一个否定连接词就会变成一个复合句“桌子不是圆的”，我们再把这一复合句用逻辑连接词“并且”合取另一个简单句“奥巴马是总统”，就会产生另一个更为复杂的复合句“桌子不是圆的，并且奥巴马是总统”……我们不断通过添加逻辑连接词便会产生更多、更复杂的甚至是无穷的复合句。我们用字母p、q、r……代表不同的简单句。如果p是句子，那么非p也是句子；如果p是句子、q是句子，那么p并且q也是句子；如果p是句子、q是句子，那么p或者q也是句子……而递归定义能使我们在面临无穷句子的情况下定义出真句子。我们可以先通过T型等值式来定义出简单句子的真假，然后我们再设立逻辑规则使得它既能够在简单句子的基础上构造复合句子，又能确立复合句子的真值。当我们依据规则构造了表达无穷句子的表达式，便自然也就可以定义出一种语言所有句子的真值。最终塔尔斯基根据递归定义的方式，借用满足这个概念给出了一个符合 T 约定的形式上正确、实质上恰当的真之定义。

T 型等值式的特例一方面是作为构成 T 约定实质恰当性条件不可或缺的一部分，塔尔斯基以此表明一个恰当的真之定义能推出所有 T 型等值式的特例，这是满足人们接受一个恰当真之定义的要求。另一方面塔尔斯基以此表明实际推出一个所有 T 型等值式特例的合取是不可能的，这为塔尔斯基进一步用满足概念，采用递归的方式给出一个恰当的真之定义做了准备。所以从 T 型等值式的特例的作用来看，它的逻辑合取只是表明符合 T 约定的实质恰当性条件，其本身只是构成一个恰当的真之定义的一部分，并不能以此给出一个一般的真之定义。既然 T 型等值式的特例不能构成一个恰当的一般真之定义，那么我们就很难用 T 型等值式的特例来完整解释真谓词，更不能用特例来替代真谓词，不能消去真谓词。

3.1.3.3　对 T 约定语言分层思想的认识

通过对 T 约定的实质恰当性条件和 T 型等值式的特例的分析，我们认识到它们并不是消去真谓词的方式，基于此，我们反对将 T 约定视为消去真谓词的途径。另外，我们提出一种对 T 约定与真之消去之间关系的认识，我们认为 T 约定提供的不是真谓词被消去的方式，而是真谓词不能被消去的理由。为此我们需要对 T 约定中的语言分层思想作出分析。

塔尔斯基在 T 约定中区分了对象语言和元语言，将语言做了一个有层级的划分。具体而言，如果我们把最基础的语言称作 L_0，那么比它高一层级的语言可以称作 L_1……它们的不同在于真谓词的添加。L_0 作为最基础的语言，其中的句式结构是不包含真谓词的，比如“雪是白的”。L_1 是根据 T 型等值式添加了真谓词，从而在元语言中实现对“L_0 中为真”的定义，比如“雪是白的是真的”，所以 L_1 是 L_0 中每个句子通过添加真谓词得到的元语言。如此类推，L_2 则是 L_1 中每个句子通过添加真谓词得到的元元语言……

我们认为 T 约定中的语言分层思想为解释真谓词为什么不能被消去提供了理由。根据语言分层思想，不同层级的语言的不同在于真谓词的添加。不带有真谓词的句子和带有真谓词的句子是处于不同的语言层级的，带有不同数目的真谓词的句子所处的语言层级也是不同的。一个表达式满足塔尔斯基的语言分层条件意味着 L_0 中不包含真谓词，而真谓词的作用使得 L_0 中的表达式转变为 L_1 或 L_2……中的表达式，如果消去真谓词，那么就会改变语言的层级。比如，表达式“雪是白的是真的，当且仅当雪是白的”，“雪是白的是真的”所处的语言层级就要比“雪是白的”高一层级，如果真谓词被消去，语言的层级就会发生变化。

语言层级的混乱与不分会造成一些我们认识上的困境。比如，对于表达式“比尔所说的一切是真的是真的，当且仅当比尔所说的一切是真的”，如果消去真谓词，这里会导致循环定义，即“比尔所说的一切是真的，当且仅当比尔所说的一切是真的”。另外，语言层级的划分是塔尔斯基相对于形式化语言而设定的，如果对应到自然语言中，语言层级的变化就会导致我们对语言所表达的东西层次的认识。比如，表达式“我相信雪是白的是真的，当且仅当雪是白的”，其中“我相信雪是白的”是一个信念句，表达的是对“雪是白的”的一种信念状态，不加真谓词的基础句与加了真谓词的句子处在不同的语言层级之中。而真谓词所表达的是这个信念句与事实一致的认知状态，为此它需要人们提供相应的真之条件，即“雪是白的”是处于“我相信”这个信念状态之下，这个信念句才为真。真谓词的添加意味着真之条件的添加，真谓词的消去意味着语言层级的变化，语言层级的变化会影响我们对语言所表达东西层次的不同的认识，所以真谓词不能被消去。基于真谓词在不同语言层级中的重要性，我们认为 T 约定中的语言分层思想表明了真谓词不能被消去。

综上所述，塔尔斯基于 1933 年发表了论文《形式化语言的真之概念》，以这篇论文中的真之定义为核心形成了塔尔斯基的真之语义理论。在塔尔斯基的真之语义理论中，T 约定似乎被人们当作了消去真谓词的方式。苏珊·哈克认为 T 约定中的实质恰当性条件允许真之冗余定义；霍维奇把 T 约定中的 T 型等值式的特例当作了公理和定理去定义真谓词，根据特例来消去真谓词。但是真之冗余定义并不能推出所有真句子的真谓词是冗余的，它不满足实质恰当性条件；T 型等值式的特例并不能构建一个恰当的真之定义。T 约定的实质恰当性条件是用来消去一些不恰当的真之定义，T 型等值式的特例只是用来构成一个部分的真之定义。T 约定并不提供消去真谓词的途径，而

T 约定中对语言层级的划分让我们认识到真谓词是不能被消去的。

3.2 塔尔斯基的真之语义理论是否是符合论

塔尔斯基对他的理论是否是一个符合理论并没有一个明确的表述，但根据他在一些文章中的表达，有些人有理由相信塔尔斯基坚持的是一种符合论的思想。塔尔斯基在他 1933 年的《形式化语言中的真之概念》一文中明确地表达了他所做的是去抓住所谓的经典的真之概念的直觉。[①] 在 1936 年的《科学语义学的建构》一文中，塔尔斯基明确表明真之概念中的“真的”和“与事实相符合”指派相同[②]，或者更进一步说，一个句子的真就是与事实相符合。[③] 而在 1944 年的《真之语义概念和语义学的方法》一文中，塔尔斯基明确表明那个经典的真之概念的直觉便是来自亚里士多德的那句古老的名言，即“是什么说不是什么，不是什么说是什么，这是假的；是什么说是什么，不是什么则说不是什么，这是真的”。[④]

正是基于塔尔斯基在他的著作中所表明的上述具有符合性思想的言论，许多的哲学家认为塔尔斯基的真之语义理论是一个符合理论。较早阐明这一点的是卡尔·波普尔，他认为塔尔斯基所捍卫的是一个真与事实相符合的常识理论，他接受塔尔斯基的做法。[⑤] 虽然波普尔并不赞同塔尔斯基把句子作为一个真的载体，而是将陈述作为了真之载体[⑥]，但这并不妨碍他运用塔尔斯基的元语言去说明陈述与事实的符合。波普尔讲道：“如果我们要谈论一个陈述与一个事实的符合，我们就需要一种元语言，在这种元语言中，我们

---

① A. Tarski. The Concept of Truth in Formalized Languages. In *Logic Semantics Metamathematics*. J. H. Woodger transl. Hackett Publishing Company, 1983, p. 153.

② A. Tarski. The Establishment of Scientific Semantic. In *Logic Semantics Metamathematics*. J. H. Woodger transl. Hackett Publishing Company, 1983, p. 401.

③ A. Tarski. The Establishment of Scientific Semantic. In *Logic Semantics Metamathematics*. J. H. Woodger transl. Hackett Publishing Company, 1983, p. 404.

④ A. Tarski. The Semantic Conception of Truth and The Foundations of Semantics. In *Alfred Tarski Collected Papers*. S. R. Givant, R. N. McKenzie ed. Brikhäuser Verlag Basel, 1986, p. 666.

⑤ 卡尔·波普尔：《客观知识》，舒炜光等译，上海译文出版社 1987 年版，第 50 页。

⑥ 卡尔·波普尔：《客观知识》，舒炜光等译，上海译文出版社 1987 年版，第 357 页。

可以阐述有关陈述所论及的事实……”① 比如，对于“雪是白的”是真的，当且仅当雪是白的。对于波普尔而言，这个 T 模式的实例的左边是谈语言，右边是谈事实。这个 T 模式讲的就是“雪是白的”是真的，当且仅当“雪是白的”符合事实雪是白的。

虽然波普尔注意到了塔尔斯基的 T 约定可能表达了一种符合性的思想，但是波普尔并没有注意到塔尔斯基的真之定义，而塔尔斯基的真之语义理论不是只要一个 T 约定就可以说清楚的，因此波普尔站在 T 约定基础上的分析只能算是把握住了塔尔斯基的真之语义理论是一个符合理论的部分依据。苏珊·哈克也对波普尔的分析表示怀疑，但她所采取的策略是她认为 T 约定能推测出冗余定义，即（p）［陈述（p）是真的当且仅当 p］。② 所以塔尔斯基的理论不是一个符合理论。虽然看似塔尔斯基的 T 模式及其特例能够取消“真的”这个谓词，但事实上塔尔斯基明确表明了这并没有冗余论所言的那样简单。比如，对于“真句子的所有推论都是真的”和“柏拉图所写的第一个句子是真的”这样的句子就不能如冗余论所提出的那样被简单消去“真的”这个词。③ 如果能从 T 约定中得出（p）［陈述（p）是真的当且仅当 p］这样的冗余定义，也就意味着能用冗余论所坚持的“断定”去替代“真的”，但用“断定”来代替“真”可能会导致矛盾性的结论出现。因此获得塔尔斯基的 T 模式及其特例并不意谓能消去“真的”这个谓词。因此苏珊·哈克批判波普尔的理由是值得商榷的。另外，根据塔尔斯基在 1944 年的《真之语义概念和语义学的方法》一文中举出的例子，即“在尼斯进行的调查中，只有 15% 的人同意真与事实相符合，而 90% 的人同意‘正在下雪’是真的，当且仅当正在下雪”。当塔尔斯基在得知此事时，他“绝不会惊讶”。④ 基于这一点，苏珊·哈克认为，塔尔斯基表明了他自己不是一个符合论者。⑤ 苏珊·

① 卡尔·波普尔：《客观知识》，舒炜光等译，上海译文出版社 1987 年版，第 52 页。

② S. Haack. *Philosophy of Logics*. Cambridge：Cambridge University Press，1978，p. 113.

③ A. Tarski. The Semantic Conception of Truth and The Foundations of Semantics. In *Alfred Tarski Collected Papers*. S. R. Givant，R. N. McKenzie ed. Brikhäuser Verlag Basel，1986，p. 683.

④ A. Tarski. The Semantic Conception of Truth and The Foundations of Semantics. In *Alfred Tarski Collected Papers*. S. R. Givant，R. N. McKenzie ed. Brikhäuser Verlag Basel，1986，p. 684.

⑤ S. Haack. *Philosophy of Logics*. Cambridge：Cambridge University Press，1978，p. 112.

哈克在这里误解了塔尔斯基的观点。塔尔斯基讲道："我丝毫也不怀疑我们的表述确实符合亚里士多德的表述的直觉内容。我不太确定的是有关这种古典看法后来的一些表述，因为它们确实是非常模糊的。"[①] 所以上述例子只是塔尔斯基用来表明传统的符合理论模糊的证据，这并不意谓他否定了自己的理论，没有把握住"真的"这个概念与事实相符合的直觉。

克里克哈姆（Krikham）并没有沿着人们以往的思路去分析塔尔斯基的真之语义理论要么是一个符合理论，要么就不是。克里克哈姆认为塔尔斯基的真之语义理论是否是一个符合理论在于我们对塔尔斯基真之理论的认识。如果认为塔尔斯基的真之概念从本质上是一个 S 理论[②]，即塔尔斯基的真之理论把握住了罗素和奥斯汀符合理论的本质，那么塔尔斯基的真之语义理论就是一个符合理论；如果认为塔尔斯基在使用"满足"概念来定义"真的"概念所采用的形式化方法是受了物理主义的影响或是为了创立一个模型理论，那么他的理论就不是一个符合理论。[③] 虽然塔尔斯基的 T 约定抓住了符合理论的本质，但是克里克哈姆认为物理主义计划和构建模型论的野心使得塔尔斯基的真之理论与符合论越来越远。[④] 因为当塔尔斯基的 T 约定抓住了符合理论的本质时，即∀x（x 是真的当且仅当（∃y）〔（xRy）并且（有 y)〕)，这里还存在着一个语义关系 R。根据塔尔斯基对自己的一个严格的要求，即必须把语义概念化归为其他概念，塔尔斯基不会容忍这里仍然存在一个语义概念。所以塔尔斯基用一种递归定义的方式定义了这里的关系。因此，塔尔斯基的真之定义是被许多人理解为是对一种特殊的语言所设计的，并且是基于

---

① A. Tarski. The Semantic Conception of Truth and The Foundations of Semantics. In *Alfred Tarski Collected Papers*. S. R. Givant, R. N. McKenzie ed. Brikhäuser Verlag Basel, 1986, p. 684.

② S 理论讲的就是∀x（x 是真的 iff（∃y）〔（xRy）并且（有 y)〕)。这里 x 代表一个句子，y 代表事实或事态，并且 xRy 代表 x 表达了 y。参见 R. L. Kirkham. *Theories of Truth*. The MIT Press, 1992, p. 167.

③ R. L. Kirkham. *Theories of Truth*. The MIT Press, 1992, pp. 172 – 173.

④ R. L. Kirkham. *Theories of Truth*. The MIT Press, 1992, p. 168.

一种物理主义计划①和模型论的要求。② 而一个符合理论是不会只相对于一个特殊语言而设定的，也不会适用于物理主义和模型论的计划。因此，克里克哈姆才认为，如果是从一个物理主义和模型理论的要求的角度而言，塔尔斯基的真之理论不能被看作一个符合理论。

虽然克里克哈姆通过两个层面对塔尔斯基的真之语义理论的分析加强了他自身观点的说服力，但很快他的观点还是遭到了来自魏茵加德纳（Weingartner）等人的批判。③ 魏茵加德纳从三个方面批判了克里克哈姆的观点，首先，克里克哈姆虽然把握住了塔尔斯基的真之条件是真与事实相符合的解释，但他忽视了符合这个概念的范畴，因为真除了能与事实相符合，还可以和对象或者对象的序列相符合。塔尔斯基的真之定义正是建立在通过对象满足句子函数的基础上，而这正是作为真与对象相符合的解释。所以塔尔斯基的真之条件是真与事实相符合的解释，而真之定义则是真与对象相符合的解释。

其次，塔尔斯基在他的真之语义理论中所使用的语言是一阶谓词逻辑、二阶和高阶理论等，这些语言都是一种很一般化的结构。而一种特别的语言只是来自真之条件的应用或真之定义的应用。但那些特殊的特例并不限制他的理论。如果认为真谓词总是属于塔尔斯基阶层理论中的某个确定的对象语言，那么克里克哈姆所说的塔尔斯基的理论是相对于一个特殊的语言是有道理的。但通过塔尔斯基和哥德尔的理论，我们知道没有一个语言能够容纳它自身完全的语义。另外，也没有一种普遍的语言使得其中的所有事物都包含一个可以被表达的一致的真谓词。因此，从真谓词应用于塔尔斯基的对象语言的角度来讲，这种语言的相对化是有必要的。

最后，魏茵加德纳认为塔尔斯基并没有把“词”“表达式”“句子”等

---

① 一个物理主义计划可以被简单地定义为：所有心智方面的概念都能够根据逻辑、数学和物理科学的概念最终和完全地被定义出来。参见 R. L. Kirkham. *Theories of Truth.* The MIT Press，1992，p. 142.

② R. L. Kirkham. *Theories of Truth.* The MIT Press，1992，p. 142. 另外还可参见 H. Field. Tarski's Theory of Truth. *The Journal of Philosophy*，69（13），Journal of Philosophy，Inc，1972，pp. 347 – 375.

③ P. Weingartner. *Basic Questions on Truth.* The Netherlands：Kluwer Academic Publishers Press，2000，pp. 115 – 117.

看作指示具体的符号序列，而是指示整个与所给定的序列形状相同的那些序列的类。① 塔尔斯基的思想中的这些是一种概念实体而不是物理实体，因此克里克哈姆所说的“物理主义的野心”误解了塔尔斯基的思想。

除了像波普尔和苏珊·哈克、克里克哈姆和 Paul 这样的哲学家各自站在不同的甚至相对的角度，对塔尔斯基是否是一个符合理论进行了激烈地争论外，还出现了一些哲学家在他们不同的时期对这个问题所表现出来的看法不一致的情况，比较典型的就是戴维森和菲尔德。

早期的戴维森也认为塔尔斯基的理论是一个符合理论。1969 年戴维森发表论文《对事实为真》，他在这篇文章中承认他捍卫了一种符合论的观点。戴维森认为，真可以被解释为一种语言与世界的关系，通过对这种关系的分析会使我们清楚，当我们说出一个句子的时候，我们是如何设法说出真的东西。戴维森承认塔尔斯基的真的语义学概念会在他的捍卫中发挥重要的作用。②并且戴维森明确表达了塔尔斯基所发展的语义学的真概念，应该被叫作一种符合论。③ 但是后来戴维森在《试图定义真是愚蠢》的一文中否定了曾经的想法，他说：“由于序列在满足封闭句中的作用，我一度建议称塔斯基的真之概念为一种符合论，但是随后我撤消了这种建议，因为它引入误解。”具体来讲，戴维森认为亚里士多德的表述和塔尔斯基的真之定义都没有引入像事实或事物状态这样的句子所符合的实体。虽然塔尔斯基确实基于满足概念定义了真，通过满足这一概念使表达式与对象联系起来。但是满足句子的序列不是符合论者的“事实”或“事物状态”那样的东西。④ 然而到了晚年，戴维森似乎又回到了最初的想法，再次认为塔尔斯基的真之语义理论是符合理论。⑤

---

① A. Tarski. The Concept of Truth in Formalized Languages. In *Logic Semantics Metamathematics*. J. H. Woodger transl. Hackett Publishing Company, 1983, p. 156.

② 唐纳德·戴维森：“对事实为真”，载《对真理与解释的探究》，牟博、江怡译，上海译文出版社 2007 年版，第 53 页。

③ 唐纳德·戴维森：“对事实为真”，载《对真理与解释的探究》，牟博、江怡译，上海译文出版社 2007 年版，第 63 页。

④ D. Davidson. The Folly of Trying to Define Truth. In *The Nature of Truth*. M. P. Lynch ed. The MIT Press, 2001, p. 628.

⑤ 欧阳康编：《当代英美著名哲学家学术自述》，人民出版社 2005 年版，第 73 ~ 99 页。

菲尔德承认自己最初是站在一个塔尔斯基的真之语义理论的基础上来看待真这个概念，并且因此而将自己的理论称为一个符合理论。[①] 具体来讲，菲尔德认为，我们在进行一个推理的时候必须非常好地把握好两种情况，一种是在什么情况下他人所说的有可能是真的，另一种是如何从他人说的是真的这样的信念得到一种关于非语言世界的信念。为了把握好这两种情况，人们又必须懂得把握住与使用真这个概念的目的内在地联系在一起的两种真之特征，即（1）去试图说明真并且成功地做到这一点在社会机制中所起的作用；（2）一个事实，即一般来说，当一个人能够断定一个句子或用另一种方式断定它时，他就能够断定这个句子是真的。菲尔德赞同这样的方式，他认为至关重要的是人们需要弄清楚真的基本用法是什么。[②] 因此，菲尔德并没有像塔尔斯基那样单独讨论一个真之理论，而是将真之理论与所指理论联系在了一起，注重了“真的”在现实世界的用法。菲尔德所做的工作是对塔尔斯基的真之定义进行了修改及赋予了新的解释。菲尔德之所以这样做是因为他认为塔尔斯基的真之语义理论具有一种物理主义的倾向，但是塔尔斯基并没有完全实现一个另物理论者所满意的真之定义。具体而言有以下两点理由。

首先，我们可以将塔尔斯基对“满足”的定义改写为：满足是开句子 S 与无穷序列 f 之间的一种关系 R：当开句子是一元时，它将是一个由无穷序列 f 的 i 次位的序列所形成的，当开句子是二元时，它将是两个对象之间的一种关系 R……当开句子是 n 元时，它将是 n 个对象之间的一种关系 R；对于一个开句子 S 而言，它的否定表明无穷序列 f 与开句子 S 不具有关系 R；一个开句子 S_1 和 S_2 合取表明无穷序列 f 既与 S_1，又与 S_2 有关系 R；一个加存在量词的开句子 S_3 表明每个至多在第 k 次位不同于 f 的无穷序列 g 与 S_3 有关系 R。我们可以看到“满足”这个语义概念在递归定义中并没有出现，因此最终得到排除。但菲尔德认为塔尔斯基的工作到这里就结束了，塔尔斯基只是把真这个概念化归为其他某些语义概念，而没有以任何方式来详细解释其他的这些概念。[③]

---

① H. Field. *Truth and the Absence of Fact*. Oxford: Oxford University Press, 2001, preface.

② H. Field. *Truth and the Absence of Fact*. Oxford: Oxford University Press, 2001, pp. 23 – 24.

③ H. Field. *Truth and the Absence of Fact*. Oxford: Oxford University Press, 2001, p. 3.

其次，菲尔德采用这种形式（∀e）〔e是真的≡B（e）〕[①] 表达了塔尔斯基所建立的真之理论的形式化标准。菲尔德认为"B（e）"与"e是真的"虽然外延等价，但外延等价并不意味着这是一个可接受的化归。比如对于化学家来说，给出一个具有（∀E）（n）（E有价n≡E是钾并且n是+1，或……或E是硫并且n是-2）这种形式的'价定义'会是一件很容易的事情……虽然这是一种外延上正确的价定义，它也不会是一种可接受的化归。因为它并没有解释n具有什么样的物理性质。

虽然塔尔斯基没有给出一个物理论者满意的化归定义，但菲尔德认为给出一个这样的定义是有可能的。菲尔德的做法是修改了塔尔斯基的真之定义，将"满足关系"化归为了"指示"与"适用"关系，具体如下[②]：

Tl（A）1 第k个变元"x_k"指示序列S中第k个元素s_k。

2 第k个常元"c_k"指示序列S中它所指示的东西。

3 函数表达式「f_k（e）」指示序列S中一个对象a，当且仅当（i）有一个e表达式指示对象b并且（ii）<a，b>满足"f_k"。

（B）1 谓词表达式「p_k（e）」是真的，当且仅当（i）有一个e表达式指示对象a并且（ii）谓词"p_k"适用于a。

2 表达式「~e」是真的，当且仅当表达式e不是真的。

3 表达式「$e_1 \wedge e_2$」是真的，当且仅当表达式e_1是真的，并且表达式e_2是真的。

4 全称表达式「$\forall x_k$（e）」是真的，当且仅当对于至多在第k个位置上与S不同的各个序列S＊说，表达式e是真的。最后菲尔德得出一个句子为真当且仅当对于所有的无穷序列它都是真的。

上述将"满足关系"化归为"指示"与"适用"的关系并不是物理论者所想要接受的最终结果，菲尔德认为还需要将"指示"与"适用"的关系进一步用物理论者所期望的解释来化归为最终的物理关系。而菲尔德相信克

① 这种形式的任何条件作为一种适宜的真之条件来接受，当且仅当它是正确的并且"B（e）"是一个不含有语义词的合适公式。H. Field. *Truth and the Absence of Fact*. Oxford：Oxford University Press，2001，p. 15.

② H. Field. *Truth and the Absence of Fact*. Oxford：Oxford University Press，2001，p. 5.

里普克的因果理论正好可以用来做“指示”与“适用”的关系的物理化归。因此，菲尔德认为通过诉诸于克里普克的因果理论便可以实现一个物理论者所要求的以物理的性质、关系来解释语义概念的诉求。

人们也许会认为菲尔德的工作会使得他的理论离现实越来越远，但菲尔德却认为把真之理论和所指理论放在一起思考，会让我们把握住语言和非语言（现实）之间的联系。① 菲尔德并不认为如果从一个物理主义计划的角度就必须抛弃“真”和“所指”，相反它们与物理主义是相容的。② 因此，似乎对于菲尔德而言，如果对塔尔斯基的真之理论进行修改，添加基本所指理论，并用克里普克的因果理论进行解释，即使最后它可能实现了物理主义的计划，它也不会与符合理论不相容。因此，菲尔德似乎并不会赞同克里克哈姆的观点，即认为如果是从一个物理主义计划的角度，一个符合理论无法被运用到物理主义的理论和模型理论的计划中。虽然菲尔德后来转变了他的思想，开始从一种极小主义或紧缩理论的立场来讨论真这个概念。③ 但从早期菲尔德对塔尔斯基的真之理论的分析中，我们仍然能看出他所坚持的塔尔斯基的真之理论是一个符合理论的观点。

对于塔尔斯基的真之理论是否是一个符合理论的问题，虽然人们是围绕在塔尔斯基本人是否倾向于他的理论是一种真之符合理论和除开塔尔斯基的本意，他的理论是否是一种符合理论这两个方面进行讨论，但是我们并不认为通过探讨塔尔斯基本人是否有过真是一种与事实相符合的言论，就能得出塔尔斯基的真之语义理论是一个符合理论的结论。因为在塔尔斯基的文章中还有过一些紧缩论思想的言论。因此，从言语上去探讨塔尔斯基的本意是无意义的。我们认为如果塔尔斯基的真之理论能够解决符合理论所面临的一些问题，即使我们不清楚他本意是不是在讲一个符合理论，我们也应该把他的理论看作一个符合理论。基于此，首先我们必须清楚符合理论在发展过程中面临着什么样的困难。

---

① H. Field. *Truth and the Absence of Fact*. Oxford：Oxford University Press，2001，p. 24.

② H. Field. *Truth and the Absence of Fact*. Oxford：Oxford University Press，2001，p. 25.

③ H. Field. *Truth and the Absence of Fact*. Oxford：Oxford University Press，2001，preface，具体参见他在这本书中的第 4 篇和第 5 篇论文。

3.3 符合论面临的问题

在传统哲学对真所做的定义之中，最能体现真这个概念直觉的是把“真的”作为一种符合关系来讨论。通常认为，把真这个概念定义为一种判断或思想与事实相符合的理论是一种符合理论，即一个符合理论说的是 X 是真的当且仅当 X 与事实相符合。人们通常认为这种真之符合性的思想最早源于亚里士多德的《形而上学》。亚里士多德认为：“是什么说不是什么，不是什么说是什么，这是假的；是什么说是什么，不是什么则说不是什么，这是真的。”

让我们首先来分析一下亚里士多德的这段古老的名言。在“说”之前的“是什么”和“不是什么”指的是一个事实发生在现实中，也可能发生在虚拟中；在“说”后面的“是什么”或“不是什么”指的是一个陈述的内容，当然这个陈述的内容可能是一个现实的内容，也有可能是一个虚拟的内容。当在同一语境下，一个陈述的内容与事实相一致或相符合，那么我们就说这是真的。① 亚里士多德在这里并不是对“真”做了一个定义，而只是对“什么是真的”作了一个简单地描述。这里要注意的是“真”与“真的”是不一样的②，“真的”是一个谓词③，在这里表达的是一种关系，是陈述的内容与事实之间的一种关系。如果按照亚里士多德的说法，我们可以把这种关系看作一种因果关系。事实导致了陈述的内容是真的。亚里士多德将这里陈述的

① 之所以要加上同一语境的限定条件，是因为在不同的语境中同一个陈述的内容与事实可能一致，也可能不一致。比如我们说：“孙悟空是一只猴子。”如果是在《西游记》这部著作中，则它是真的。但如果现实中有个人，他名字叫做“孙悟空”，那么说“孙悟空是只猴子”就是假的。

② 我们在第 3 章中曾讨论这个问题，这里不再赘述。

③ 有些哲学家认为“真的”是虚假的谓词，特别是在冗余理论中，“真的”是可以被消去的。有些哲学家把“真的”作为一种潜在的行为句的算子，参见 P. F. Strawson. Truth. In *Philosophy and Analysis*, M. Macdonald ed. Oxford: Blackwell, 1954, pp. 260 – 277，或者是把“真的”作为一种代句算子，参见 D. Grover. *A Prosentential Theory of Truth*. Princeton: Princeton University Press, 1992，或是代句构成算子，参见 R. Brandom. *Making It Explicit*. Cambridge, MA: Harvard University Press, 1994. Künne 对这些观点进行了分析，并认为“真的”是一个真实的谓词。在塔尔斯基的文章中，“真的”也是一个真实的谓词，但“真的”只是作为句子的谓词，表达句子的一种性质。

内容看作命题，因此他认为是事实导致了命题的真。[①] 亚里士多德曾经把“是”做了“是真的”和“是假的”的解释，结合亚里士多德的上述古老的名言，似乎很容易得到“说什么是真的”等于“说什么是”。因此，是不是就能消去“真的”，通过用“是”去替代“是真的”？很显然这是不合理的，因为“是”不仅仅是只具有“是真的”和“是假的”意思，它还有其他范畴的涵义。如果用“是”去代替“是真的”，那么讨论“真”就没有意义，但并不是这样的，“真的”一词在传统哲学中被认为是对“是”添加了一些东西，这些东西被许多人看作一种符合关系。[②]

如果真的意义在于为思想和实在之间增添了一种符合关系，那么究竟何为“符合”或者说是“一致”呢？弗雷格在这个问题上为真之符合理论制造了一个困境：要么这种“符合”是一种重合，是一种等同关系，这种关系介于一个陈述和一些实在的事物之间，但说一个陈述和一些事物是相同的是无意义的，因为谈论符合就暗指着它们的不同；要么这种“符合”就是一种不同的，但是根据“符合性”或者“一致性”，这里就不存在任何完全意义上的符合，就没有完全的真，也就没有任何东西是真的。也许有人会讲，难道我们不能规定二者在某种程度为真，或者为真划定一个程度的界限，到了那个界限二者就一致为真了吗？当我们要尝试解决真的一致性程度问题的时候，我们需要去弄清楚真是在哪一些方面是表现的一致的，而为了回答这个问题我们又必须明白真到底是什么，必须对真进行解释，而如果把真解释为符合的话，我们又会重新回答这个过程的起点。因此，把真解释为符合是错误的，真是不容许有程度的，要么一个思想是真的，要么不是。另外，我们曾经提到过弗雷格对真之定义的态度。如果把“真的”定义为一种观念 P 与事实 F 的符号，那么就会出现所谓的“弗雷格式的倒退”。之所以会这样，是因为对于一个符合理论而言，它并没有很好地解释“事实”和“符合”。

虽然在笛卡尔、休谟、康德等人的著作中有过符合理论的思想，但符合

① 参见 Aristotle. *Metaphysics*. W. D. Ross transl. Kessinger Publishing，2009，Ⅴ,4.

② 比如笛卡尔、莱布尼茨、休谟、康德。

理论得到真正发展的还是在罗素和维特根斯坦所创立的“逻辑原子主义”时期。罗素曾尝试去解释一个信念或判断的真。罗素认为：

> 倘使以“奥赛罗相信苔丝狄蒙娜爱卡西欧”这个信念为例，那么我们就可以把苔丝狄蒙娜和卡西欧叫作客体词，把爱叫作客体关系。如果的确有“苔丝狄蒙娜对于卡西欧的爱”这样一个复杂的统一体，其中包含有几个客体词，而这几个客体词是按照它们在信念中相同的次序由客体关系所联系起来的，那么这种复杂的统一体就叫作与信念相应的事实。因此，一个信念，在有一个与它相应的事实的时候，它便是真的，在没有与它相应的事实的时候，它便是假的。①

罗素把“事实”看作一个复合实体，它是由一些个体以及介于个体之间的关系所构成的。比如，当我们说“北京在上海的北边”，这个事实就是由“北京”和“上海”这两个个体以及它们之间的方位的关系所构成的。如果用有序对来表示，则是 <北京，上海，北边>。有序对中元素的次序是不能改变的，因为改变了会导致判断的不同。罗素认为是判断关系影响了这些元素的次序。② 罗素把一个判断行为看作在某一特殊时间里，一些个体之间发生的信念或判断关系。以“奥赛罗相信苔丝狄蒙娜爱卡西欧”为例，我们把思想称作判断中的主体，其余称作客体。这样，当奥赛罗判断苔丝狄蒙娜爱卡西欧的时候，奥赛罗就是主体，客体就是苔丝狄蒙娜度和卡西欧。主体和客体就称为判断的组成成分。“苔丝狄蒙娜爱卡西欧”这个命题就是由客体苔丝狄蒙娜和客体卡西欧与判断关系“爱”而形成的，同时它也构成了一个事实。

既然一个判断的真就在于有一个与它相应的事实，那么我们可以这样表达一个判断 P 是真的，当且仅当有这个事实 <P>。又因为“事实”是一个上述的复合实体，那么以“苔丝狄蒙娜爱卡西欧”为例，就可以得到一个判

---

① 罗素：《哲学问题》，何兆武译，商务印书馆 2007 年版，第十二章。

② 判断关系是具有一种所谓“意义”或“方向”的东西。在一个判断里，它的各个客体被安排成一定的次序。而判断关系是能够改变这些客体的排列顺序的。比如“奥赛罗相信爱卡西欧”和“奥赛罗相信卡西欧爱苔丝狄蒙娜”，这是两个不同的判断，虽然它们的客体是相同的，但是由于判断关系改变了“苔丝狄蒙娜”和“卡西欧”的不同位置，所以导致了判断的不同。

断“苔丝狄蒙娜爱卡西欧”是真的，当且仅当有这个事实 < 苔丝狄蒙娜，卡西欧，爱 >。但是 < 苔丝狄蒙娜，卡西欧，爱 > 能够成为判断本身的一个组成部分吗？在第三章中，我们曾提到判断本身是一个思想行为，形成判断本身的是在一个主体当中的思想行为，而这里的客体与判断关系更合适地来讲应该是形成了判断的对象。而判断对象是先于判断产生的，既然客体与它们之间的关系形成了判断对象，那么客体与它们之间的关系就应该先于判断而产生。所以对于例子“苔丝狄蒙娜爱卡西欧”，< 苔丝狄蒙娜，卡西欧，爱 > 这样的有序排列会先于判断本身。但对于 < 苔丝狄蒙娜，卡西欧，爱 > 人们并不能得出判断“苔丝狄蒙娜爱卡西欧”，也许人们会得出“卡西欧爱苔丝狄蒙娜”，但这是错误的。根据罗素的观点，一个信念，在有一个与它相应的事实的时候，它便是真的。但在这里，有一个相应的事实 < 苔丝狄蒙娜，卡西欧，爱 >，但人们得出了一个假的判断“卡西欧爱苔丝狄蒙娜”。所以如果把事实解释为客体与它们之间的关系、把符合解释为有一个相应的事实就会出现上述的困难。罗素为了避免自己理论的缺陷，他承认了一种否定的事实。

罗素认为有些句子虽然它们是真的，但它们否定了一些事物的存在。比如，“圆的方不存在”，它说明了一个真命题，但它是一个否定的陈述，根据真句子符合一个事实，所以就有一个否定事实“圆的方不存在”。但“圆的方不存在”可以被表达为“非圆的方”，如果“非圆的方”代表了一个事实，那么是不是假的事实就是否定的事实？这里的“非”又能代表什么？罗素在他的理论中并没有给出一个明确的回答。但维特根斯坦认为否定事实中的否定词并不暗指这个事实存在，除非人们知道否定的事实是人们先认识到了肯定的事实的情况下才发生的，比如“这枝玫瑰不是红色的”，只有我们在认识到“这枝玫瑰是红色的”这个命题是肯定的情况下我们才能知道那个否定的事实。不存在真的事实和假的事实，但是有肯定的事实和否定的事实。然而，如果一个命题 P 代表了一个事实 F，那么 $\neg P$ 正好是 P 的否定，而不是代表了非 F。所以，似乎并没有什么否定的事实。因此，否定的事实是否存在是值得怀疑的。[①]

维特根斯坦的观点与罗素有所不同。维特根斯坦将事实从事态中区分开来，事态是由命题与事实的符合而构成的。事实分为原子事实和复合事实。相对应的，命题分为原子命题和分子命题。原子事实是世界构成的基础，原子命题是构成语言的基础，原子命题是原子事实的图像；复合事实是由原子事实和它们之间的关系构成的，分子命题是原子命题通过添加一些逻辑运算符号比如否定、合取、析取等构成的，分子命题是复合事实的图像。又因为世界是由原子事实和复合事实构成的，语言是由原子命题和分子命题构成的。所以语言是世界的图像，语言和世界具有结构上的同构。因此，人们认为维特根斯坦把命题与事实的符合关系视为命题与事实的一种结构上的同构关系。基于此，有的人认为这种命题与事实之间结构上的同构仍然面临着困难，因为在有些情况下，事实有两个成分，而命题至少有三个成分。比如“这只猫在这个人的左边”，这个命题由个体这只猫和个体这个人以及它们之间猫在人的左边这个关系所构成，但事实只有在这个人左边的猫和在这只猫右边的人。[②] 但当一个命题为真的时候，它就指示了一个事实，命题与事实之间的关系是仅仅能被展示，却不能被言说的。[③] 维特根斯坦的不能言说思想表明符合关系最终是不能被言说的，即使把符合看成是一种结构同构，最终同构也是不可言说。这样一来，虽然这种不能言说的思想以最简单的方式避免了“弗雷格式的倒退”，也能避免苏珊·哈克对同构的责难，但有些人认为这只是一种逃避解释符合概念的做法。[④]

维特根斯坦区分了事实和事态，事态是一个真的命题，因为事态是命题与事实的符合，因此真的命题就是命题与事实的符合，“事实成了真命题的真之制造者”[⑤]。真之制造者是一种实体，它使“真的”成为一个命题，或者

---

① L. Wittgenstein. *Notebooks* 1914 – 1916. G. E. M. Anscombe transl. G. H. V. Wright, G. E. M. Anscombe ed. Oxford: Basil Blackwell, 1961, AppendixⅠ.

② S. Haack. *Philosophy of Logics*. Cambridge: Cambridge University Press, 1978, p. 92.

③ L. Wittgenstein. *Tractatus Logico – Philosophicus*. D. F. Pears, B. F. McGuinness transl. London and New York: Routledge, 2001, 7, p. 89.

④ P. Engel. *Truth*. Acumen Publishing Limited, 2002, p. 20.

⑤ P. Engel. *Truth*. Acumen Publishing Limited, 2002, p. 20.

说是使“真”成为“真的”的一种实质性的东西。比如，“存在一个 x，这个 x 是一个人”，在这里，每一个在过去、现在或者未来存在的人都是这个命题为真的真之制造者。[①] 但将事实作为真命题的真之制造者会遭遇一个严重的困难：如果所有真命题与相同的事实符合，那么这个概念就是无用的，并且如果每一个命题都与一个明显的事实相符合，那么这个概念就会是无意义的。[②] 很显然，逻辑原子论无法解决这个困难，因为事实与命题的同构使得每一个真的命题都有与之相应的一个明显的事实。阿姆斯特朗的真之制造理论尝试解决这一困难。阿姆斯特朗认为命题与事实的符合关系不是一一对应的关系，而是一种一对多或多对一的关系。使一个命题为真的可以有许多个真之制造者，比如“雪是白的”或“草是绿的”是真的，这个命题有两个真之制造者，即“雪是白的”和“草是绿的”，它们都可以使得这个命题为真。而一个真之制造者也可以使许多个命题为真，比如“雪是白的”这个命题，它可以是“雪是白的”是真的真之制造者，也可以是命题“雪是白的”或“草是绿的”是真的真之制造者，还可以是更多甚至是无穷多个命题为真的真之制造者。[③] 虽然阿姆斯特朗的理论能够避免命题与事实一一对应所产生的困难，但它无法避免人们对事实与命题之间是一对多关系的责难，因为能够使得无穷多个命题为真的真之制造者只能是整个世界。[④] 另外，世界是复杂的，世界包含无限多的元素，而世界与我们思想联系的方式也是复杂的。正如把一个词指称到你想要指称的事物上有许多的方式一样，[⑤] 命题与事实

---

① G. Rodrguez – Pereyra. Why Truthmakers. In *Truthmakers The Contemporary Debate*. H. Beebee, J. Dodd ed. Oxford: Oxford University Press, 2005, p. 17. 和 D. M. Armstrong. *Truth and Truthmakers*. Cambridge: Cambridge University Press, 2004, p. 5, p. 21. 真之制造理论是一种探讨形成真的的真之制造者，以及真之制造者如何使真成为真的理论。比较系统完善地对真之制造理论进行研究的是哲学家阿姆斯特朗（D. M. Armstrong），在国外特别是澳大利亚，真之制造理论已经有了比较完整系统的理论的体系。

② 阿姆斯特朗认为一个命题对应一个事实就会使得事实这个概念成为真命题的同义反复。参见 D. M. Armstrong. *A World of States of Affairs*. Cambridge: Cambridge University Press, 1997, p. 19.

③ D. M. Armstrong. *A World of States of Affairs*. Cambridge: Cambridge University Press, 1997, pp. 129 – 130.

④ 阿姆斯特朗区分出了一种极小真之制造者来区分其他的真之制造者。参见 D. M. Armstrong. *Truth and Truthmakers*. Cambridge: Cambridge University Press, 2004, p. 5, p. 21.

⑤ 这里涉及指称不可测性，具体可参见奎因：《语词和对象》，陈启伟、朱锐、张学广译，中国人民大学出版社 2005 年版，第 136 – 170 页。

之间联系起来的方式也是多样的，如何能够在众多的方式中分辨出符合理论所说的命题与事实之间的符合关系又是一个符合理论不得不面对的问题。

通过上述分析，我们发现真之符合理论在对“真的”一词作解释的同时面临着各种各样的问题。这些问题主要是：在符合理论中事实概念没有得到清晰地解释，符合概念没有得到很好地说明，命题与事实之间的符合关系是一一对应的关系还是其他的关系存在着分歧。这些问题是一个理论能成为符合理论所不得不面对的最直接，也是最基础的问题。因此，人们会认为，作为一个符合理论至少应该尝试着把这些问题说清楚。如果有一个理论，它能有效地解释这些问题，或者是能够解释其中的一些问题，那么看来这个理论应该能被叫作符合理论。因此，如果塔尔斯基的真之语义理论能够解释清楚这些问题或其中的部分，那么无论塔尔斯基本人的意向如何，他的真之语义理论也应该是一个符合理论。

3.4　塔尔斯基的真之语义理论是符合论

波普尔是塔尔斯基真之语义理论的追随者，他坚持认为塔尔斯基的真之理论是一个符合理论。波普尔曾经例举了塔尔斯基的某些言论来说明塔尔斯基的理论是一个符合理论。比如，波普尔在《她谈论塔尔斯基的内容是真的吗》一文中就例举了塔尔斯基在《形式化语言中的真之概念》的说法[①]，“我只想提到，在这整项工作中，与某些概念，比如有用性概念（‘真在某方面有用’）相比，我仅仅关心的是抓住特定的意向，这个意向包含在所谓古典的真概念（‘真与事实相符合’）中”。[②] 波普尔引用这句话的本意是去表明塔尔斯基所关心的古典的真之概念讲的是真与事实相符合，从而证明塔尔斯基的理论是一个符合理论。但通过这句话使我们想到，其实可以从两个方面去证明这个问题。一个方面是从波普尔和克里克哈姆所坚持认为的角度，即

---

① K. Popper. Is It True What She Says About Tarski? *Philosophy*, 54 (207), The Royal Institute of Philosophy, 1979, p. 98.

② A. Tarski. The Concept of Truth in Formalized Languages. In *Logic Semantics Metamathematics*. J. H. Woodger transl. Hackett Publishing Company, 1983, p. 153.

塔尔斯基的真之条件抓住了符合理论的本质，真与事实的符合。塔尔斯基的真之理论解决了符合理论所面临的一些问题；另一个方面是从塔尔斯基对冗余和紧缩理论的反驳中，承认真的有用性的角度去分析真之作用，从而表明塔尔斯基的真之理论是一个符合理论。

符合理论在长期的发展过程中面临着一些困境，比如事实概念与符合概念没有得到很好地说明，命题与事实之间的符合关系是一一对应的关系还是其他的关系也存在着分歧。而塔尔斯基的真之语义理论能够解释其中的一些问题。波普尔曾利用塔尔斯基的T约定证明塔尔斯基的真之理论是符合论，虽然他的观点遭到了来自苏珊·哈克的反驳，但苏珊·哈克的反驳似乎并不能有效地批判波普尔的观点。事实上，波普尔的观点是有瑕疵的，因为他并没有考虑到塔尔斯基的真之定义，但塔尔斯基的真之理论又必须包含这个真之定义，因此波普尔的工作只是提供了塔尔斯基的真之理论是一个符合理论的部分依据。并且如果塔尔斯基的真之理论是一个符合理论仅仅通过他的真之条件就可以讲明，那么塔尔斯基的真之理论也同样会面临符合理论的困难，因为他没有解释清楚事实概念。

克里克哈姆似乎接受了波普尔的观点，认为塔尔斯基的真之条件把握了符合理论的本质。克里克哈姆与波普尔不同的是，他考虑了塔尔斯基的真之定义。但克里克哈姆并没有将真之定义视为对真与事实的解释，而是将塔尔斯基的真之定义视为是基于物理主义的计划和模型论的要求所设定的，因此从塔尔斯基的真之定义来看，塔尔斯基的理论并不是一个符合理论。克里克哈姆在这里似乎割裂了塔尔斯基真之条件与真之定义之间在把握符合理论本质上的必然联系，而我们认为这种必然的联系是必要的。塔尔斯基明确表明他所提供的真之条件，即T约定，无法实现一般的真之定义，只是实现了部分的真之定义。塔尔斯基认为凡通过以一个特殊的句子替代“p”，并以这个句子的名字替代“x”而得到的（T）型等值式都可以被看作一个部分的真之定义，从某种意义上来讲，一个一般的真之定义是所有这些部分的真之定义的逻辑合取。但给出这样的一个合取定义是困难的，因为这种（T）表达式的特例是无穷的。所以塔尔斯基转向使用递归的方法，通过“递归定义”定义了“满足”，再通过满足概念给出了一个真句子的定义。[①] 所以塔尔斯基的真之定义是为了进一步实现一般的真之定义所做的努力。如果说作为有助于实现部分的真之定义的塔尔斯基的真之条件把握了符合论的本质，那么在真之条件基础上进一步实现的一般的真之定义与符合理论的本质必然存在某种联系。魏茵加德纳（Weingartner）似乎认为这里的联系是真之条件解释了真与事实的符合，而真之定义则解释了真与对象的符合。但世界是由事实构成的，而不是由对象构成的。[②] 在塔尔斯基的真之理论中，真是一个句子的性质，而对象不是句子，这正如我们不会讲“草是真的”，而会去说“草是绿的是真的”。因此，在塔尔斯基的真之理论中，真并不与对象符合。如果真之定义并不解释真与对象的符合，那么它解释了什么呢？

早期的戴维森认为塔尔斯基的真之定义解释了一种利用满足概念的符合论。戴维森认为：“由塔尔斯基发展的语义学的真概念，应该被叫作一种符合论，因为其中有一部分是由满足概念起作用的……”[③] “一个语义学的真之理论讲述的是一个具体句子的过程，它经历了适合于这个句子的对满足的递归描述的所有步骤。这个过程就构成了作为形式 7［（作为英语的）句子 s 对于说话者 u 在时间 t 为真，当且仅当 p］之实例的一个定理证明。”[④] 然而，这种利用满足概念的符合论很显然已经背离了传统符合论的宗旨。因为满足概念指的是开句子与对象序列之间的关系，而传统上符合事实的只有闭句子。而且戴维森也承认这里的满足并不是我们直观上所理解的满足，用于满足的函项或序列也不会是像事实之类的东西。[⑤] 也许正如克里克哈姆所认为的塔尔斯基的真之定义只是为一种特殊的语言所设计。由于在现实中没有与函项

---

① A. Tarski, The Semantic Conception of Truth: and the Foundations of Semantics. *Philosophy and Phenomenological Research*. 4 (3), International Phenomenological Society, 1944, pp. 350 – 351.

② L. Wittgenstein. *Tractatus Logico – Philosophicus*. D. F. Pears, B. F. McGuinness transl. London and New York: Routledge, 2001, 1, p. 5.

③ 唐纳德·戴维森：“对事实为真”，载《对真理与解释的探究》，牟博、江怡译，上海译文出版社 2007 年版，第 63 页。

④ 唐纳德·戴维森：“对事实为真”，载《对真理与解释的探究》，牟博、江怡译，上海译文出版社 2007 年版，第 64 页。

⑤ 唐纳德·戴维森：“对事实为真”，载《对真理与解释的探究》，牟博、江怡译，上海译文出版社 2007 年版，第 64 页。

或序列所对应的事实，看似塔尔斯基的真之定义并不解释一种与事实的符合。但从历史上来看，符合论讲的就是与事实的符合。因此利用满足概念来解释一种符合，而这种符合又不是与事实的符合，这种方式看来是背离了符合理论的本质。如果利用满足概念并不能有效地解释符合，那么如何解释真之定义与符合论的本质有一种必然的联系呢？

我们认为这里的联系在于塔尔斯基用满足概念解释了什么是事实，即当一个对象序列满足一个开句子，由此形成的闭句子就代表了一个事实。正如戴维森所认为的，这里用于满足的函项或序列本身并不是一个像事实之类的东西。但是当有一个对象序列能满足这个函项，由此而形成的句子就代表了一个事实。比如“x 是绿的”和<草……>并不是一个事实，而当<草……>这个对象序列满足“x 是绿的”所形成的“草是绿的”就是一个事实。而有了事实这个概念，我们再通过塔尔斯基的真之条件就可以解释真是与事实相符合的。具体而言，塔尔斯基最后定义了一个句子的真，一个句子为真当且仅当它被所有的序列所满足，一个句子为假当且仅当它不被任何序列所满足。如果一个句子被对象序列所满足表达了一个事实，那么这个定义相应地可以表述为：一个句子为真当且仅当它表达了一个事实，一个句子为假当且仅当它不表达一个事实。如果换成特例，那么“雪是白的”是真的，当且仅当“雪是白的”表达了一个事实，即雪是白的。所以诸如“雪是白的”是真的，当且仅当雪是白的这样的特例正好满足这个真句子的定义。而这正是塔尔斯基的真之条件所解释的真与事实的符合。虽然塔尔斯基在自然语言中定义真这个概念的态度是悲观的，但戴维森却认为在部分的自然语言的片段中我们是可以去讨论真这个概念。戴维森通过对 T 约定的修改，建立了一个在自然语言片段中所使用的 T 模式，即（T′）由 U 在时间 t 所（潜在地）M 是真的，当且仅当 P。[1] 比如，我在吃得很饱时说“我是不饿的”是真的，当且仅当我是吃的很饱的。很明显，在自然语言中，（T′）及其特例解释了真与事实的符合。因此，通过将塔尔斯基的 T 约定对应到自然语言中，（T′）及其特例能够解释真与事实的符合。因此，塔尔斯基的真之条件可以通过这样的一个过

① 其中 M 是说者 U 表达的句子，P 是对 U 在时间 t 所（潜在地）M 的翻译。

程提供一个真与事实的解释。综上所述，塔尔斯基的真之条件提供了一个真与事实相符合的解释，但真之条件并未提供一个事实概念的解释，而塔尔斯基的真之定义却提供了这么一个事实概念的解释。

需要注意的是，我们曾讲到塔尔斯基将陈述只是看作句子，他给出的是一个句子的真之定义，他并没有考察一个陈述可能陈述的不仅是句子，也有可能是判断和命题，因此他的真句子定义只是给出了一个外延式的真作为句子谓词的定义，并不能代表完整的对“真”这个词的定义。所以确切地说，塔尔斯基的真之条件是提供了一个真的句子与事实相符合的解释。既然塔尔斯基提供的是真的句子与事实相符合的解释，那么在他的真之理论中，命题与事实之间的符合关系是一一对应的关系还是其他的关系这个问题就相应转化为了句子与事实之间的符合关系是一一对应的关系还是其他的关系。我们认为，一个真的句子与事实之间的关系是多对一的关系。比如，“马里亚纳海沟是在太平洋”与“世界最深的海沟是在太平洋”这两个句子虽然它们是不同的，却也是表达同一个事实。因为只要有个对象序列或者只要有一个对象，“马里亚纳海沟”满足这个句子，那么它们也就指示的是同一个事实。所以“马里亚纳海沟是在太平洋”是真的，当且仅当马里亚纳海沟是在太平洋；“世界最深的海沟是在太平洋”是真的，当且仅当马里亚纳海沟是在太平洋。因此，在一个对象序列中的有一个对象满足一个开句子所形成的闭句子就代表了一个事实，而有一个事实的同时意味着我们可以通过不同的句子形式将其表达出来。这里还需要注意句子是语言中的表达形式，而事实是语言外的构成整个世界的形式，二者并不能互相取代，二者只是对应关系。一个真句子与事实的符合就意味着我们在语言中有相应的句子可以用来表达事实。所以句子与事实之间的对应关系就避开了命题与事实之间因对应关系所引起的困难。

通过我们的分析，塔尔斯基的真之定义解释了事实这个概念，而塔尔斯基的真之条件则解释了真与事实之间的符合。塔尔斯基的真之定义是一种对于句子的真之定义，真句子与事实之间的关系是一种多对一的对应关系。因此塔尔斯基的真之理论解决了符合理论的一些问题，所以从这个角度而言，我们认为塔尔斯基的真之语义理论是一种符合理论。

3.5 小　结

塔尔斯基通过构建一种形式化语言中的真之句子定义形成了他的真之语义理论。针对于塔尔斯基的真之理论，人们产生了对塔尔斯基的真之理论是否是一个符合理论的探讨。有些人认为塔尔斯基的真之理论是一个符合理论，有些人认为塔尔斯基的真之理论不是一个符合理论，有些人还认为塔尔斯基的理论不是一个符合理论却是一个紧缩论。认为塔尔斯基的真之理论是一个符合理论的人们似乎总是在坚持塔尔斯基的真之条件给出了一个真与事实相符合的解释；而不认为塔尔斯基的真之理论是一个符合理论，甚至认为塔尔斯基的理论是一个紧缩论的人们似乎总是认为塔尔斯基的 T 约定为真谓词的消去提供了途径。当然，还有一些人基于塔尔斯基在文章中的言论去判断塔尔斯基是不是一个符合论者。

对于塔尔斯基的 T 约定是否为真谓词提供了消去的途径？我们的想法是，根据对苏珊·哈克和霍维奇观点的反驳，我们并不认为 T 约定能消去真谓词。而从塔尔斯基本人的倾向来看，他对真谓词被消去的态度也是谨慎的。而如果塔尔斯基的真之理论不是一个紧缩理论或冗余理论，那么是否是一个符合论。我们分析了一些对这个问题产生争议的观点，并且认为如果塔尔斯基的真之理论能够解释一些符合理论面临的困难，那么无论塔尔斯基本人是不是一个符合论者，他的理论也应该被称作符合理论。通过我们的分析，我们认为符合理论面临着需要解释事实概念与符合概念的问题，也面临着解释命题与事实之间的符合关系是一一对应的关系还是其他关系的问题。而在塔尔斯基的真之理论中，塔尔斯基的真之定义解释了什么是事实，而通过戴维森的在自然语言的片段中能解释真这个概念的观点，我们认为塔尔斯基的真之条件解释了什么是与事实相符合。又因为塔尔斯基所定义的是一个句子的真之定义，因此我们认为他解释的是句子与事实之间的对应关系，并且是一种多对一的关系。所以我们认为塔尔斯基的真之理论解释了符合理论面临的一些问题，他的理论是一种符合理论。另外，基于塔尔斯基的一个观点，即他只想抓住真与事实相符合的古典的真之概念而非真在某方面有用的真之概念，我们联想到似乎可以尝试从真之作用上来表明“真的”一词有着使我们理解一个陈述与事实相符合的作用。通过上述分析，我们最终表明塔尔斯基的真之理论是一个符合理论，真谓词不能被消去，真谓词在一个句子中保证了句子的一致性的外延，并且使我们理解了一个陈述与事实的符合。

第 4 章 塔尔斯基真之语义理论与真之载体

在介绍了塔尔斯基的真之语义理论和探讨了塔尔斯基真之语义理论是否是符合论之后，我们将探讨塔尔斯基真之语义理论与真之概念的关系。本章首先探讨的是真之载体问题。通过对塔尔斯基的理论是否是一个符合理论的解答，我们能了解塔尔斯基的真之语义理论是一种符合理论，而我们对真的陈述的解释就是建立在塔尔斯基的真之语义理论的基础上，因此回答了这个问题，我们就能很自然地提出另一个问题，即一个真的陈述是否就能让我们认识到陈述与事实之间的符合？我们强调要通过塔尔斯基的真之语义理论抓住真这个概念的直觉。塔尔斯基的真之语义理论似乎告诉我们，把握住亚里士多德的那句古老的名言就把握住了真这个概念的直觉。而那句名言讲述的是陈述与事实的关系。因此把握住真的陈述就能有助于我们进一步把握“真”这个概念的直觉。虽然塔尔斯基的真之语义理论能让我们认识到一个陈述与事实的符合，但是不足之处是塔尔斯基将句子视为陈述，我们的问题是塔尔斯基的真之句子定义是否就实现了对真之陈述的解释？我们知道，在那句古老的名言中，真之载体是陈述，而塔尔斯基将陈述仅仅看作句子，所以在他的理论中只有句子才是唯一的真之载体。但是一个陈述可能还表达了一个判断或一个命题，对于一个真的陈述的解释不仅在于需要提供一个陈述所表达的真的句子的解释，还需要提供一个陈述所表达的真的判断或命题的解释。因此，我们认为塔尔斯基将“真的”用于句子而形成的真句子定义并不能完全解释真这个概念。塔尔斯基没有考虑到将“真的”用于判断或命题的情况，因此塔尔斯基的真句子定义只是提供了一个真之陈述的外延式的真句子的定义。

如果我们不满意陈述只有句子，而认为一个陈述可能陈述的还是判断或者命题，那么又是否能给出相应的真的判断或真的命题的解释呢？我们认为，给出一个在陈述意义上的真的判断或真的命题的解释是可能的，塔尔斯基的真之句子定义为实现在陈述意义上的真的判断或真的命题的定义奠定了基础。最后我们认为，一个陈述是真的，当且仅当这个陈述所表达的句子、判断或命题是真的。通过把握真之陈述，将有助于我们进一步把握住真这个概念的直觉。

4.1　真之载体问题

对于回答真的载体是什么？我们首先要弄清楚的是“真是什么”。在本章中我们区分了“真”和“真的陈述”。我们认为“真”是所有真的事物所组成的类，因为真的陈述能够很好地把握“真”这个概念的直觉，因此我们也可以说“真”是一个由真的陈述所形成的类。塔尔斯基将陈述看作句子，因此他只给出了一个形式化语言中的真句子定义。但我们认为一个陈述不仅仅表达的是句子，还有可能表达的是命题或判断。因此我们认为塔尔斯基的真句子定义并没有考虑到命题或判断，他的真句子定义并不能完全解释“真”这个概念。如果从命题或判断本身出发，给出相应的真的命题和真的判断的定义是困难的。但我们可以考虑将命题或判断放到一个句子陈述当中，利用塔尔斯基的真句子定义我们可以实现在一个陈述中的真的命题或真的判断的定义。最后我们认为一个陈述是真的就意味着这个陈述所表达的句子、判断或命题是真的。通过把握真之陈述，将有助于我们进一步把握住真这个概念的直觉。下面我们就这些内容作出一个具体的分析。

4.1.1　追问“真是什么”

人类对一个未知的东西进行研究的最初总是不断地追问“这是什么”，这似乎已经成为千百年来人类解开未知谜团必要的一个疑问方式。然而即使在人类展开深入研究之后，人们还会通过更加强烈的方式，即“这究竟是什么”来表达自身对研究事物还存在的疑惑。

“……是什么”的这种疑问方式强烈地表达了人类渴望了解事物、得到知识的愿景，也同时指示了解答这种疑问方式所应遵循的实事求是的科学态度。但对于一些特殊的概念，比如“真”这个概念，我们能否也能以这种疑问方式去追问，这种疑问方式在应用于“真”这个概念时是否恰当呢？对于这一点，许多哲学家在自身的论著中表明了自身对这一问题的不同看法。

洛克曾认为我们去追问“真是什么”是一种恰当的追问方式，他说：“自古以来，真是什么一直是个问题……它值得我们去细心地考察它的构成，并且通过它的性质来了解我们自身，从而注意到我们的思维是如何从假的地方把真区分出来。”① 而若是从对问句“真是什么”的回答方式来推算，似乎能得出很多哲学家是对“真是什么”这种疑问方式的默许，因为他们在回答时总是以一种“真是一种……”的方式，比如康德曾写道：“真是一种认知的真实性质”②，而有的哲学家，比如罗素，则认为应该区分开“真是什么”和“什么信念是真的”这些不同的问题，他在进行哲学分析的时候也是不停在询问“真是什么”。③ 然而，并非所有哲学家都倾向于这种疑问方式，有些哲学家对这种疑问方式提出了质疑，他们认为“真是什么”这个问题是模糊的，是建立在一种错误的假设基础上，而且会对人们理解“真”产生误导，特别是人们会认为“真”在这种疑问方式下代表了“某些真实性的事物”而使得人们去探寻这里的“某些真实性事物”是什么，但是“真”并不代表任何事物。④ 而一个模棱两可、会导致误导的问题当然是一个不恰当的问题，正如康德所言：“如果一个问题自身是荒谬的并且它所需要的答案并不被人接受，它不仅会给提问人带来羞愧，还可能会误使不仔细的听者得出荒谬的答案……”⑤ 因此，似乎使用“一个真的陈述是什么”或者“真句子的定义是什么”或者“说一个陈述是真的我们意谓着什么”这样一些更严格限制的

---

① J. Locke. *An Essay Concerning Human Understanding*. 27 edition. London, Printed for T. Tegg & Son, 73, Cheapside; R. Grin & Co, Glsgow; Tegg, Wiss & Tegg, Dublin, 1836, Ⅳ, 5, pp. 439 – 440.

② I. Kant. *Logic*. H. Robert, S. Wolfgang transl. Indianapolis: Bobbs Merrill, 1974, p. 72.

③ B. Russell. *The Problems of Philosophy*. London, New York, Toronto: Oxford University Press, 1962, p. 120.

④ A. J. Ayer. *Language, Truth and Logic*. London: Gollancz, 1960, p. 89.

⑤ I. Kant. *Critique of Pure Reason*. J. M. D. Meiklejohn transl. Pennsylvania: The Pennsylvania State University, 2010, p. 68.

疑问方式更恰当。

对于那些关于“真是什么”这个问题方式的种种质疑，我们认为它们并不能有力地驳斥这种疑问方式对于我们理解“真”这个概念的不恰当性，反而我们坚持认为“真是什么”这个问题对于我们理解“真”这个概念有着至关重要的作用。因为当我们使用“真是什么”这个问题代表着我们渴望理解“真”这个概念的强烈诉求，也同时要求我们在解答时应符合“真”这个概念的直觉。具体而言，有以下几点理由。

（1）“真是什么”这个问题符合人们把握真这个概念的直觉的思考方式。如果我们使用“一个真的陈述是什么”或者“真句子定义是什么”等代替“真是什么”的问题方式，缩小了人们对“真”这个概念思考的范围，局限了人们对于“真”的理解。“真”与“真的……”是不同的，我们需要区分开“真”这个概念和“真的陈述”“真的句子”等这些概念的不同。“真的陈述”“真的句子”“真的判断”“真的命题”等这些概念讲述的是“真”与“真之载体”之间的关系，而“真”则表达的是“真”这个概念自身。

（2）“真是什么”这个问题并未预设“真”是一个实质性的事物。“真是什么”所要探求的是“真”自身是什么的问题，它的回答例示“真是……”并不要求把“真”作为一个实质性事物来看待，这与回答“时间是什么”“幸福是什么”等问题类似，我们并不要求有实质性事物的出现。

（3）“真是什么”这个问题并不会对人们理解“真”产生误导。所谓的误导并不是由“真是什么”这个问题所引起的，而是人们本身对“真”这个概念本身的错误理解所导致的，并不能因为错误或不恰当地理解了“真”就要把这个原因归结为疑问方式的不恰当。因此“真是什么”这个问题符合人们日常提出问题的直观表达，不会是一个产生模糊、误导的问题，它所寻求的是对“真”这个概念本身的解释。

4.1.2　真的陈述

既然“真是什么”这个问题是合理的，那么我们就来尝试去找到对于“真”这个概念自身的一种解释，而这个解释应该是把握住“真”这个概念的直觉[1]。

首先，让我们来分析，“真”是不是一个实体？那么什么是实体？从一种最初的涵义来讲，实体隶属于亚里士多德以范畴涵义所意谓的“是”（being）的那十个范畴之中。亚里士多德在他的形而上学中将“是”的涵义做了四个层面的划分，其中一个层面是将“是”作为范畴的涵义来处理。亚里士多德划分了十个“是”的使用范畴。其中就包含着把“是”作为一种“实体的是”（substantial being）的涵义来使用的实体范畴。比如对于以下三个例子：（1）苏格拉底是人；（2）人类是有理性的动物；（3）一个人是。在第一个例子中，“人”对于个体“苏格拉底”而言是一个本质谓词，因为它全面揭示了一个本质，即人是有理性的并且是一个生物。在这个例子中，种（这里指“人”）表达了本质，如果某个事物它的种能够表达本质，我们就说这个事物是一个实体。在第二个例子中，“是”的功能是使它左右两边的事物本质相等。如果两个事物在本质上是相等的，我们就说它们是实体。在第三个例子中，“是”意谓一种存在，如果某个事物作为一个单独的对象而存在，我们就说它是实体。因此，要分析“真”是不是一个实体，就需要分析“真”是否有本质？“真”是否是一个可供区分的对象或是一个单独的对象？

“真”有本质吗？很明显，“真”没有本质。因为只有种才能表达本质[2]，而种的构成元素仅仅只能是自然事物，而“真”不能形成自然事物，因此就不存在具有本质的“真”。另外我们知道，作为一个单独的对象，比如一匹马、一个桌子、一把椅子，它自身的独立性是很强的。我们在知道一个单独的对象时并不需要去借助一个主体去知道这个对象，比如纳什的一匹马站立在你面前，你并不需要知道纳什是谁，你就能知道站在你面前的对象是一匹马。而“真”并不能做到这一点。“真”总不会作为一个单独的个体而存在，它总依赖于一些主体，或处于一些主体之中，比如判断真、句子真、命题真。因此，“真”不是一个实体，不是一个可供区分的对象，不是一个单独的对象。

---

① 这里“真”这个概念的直觉是一种来自亚里士多德的符合思想。

② Aristotle. *Metaphysics*. W. D. Ross transl. Kessinger Publishing，2009，Ⅵ，4.

“真”虽然不是实体，不是一个单独的对象，但“真”总是作为性质依附于一些主体中，比如真的桌子、真的句子、真的判断，因此我们可以把“真”看作是一个类，它的元素是那些真的事物，也就是“真”是一个由真的事物所组成的类。而我们用来把握真的事物的直觉是“真的陈述”这个概念，真的陈述能够很好地把握“真”这个概念的直觉。亚里士多德曾经把“是”做了另一种不同于那“十个范畴”的“是真的”和“是假的”的解释，在这里“真”不是源自作为范畴涵义使用的“是”的那“十个范畴”，而是来自“是”的陈述涵义的使用，即“‘是’意谓着一个陈述是真的，‘不是’意谓着不真……”[①] 亚里士多德有句名言：“是什么说不是什么，不是什么说是什么，这是假的；是什么说是什么，不是什么则说不是什么，这是真的。”我们不难发现这里“真”这个概念的直觉能够通过陈述很好地表达出来，因此我们也可以说“真”是一个由真的陈述所形成的类。相应地，我们就可以把对“真是什么”这个问题的解答转化为回答“真的陈述是什么”的问题。但要注意的是，“真”与“真的陈述”是两个不同的概念。“真是什么”回答的是“真”这个概念自身的问题，而“真的陈述是什么”回答的是“真”这个类中的元素的问题。只有明确了“真的陈述是什么”才能明确“真是什么”，因为“真的陈述”作为元素构成了“真”这个类。

另外，我们需要注意的是，在“真的陈述”中“真的”是一个谓词。虽然“真”与“真的”是不同的，但为了方便讨论，我们在没有特别说明的情况下，“真”这个概念仍然是被作为谓词“真的”来使用。通过前面的分析，我们知道“真”不具有本质，而同样作为谓词来使用的“真的”也不具有本质性的性质，它是一个特殊的谓词。但人们往往把一些本质性的性质归属于真，他们认为“是真的”是源于一种复合的性质，即真，真是一种强调本质意愿的现实成分，人们希望某一天能通过哲学或科学的分析能揭示出它。霍维奇认为人们把一些本质性的性质归属于真会使人们产生对“真”概念的两个误解：一是认为真具有某种等待我们去发现的结构；二是认为依赖这种发现的是我们去揭示某种哲学原则的能力，并因而去解决逻辑学、语义学和认

① Aristotle. *Metaphysics*. W. D. Ross transl. Kessinger Publishing，2009，Ⅴ，7.

识论中的大量问题。产生这样误解的原因，霍维奇认为是语言的类比。[①] 比如，谓词“是磁性的”与“是真的”相似，谓词“是磁性的”指示了世界的一种性质，即被量子力学所揭示的磁性的结构。因此，谓词“是真的”也同样具有如“是磁性的”类似的能力，指示了世界的一种性质，只不过人们还未能将其揭示出来。但“是真的”与其他的谓词不同，它并不用来把某类性质（比如上述所说的那种复合的性质）归属于某些事物，比如陈述、信念。人们也不能期望“是真的”如其他的一些谓词那样，具有远远超过这个词具体意谓的功能。因此，“真的”这一谓词不具有本质性的性质，不能独自指示世界的一种性质。

对于“真的陈述是什么”的问题，我们只要回答了“真的陈述”能否被定义的问题就可以解答“真的陈述是什么”的问题。但“真的陈述”表达出了一种模糊性。比如对于“雪是白的是真的”，它陈述的是判断？还是命题？或者是一个带有真谓词的陈述句子？而我们通常在作出一个陈述时，这个陈述表达的可能是判断，可能是命题，也有可能就是一个普通的陈述句。[②] 因此，这里又涉及了真之载体的问题。只有明确了真之载体是哪些，才能去定义作为载体的那个真的陈述。接下来，我们将从两个方面逐次展开分析：首先分析对于一个陈述通常所表达的判断、命题、句子，哪些能够成为真之载体；其次分析如果它们是真之载体，那么能否实现不同载体的真之定义。

4.1.3 有无真之载体

对于有无真之载体或是有无真之载体问题存在，有一种持否定态度的看法，持这种观点的主要人物是威廉姆斯，他认为“什么样的东西能是真之载体”这个问题可以转换为“真之归属（ascription）是什么”。最一般的真之

---

① P. Horwich. *Truth*. Oxford：Basil Blackwell，1990，p. 2.

② 亚里士多德在他那句关于什么是“真的”的古老名言中，并未讲明这里的陈述是什么。但通过他的其他文章我们也许能猜测他这里指的是一个命题的真。因为他承认是事实导致了命题的真。参见 Aristotle. *Metaphysics*. W. D. Ross tranl. Kessinger Publishing，2009，Ⅴ，4. 而在塔尔斯基的文章中，他将陈述仅视为一个句子，并没有考虑陈述的是判断或命题，因此他只给出了一个陈述所表达的是句子的真句子定义。具体可参见 A. Tarski. The Concept of Truth in Formalized Languages. In *Logic Semantics Metamathematics*. J. H. Woodger transl. Hackett Publishing Company，1983，p. 156. 然而，我们认为一个陈述不仅仅是指句子或命题，还有可能是陈述了一个判断。

归属不是来自一些你能清晰讲明白的东西，比如“雪是白的”是真的，而是来自这样一些无目的归属（blind ascription）的句子，比如“汤姆森所说的是真的”，但这里说者并没有精确说明汤姆森说的是什么。对于一个形如“S是P”的句子，我们知道“S”是句子的主语，往往代表一个名字，但“汤姆森所说的”是一个不完全的记号，更多像是“某些东西”，所以诸如“某些东西”“汤姆森所说的”因为与单独的名字比如“汤姆森”能够指称与命名一个对象不同，它们并不命名任何东西，当说“某些东西是真的”时其实并没有指明是什么。另外，诸如“某些东西”“波西所说的”等都可以被否定到“没有某些东西”“波西所没有说的”等中，但名字比如“波西”却不能被否定。所以“真”来自“某些东西是真的”这样的句子，而“某些东西”并不命名任何东西，“某些东西是真的”并没有讲明什么是真的，所以没有某些东西才是真的或是假的，“真”来自“没有某些东西”，“没有某些东西”是承担了真值，也即没有什么是真之载体。

威廉姆斯的论证是建立在将“真之载体”问题能转换为“真之归属”问题的基础上，关键是这种转换是否合理。因为当我们认为只有一个真之载体的时候，也就是说认为真来自一种东西的时候，这种转换讨论大致是可以的；但若不认为只有一个真之载体，很多东西能够承担真值的时候，这种转换讨论是值得商榷的，因为真之归属讲的是真来自哪里的问题，而真之载体讲的是什么东西能够承担真值，比如我们可以认为真来自命题，但句子可以承担真值。克里克哈姆认为威廉姆斯的论证是建立在他坚持那些无目的归属的句子是最一般化的真之归属的基本形式，而清楚明白的句子是从这种基本形式变化而来的。[①] 但问题是如果我们并不假定这种最一般化的句子作为真之归属的基本形式，而是把那些清楚明白的、其中句子的主语是明确的代表一个名字的句子作为真之归属的基本形式，那么就可以得出相反的结论，即诸如“汤姆森所说的是真的”这样的句子的主语“汤姆森所说的”由于缺乏了名字的某些特征，因此不具备真之归属的基本形式，从而也就无法承担真值。另外，弗雷格讲过句子的意谓是真值，带有真值的句子是一个闭句子，而闭

① R. L. Kirkham. *Theories of Truth*. The MIT Press, 1992, p. 70.

句子是不带有空位的，所以能赋予真值的是不带有空位的函数。因此，“真”并不来自那些没有意谓的主语的句子，而是来自那些主语有明确意谓的句子，比如“雪是白的”。而那些诸如“汤姆森所说的”的意谓则取决于“存在一句汤姆森所说的话”这个句子的真。因此，谈论“汤姆森所说的是真的”的意谓就应该取决于谈论“存在一句汤姆森所说的话，这句话……是真的”的意谓，但此时就不再是威廉姆斯所想要坚持的最一般化的句子，因此诸如“汤姆森所说的”无所谓真假，更不能得出因为“汤姆森所说的”无所命名，所以意指“没有某些东西”，从而得出“没有某些东西”是真的或是假的的结论。

既然并不能否认真之载体问题，或者不能认为没有什么能够被称为是真的或是假的，那么真之载体问题是在什么情况下产生的呢？克里克哈姆认为诸多的哲学家在构建真之理论的时候总是在尝试实现一些真计划（truth project），通过分类，他区分了三种，即形而上学计划（metaphysical project）、实证计划（justification project）和言语行为计划（speech - act project）。形而上学计划指的是一个真之理论尝试去确定“真”包含什么，什么使得一个陈述（或者信念或者命题等）是真的；实证计划指的是一个真之理论尝试通过指称那些被断定的陈述可能的真或假，去确定大量真的陈述所拥有的和大量假的陈述所不拥有的一些性质。① 而当一个真之理论要为实现一种形而上学计划或是实证计划的时候，什么东西能承担“真”的问题就产生了，在那个时候我们就会假定某些实体是真的或是假的。② 比如，对于形而上学计划的分支外延计划（extensional project），这个计划尝试去确定一个陈述成为真的陈述集合中元素的必要充分条件，它尝试去固定谓词“是真的”的外延。③诸如塔尔斯基的真之语义理论便体现了这样计划的尝试，因此他需要将陈述（在塔尔斯基看来陈述是句子）作为预设的真之载体在其语义理论中出现。

既然真之载体是作为真之理论中为实现一些真计划所预设的实体，而真之理论众多，因此诸多的能被称为是真的或是假的的事物在不同的真之理论

---

① R. L. Kirkham. *Theories of Truth*. The MIT Press, 1992, p. 20.

② R. L. Kirkham. *Theories of Truth*. The MIT Press, 1992, p. 72.

③ R. L. Kirkham. *Theories of Truth*. The MIT Press, 1992, p. 20.

中出现，比如，信念、命题、判断、断定、陈述、句子标记（token）、句子类型（type）、言语行为。我们在前文提到过许多人对哪些是真之载体持有不同的观点，但共同的是他们对待真之载体的看法都是为了各自所坚持的真之理论或真观点而服务。因此，与其争论哪些能够成为真之载体，不如采取一种实用主义的看法，承认这些概念都可以成为真之载体。克里克哈姆甚至认为任何东西都可以是真之载体，为此他预设了一个可能世界的泰迪熊作为真之载体。他认为："可以设想一个拥有众多数量泰迪熊的世界，那个世界的人们可以选择各种各样大小和颜色的泰迪熊用来表达他们自己。那个世界的人们会以那个世界的一些对象的形状和性质，制定出与每一个泰迪熊的大小和颜色相关的语义规则，无论何时当一个人希望去断定一些东西为另一个的时候，他只需要简单地把与之相符合的泰迪熊交给与他对话的人。而对于那个世界的任何人所曾经渴望断定的每一个事态而言，都有一个在手边的刚好正确大小和尺寸的泰迪熊用来表达这个事态。因此泰迪熊为什么就不能被认为是那个世界的真之载体呢？……泰迪熊的类、鲜花的类、地点的类、不同对象的类都可以承载真……因此，许多种类的东西能够承担真值，包含信念（或是被认为行为或是被看作心理状态）、命题、句子标记、数量和其他的。我们可以选择哪些去用。这种选择是由我们构建那些含有直接或间接提到真之载体哲学理论的目的所引导的。再者，不同的哲学语境将会把不同的实用性限制强加给我们的选择，所以我们并不需要在每个语境中去选择相同的实体类。"[①] 在对待哪些是真之载体的态度上，我们认为克里克哈姆的实用主义的观点是可行的。因为这样做的好处一来可以不再让我们受惑于哪些是真之载体的问题的探讨；二来可以帮助我们在承认这些真之载体的情况下，进一步分析它们的真之条件，也就是说虽然我们不会去探讨有哪些东西能够成为真之载体，但是我们应该明白它们在什么情况下能被称为是真的或是假的。虽然很多东西都能被称作真之载体，但一般人们讨论最多的是判断、句子和命题。

① R. L. Kirkham. *Theories of Truth*. The MIT Press, 1992, pp. 61 - 63.

4.2 判断作为真之载体面临的问题

4.2.1 历史上人们给出的判断不能作为真之载体的理由

判断之所以能被称为真之载体，是因为有些哲学家认为“真”和“假”只产生于人类对事物进行断定的智力行为中。具体可以从两个方面来阐述，一方面是认为“真”的产生必须是与智力中的区分与合并相联系。因为最初发现“真”便是在智力的区分与合并当中，而不是在它形成的事物的本质的行为中。[①] 因此，在智力中去断定一种真实和否定另一个便暗指着一种合适的真被表达，而在涵义或在思想中知道“一个事物是什么”是无法做到这一点。[②] 另一方面是认为“假”的产生只存在于主体对客体的判断中。康德认为假或错误既不产生于对它自身的理解，也不产生于由此所产生的感觉。因为对于前者而言，它仅仅是根据它自身的规则进行，所以结果必须与这些规则相一致；而对于后者，那种感觉是并不会作出任何判断。进一步来讲，在任何一种完全与理解的规则相一致的知识中是没有错误的，而在不包含判断的感觉的一种描述中也是不会产生错误的。[③] 假或错误只产生于我们对对象所理解的关系中，这种理解关系将是一个错误的判断，即主体对客体的判断中犯了错误。[④]

坚持判断是合适的真之载体的人们似乎并不认为命题和句子能单独与判断一样成为恰当的真之载体。历史上，他们给出了以下几点理由。

（1）真和假只发生于人们的思想当中，而句子和命题不属于人类的思想，因此句子和命题不能成为合适的真之载体。亚里士多德曾说：“真和假不存在于事物中，但存在于思想中”[⑤]，之所以这样是因为句子是被理解为一

---

① Aristotle. *Metaphysics*. W. D. Ross transl. Kessinger Publishing，2009，Ⅵ，4.

② T. Aquinas. *Summa Theologica*. Fathers of the English Dominican Province transl. Mobile Reference，2009，p. 123.

③ I. Kant. *Critique of Pure Reason*. J. M. D. Meiklejohn transl. Pennsylvania：The Pennsylvania State University，2010，p. 209.

④ I. Kant. *Logic*. H. Robert，S. Wolfgang transl. Indianapolis：Bobbs Merrill，1974，p. 77.

⑤ Aristotle. *Metaphysics*. W. D. Ross transl. Kessinger Publishing，2009，Ⅵ，4.

种被说出或被写出的语言的一部分，命题则是被理解为陈述的内容或陈述的是什么。句子不能成为思想的行为，因为它们在空间上是不断延展的；而对于命题，是因为它们不能在时间上有所改变。[①] 因此，句子和命题都不能成为真之载体。

（2）判断是真之载体，而句子和命题不能脱离判断独自成为真之载体，即句子和命题作为真之载体是因为基于“真的或假的判断”上的相似性。这就好比我们平时对“健康”一词的使用，我们日常生活中通常把“健康”运用到描述身体状态上，但同时基于一种相似性或是一种更形象的表达，我们通常还会把“健康”一词运用到食品、医疗、信仰等。我们讲，身体上的健康是对“健康”一词最严格、最合适的用法，而其他用法是为了突出、强调健康的重要性。[②] 换言之，判断、句子和命题的关系也是如此。严格来讲，只有判断才能被称作真的或假的，句子和命题是因为有着与“真的或假的判断”相似性的关系才能被称为真的或假的。布伦塔诺认为：“拥有指称判断的真或假的那些名字的其他事物有可能合适地被称作真的或假的：某些事物因为它们表达了一个真的或假的判断，比如一个假的断定或者一个假的表达；某些事物因为它们产生了一个真的或假的判断，比如幻觉，或者在表述或在书写中犯了点错误，或者因为颜色相似而把一块金属当作了金子……某些概念能被称作真的或假的，是因为它们与受一个真的或假的判断所产生的内容一致或不一致相关……”[③] 因此，句子和命题只有在真的判断的基础上才能成为真之载体。

（3）语言的多样性、命题的模糊性使得句子和命题不能成为恰当的真之载体。人类的语言种类有很多，每个国家、每个民族都有属于自己可供交流的语言。句子也是千变万化的。不同的语言、不同的句子所表达的思想意味着我们会有不同的真值。莱布尼茨曾言：“如果同一思想在拉丁语、德语、

① P. Weingartner. *Basic Questions on Truth*. The Netherlands：Kluwer Academic Publishers Press，2000，pp. 80 – 81.

② F. Brentano. *The True and The Evident*. R. M. Chisholm ed. R. M. Chisholm，K. R. Fischer transl. London：Routledge and Kegan Paul New York：The Humanities Press，2009，p. 3.

③ F. Brentano. *The True and The Evident*. R. M. Chisholm ed. R. M. Chisholm，K. R. Fischer transl. London：Routledge and Kegan Paul New York：The Humanities Press，2009，p. 4.

英语和法语中被表达出来，它将不会是同一真值。”[1] 而如果不同的句子所指示的东西是相同的，那么这些东西也会是心理的。这自然也不会被罗素这样的分析哲学家所接受[2]。对于命题而言，由于对“什么是命题”人们看法不一[3]，所以人们在很多情况下似乎并没有弄清楚到底什么是命题，命题的模糊性使它很难像判断那样成为合适的真之载体。

4.2.2 判断作为真之载体会导致矛盾性结论的出现

如果判断能成为一个恰当的真之载体，那么就可以给出一个相应的以判断作为载体的真之定义，如果这样的真之定义会产生矛盾或悖论，那么判断自然就不能有效成为一个合适的真之载体。

从把握一个真的判断的直觉来看，一个真的判断指的就是我们能够有正当的、合适的理由作出断定。而若判断是真的唯一恰当的真之载体，相应地一个真之定义便能给出：X 是真的，当且仅当 X 是有正当理由可断定的。但这一定义在某些时候违背了经典逻辑中的二值原则。比如，在经典逻辑中，“p 不是真的”和“非 p”是相等的，根据上述定义，我们可以相应地将其转化为“p 不是可断定的”和“非 p 是可断定的”，然而这两者是不相等的。[4] 通过分析，我们会发现，真是可以给出正当合适的理由去断定，但给出正当合适的理由的断定不一定是真，去断定一个事物的过程是把某事物视为某事物的过程，因此对一事物给出正当合适理由的断定意味着它被视为真，而“真是什么”和“什么被视为真”是不一样的。然而，人们也许会想，之所以“被视为真”与“真”不一样，是因为确定“真”的条件是充分的、完全的，而“被视为真”的条件是不完全的。因此，能否设置一个理想的状态下，在一个理想的或是完全的条件下，“被视为真”与“真”相等？我们假定这是可行的，因此我们又得出另一个严格的真之定义，即 X 是真的，当且

---

① G. W. Leibniz. *New Essays on Human Understanding*. P. Remnant, J. Bennet transl. Cambridge: Cambridge University Press, 1981, Ⅳ, 5, 2.

② B. Russell. *An Inquiry into Meaning and Truth*. London: George Allen Unwin Ltd, 1940, p. 189.

③ 比如，迈农将命题看作一种思想行为；弗雷格将命题作一种思想的内容，卡尔纳普将命题作一种绝对完全的概念等，后文将具体分析。

④ 比如，我没有合理的理由断定外星人的存在并不意味着我有合理的理由去断定外星人不存在。

仅当 X 在一个理想的或完全的条件下有正当合适的理由被断定。但通过“可知能力悖论”，我们会发现这一定义会导致悖论性的结论。

可知能力悖论讲的是：（1）如果一些事物是真的，那么它至少是可知的，即使事实上它是不可知的；（2）有一种可能，存在着真是不可知的并且永远不能被知道，即不可知道的真；（3）但是通过第 1 条，如果事物是一个不可知的真，就有可能它是可以知道的；（4）如果一些事物能被认识到是一种不可知的真，它就能被认识到是一种真；但是如果它能被认识到是一种不可知的真，那么它就是一种不可知的真，所以，它是不可知的。因此，有一种可能，即存在一个真永远不被知道，并且如果存在一个不可知的真，它将永远不会被以那样的方式被知道。①

现在，我们用“断定”去替代“可知”，同样我们会得出（4’）如果一些事物能被断定到是一种不可断定的真，它就能被断定到是一种真；但是如果它能被断定到是一种不可断定的真，那么它就是一种不可断定的真，因此它是不可断定的。所以，当我们用“在一个理想的或完全的条件下有正当合适的理由被断定”去替代“真”时，我们就能得出一种可能，如果有些事物在一个理想的或完全的条件下有正当合适的理由被断定，它将永远不能在完全的条件下被断定。进而，对于上述定义，我们用“X 在一个理想的或完全的条件下有正当合适的理由不能被断定”去替代“X”就会产生出悖论性的结论，即 X 在一个理想的或完全的条件下有正当合适的理由不能被断定是真的，当且仅当 X 在一个理想的或完全的条件下有正当合适的理由不能被断定将能够在一个理想的或完全的条件下有正当合适的理由被断定。

4.2.3　判断作为真之载体会导致同一替换失效

判断是对命题为真的肯定，与命题本身不同，这种肯定的行为相当于对命题是真的表达了一种肯定的态度。与相信、认为、知道等这些命题态度词不同的是，它是对命题为真的一种断定。既然断定是一种命题态度，那么跟

① F. B. Fitch. A Logical Analysis of Some Value Concepts. *Journal of Symbolic Logic*, 28 (2), Association for Symboliclogic, 1963, pp. 135 – 142.

在断定后面的是一个 that 从句或依照奎因的观点是带有引号的句子。[①] 我们可以借助句子图示来分析带断定词的句子 S 和没有断定词的句子 S 的关系。

王路教授在弗雷格句子图示的基础上构造了句子图示 1、2、3、4。我们在这里根据需要引用句子图示 1 和句子图示 4 来进行分析。

【句子图示 1】

（语言）句子：谓词 / 专名

（涵义）思想：思想的一部分 / 思想的一部分

（意谓）真值：概念 / 对象

【句子图示 4】

（语言）句子：认知词 // 专名，子句

（涵义）思想：思想的一部分// 思想的一部分，思想的一部分

（意谓）真值：认知状态 // 对象，子句的思想

句子图示中的杠"/"是一个句法符号，表示句子的组合：它左右两边的表达式组合而成一个句子。要注意的是"/"的组成部分没有句子，而"//"的组成部分有句子。通过句子图示，我们很清楚地看到语言和语言所表达的东西是不同的。句子是属于语言层面的东西，语言所表达的东西是句子的涵义和意谓，也就是思想和真值。句子可以由专名和谓词构成，比如图示 1，也可以加一些量词、模态词、认知词等构成，比如图示 4。在句子图示 1 中，一个句子 S 的真之条件是该句子的专名所意谓的对象存在，并且该对象处于谓词所意谓的概念之下；在句子图示 4 中，一个认知句的真之条件是专名意谓的对象与子句的思想处于认知词所表达的认知状态下。[②]

断定是一种命题态度，我们可以把它视为一种认知词或类似认知词的东西，其后面跟的是双杆，双杆后面是子句，它与子句一起组成一个新的句子，这表明"断定"是比后面的子句更高一层次的东西。根据认知句的真之条件，断定一个句子 S 的真之条件是专名意谓的对象与子句的思想处于断定这个词所表达的认知状态下。比如"亚历山大断定亚里士多德是哲学家"这个

① 奎因：《真之追求》，王路译，生活·读书·新知三联书店 1999 年版，第 60 页。

② 王路："句子图示——一种弗雷格式的解释方式"，载《求是学刊》2014 年第 5 期，第 34 ~ 44 页。

句子是真的，当且仅当亚历山大这个名字所意谓的对象和亚里士多德是哲学家这个子句的涵义处于“断定”所意谓的概念之下。通过句子图示 4，我们可以清楚地看到，“亚里士多德是哲学家”这个子句意谓的是子句的思想。而当我们去掉“断定”一词，单独来看“亚里士多德是哲学家”这个句子，通过句子图示 1，这个句子意谓的是一个真值，即亚里士多德这个名字所意谓的对象处于哲学家这个类当中。在这里，虽然句子是相同的，都是“亚里士多德是哲学家”，但是它们的意谓是不同的。因此，“亚历山大断定 S”与“S”的真之条件是不同的，并且其中 S 所意谓的东西也是不同的。

通过句子图示，我们很清楚地表明了“断定句子 S”和“句子 S”的真之条件的不同。这种不同显示了这里不能出现同一替换的情况。同一替换讲的是当一个句子能代以另一个涵义不同意谓相同的句子时，其真值保持不变。但通过上述分析，子句 S 在“断定一个句子 S”中意谓的是一个思想，整个句子的真之条件是一个思想处于一种认知状态之下，整个句子带有指称隐晦的语境，如果对子句 S 做同一替换就很有可能改变整个句子的真值。比如，我断定“天空亮着的那颗星星是晨星”，虽然晨星和暮星意谓同一颗星星，但这并不意味着我就知道它们是意谓相同的，所以我也无法作出断定“天空亮着的那颗星星是暮星”。因此，同一替换在这里是失效的。

4.2.4 判断是真之载体会导致指称隐晦

首先我们需要区分有量词时作为从言的断定和作为从物的断定。从言的断定指的是把断定归为言辞，比如，我断定“有一个人，他是将军”或者“有一个人，他是将军”是断定的；从物的断定指的是把断定归为事物，比如，有一个人，我断定“他是将军”。我们可以通过借助句子图示 4 和句子图示 2 对这两种情况进行分析。

【句子图示 2】

（语言）句子：量词 / 谓词

（涵义）思想：思想的一部分 / 思想的一部分

（意谓）真值：个体范围 / 概念

基于句子图示 4 和 2，我们可以先构造一个包含从言的断定的句子图示

5，即

【句子图示 5】

（语言）句子：认知词 //量词 / 谓词

（涵义）思想：思想的一部分//思想的一部分 / 思想的一部分

（意谓）真值：认知状态 //子句思想的一部分 / 子句思想的一部分

根据句子图示 5，断定作为一种认知词意谓的是一种断定状态，虽然后面的子句添加了量词，但由于其处于子句之中，所以其仍然意谓的是一个子句思想的一部分。与句子图示 4 相似，整个句子的真之条件仍然是带有量词的子句处于断定的状态之下。所以当断定作为从言的情况出现时，它并不影响我们对判断是真之载体条件的规定。但当断定作为从物出现时，情况就有所不同，因为我们很难再构造一个类似的句子图示来对其意谓进行说明。比如我们尝试去构造句子图示 6，如下：

【句子图示 6】

（语言）句子：量词/认知词 //谓词

（涵义）思想：思想的一部分/思想的一部分 // 思想的一部分

（意谓）真值：个体范围/认知状态//子句思想

句子图示 6 是有问题的。首先从语言层面来看，根据定义，双杆“//”后面跟的是子句，而单杆“/”后面不是一个句子，只有“/”左右两边一起才构成一个句子。这就形成了矛盾。另外从意谓层面来看，由于是子句的思想处于一个认知状态之下，这里就会产生指称隐晦的情况。但是量词所意谓的是个体范围，一个量词句的真之条件是谓词意谓的概念与个体事物处于恰当的匹配状态。很明显这里要求的语境是指称透明的。所以这就会产生矛盾。事实上之所以会产生这样的矛盾在于，量词要求跟在量词后面所谈论的个体必须约束在它的个体范围中，而当断定以从物的形态出现时，它阻隔了量词的约束，从而使得跟在断定一词后面的个体与量词所约束的个体没有了关系。比如对于句子“有一个人，他是将军”，作为谓词下不确定的个体“他”处于被量词所约束的个体范围中，只要在个体范围里我们找到一个个体满足谓词的要求，这句话就是真的。但是对于“有一个人，我断定‘他是将军’”，其中的“他”并不被前面的量词所约束，与量词“有一个人”没有任何关系，因此我们无法确定在个体范围里去找一个什么样的个体，整个句子的真值也就无法被确定。因此，对于判断是真之载体的条件而言，我们也就无法表达“如果有一个人，我断定‘他是将军’，那么‘有一个人，他是将军’是真的”。

4.3　命题作为真之载体所面临的问题

4.3.1　命题作为真之载体面临着真之定义的问题

持命题是恰当的真之载体的观点的人们似乎是基于一种逻辑本身的立场，他们认为逻辑所关注的不是来自心理的行为，也不是语言学意义上的语言表达式，而是公理、逻辑规则和定理。公理是不证自明的真命题。逻辑规则是普遍有效的，它们是必然真。而通过公理和逻辑规则所形成的定理也是普遍有效的，它们不能被描述为心理的或语言的行为。这些公理和定理我们称为真命题，逻辑规则能够解释它们的普遍有效性。因此，逻辑规则不是一种心理上的或语言上的行为。

在这里，区分开判断和命题是必要的。判断是一种思想行为，而命题则被认为是一种思想内容。通过前面的分析，我们知道判断真是一种“什么被视为真”的概念，而命题则是“是真”的概念。“被视为真”是不同于“是真”的，逻辑关注的则是后者，弗雷格称：“我所理解的逻辑规则不是把……视为真的心理规则，而是真之规则”。[①] 既然判断是一种思想行为，那么每一个真的判断必然是一个心理上可接受或拒绝、肯定或否定的过程，因此一个真的判断的过程自然就会是一个把什么视为真的过程，而逻辑所关注的公理、逻辑规则和定理并不是一个心理行为的过程。那么逻辑上所关注的真又是什么呢？弗雷格认为：“一个人认识到一种事物的性质，同时他必须会考虑到那件事物拥有那个性质是真的。因此，一个事物的每一性质都与一

① G. Frege. *The Basic Laws of Arithmetic*. M. Furth transl. ed. Los Angeles, 1967, introduction XVI.

种思想的性质紧密相联，这种思想的性质就被称为真。”① 因此，真是一种思想的性质，又因为命题是思想的内容，所以逻辑上所关注的真不是一个判断上的真，谓词“真”适用于思想②，命题才是恰当的真之载体。

需要注意的是，历史上人们对于“什么是命题”有不同的看法。比如，迈农认为命题是一种思想行为，但通过上述分析，思想的行为更多表现的是一种心理上的接受与拒绝、肯定与否定的过程，而这一过程更适合使用“判断”一词，而不是命题。另外，卡尔纳普将命题界定为一种与语义概念相对应的一个完全的概念。卡尔纳普借鉴了塔尔斯基的真之语义理论，他认为对于任一个 n 阶层类的语义概念 M_s 都有一个 n 阶层的一致概念 M_a，当 M_s 使得 n 个表达式有效时，M_a 就能使得那些表达式的指派有效。而与其他符号学概念的对比之下③，M_a 不依赖于语言，M_a 是与语义概念 M_s 一致的、完全的概念。④ 这种完全的概念只有被理解为命题。事实上 M_a 仍然是思想上的概念，M_a 不依赖于语言并且 M_a 能使得 M_s 下的表达式的指派有效，而 M_s 下的表达式的指派是真值，并且“真”适用于思想，因此 M_a 仍然是思想的内容，在这里仍然指的是命题。

如果命题是恰当的真之载体，那么真能否被定义呢？从弗雷格的真之冗余思想到霍维奇的极小主义理论，他们似乎都坚持以一种消极或否定的态度来面对。弗雷格认为真这个概念无法被解释，也无法被定义，他强调了一种真之冗余的思想。我们知道，一个人认识到一件事物的性质必须同时会考虑到那件事物拥有那个性质的思想是真的，所以一个事物的每一个性质都会被系于一个思想的性质，这个思想的性质也就是真。在这里，似乎弗雷格坚持的是，如果一个人没有认识到 a 是 F 是真的，他就无法认识到一个对象 a 是 F。也就是说，我们必须要有能够认识到一个命题真的思想才能理解到这个命题。弗雷格继续讲道：“值得注意的是，‘我闻到紫罗兰的香味’这句话同

① G. Frege. The Thought：A Logical Inquiry. *Mind*，New Series，65（259）Oxford：Oxford University Press，1956，p. 293.

② G. Frege. *Posthumous Writings*. P. Long，R. M. White transl. Oxford：Basil Blackwell，1979，p. 126.

③ 这里指莫里斯对语型、语用与语义的区分，参见 C. Morris. *Signs*，*Language and Behaviour*. New York：Prentice Hall，1950，p. 78.

④ R. Carnap. *Introduction to Semantics*. Harvard University Press，1948，p. 89.

‘我闻到紫罗兰的香味这是真的’这句话拥有相同的内容。所以看上去，我在这样的一个思想上加上真的性质并没有给句子增添任何的内容”。[①] 在这段话的前一句弗雷格提出了一种同一理论的思想，句子的内容讲的其实就是同一理论的一个实例，即（同一）命题P与命题这是真的P相等。同时也是另一种形式表达的实例，即P是真的，当且仅当P。而这段话的后一句弗雷格提出了隐含于这种同一理论中的一种冗余论的思想：当你说某个命题什么什么是真的时候，你并没有说出比你说那个命题什么什么更多的东西。根据弗雷格的理论，那么在“我闻到紫罗兰的香味这是真的”这句话中能够被称作是冗余的不是“是真的”这个谓词，而是能够被作为句子算子的“这是真的”。因此，在弗雷格的冗余思想中，对于一个“命题P这是真的”或者“那个命题P是真的”与P是等同的，“这是真的”和“那是真的”在表达一个命题为真时是冗余的。

弗雷格认为每个给真尝试下定义的观念会导致失败，因为在一个定义中某一种性质将会在定义中得到陈述，然而我们要问，这里存在的性质是否为真呢？为此，我们又需要对真进行新一轮的定义。具体来讲，我们用P来表示一个观念或者判断，用F来表示一个事实，F^*表示与F不同的事实，用C来表示二者的关系。那么对于定义C_1：观念P是真的当且仅当PCF。如果这个定义C_1是正确的，那么观念PCF应该是真的。根据我们的定义，这个可以根据C_1和事实的符合关系来进行兑换。C_2：观念PCF是真的当且仅当$PCFCF^*$。同理就会出现C_3：观念$PCFCF^*$是真的当且仅当$PCFCF^*CF^{**}$……因此把真定义为与事实的符合的理论就会出现上述“弗雷格式的倒退”[②]的情况。因此，弗雷格坚持认为真是一种初始概念，真不可以被定义。

霍维奇否认需要有一个真之定义使得每一陈述内容的具体部分（这部分以哲学的非问题化的术语所表示）都运用了这样的真之概念分析；对于真之理论，霍维奇认为在极小主义的真之理论中只有形如 <p> 是真的当且仅当p

① G. Frege. The Thought: A Logical Inquiry. *Mind*, New Series, 65 (259) Oxford: Oxford University Press, 1956, p. 293.

② P. Engle. *Truth*. Acumen Publishing Limited, 2002, pp. 17 – 18. 这个推论是由 Blackburn 所阐明的。可参见 S. Blackburn. *Spreading the Word*. Oxford: Oxford University Press, 1985, pp. 227 – 228.

的等价式，不存在一种有穷的真之理论，即这种理论以一种物理的或数学的方法把真的简要结构加入我们其他的理论，从而使得我们能够进行信以为真的一切事物的推论。霍维奇坚持真之载体是命题而不是句子，他用<p>来表示命题p，因此极小主义理论的等值图示可以写成：（E）命题“p”是真的，当且仅当p，或者<p>是真的当且仅当 p。霍维奇认为极小理论的全部理论就在于（MT）命题“雪是白的”是真的，当且仅当雪是白的；命题“夸克实际存在”是真的，当且仅当夸克实际存在；……的无穷合取，而又由于（E）<p>是真的当且仅当 p 可以被看作表示为上述的无穷合取，所以霍维奇认为在真之理论中只有形如<p>是真的当且仅当 p 这样的无穷的等价式。[①]

4.3.2 命题作为真之载体所面临的隐晦指称的问题

虽然思想在语言中的表达是句子，但奎因认为句子涵义这个概念是空洞无力的，需要将其限定为一种更确定的句子涵义，他称之为固定句。[②] 其实弗雷格也同样认为并不是所有的句子都是真这一谓词用于思想的表达形式。弗雷格说：“断定句的形式实际上是我们借以表达真的东西。”[③] 在这里，弗雷格排除了愿望句、疑问句、祈使句和命令句，认为断定句是我们借以传达事实、提出数学定律或自然律的句子，也就是说表达真的规律的句子只能是断定句。

达米特支持了弗雷格的观点，在对待表达真的规律的句子只能是断定句的态度上与弗雷格是一致的。弗雷格认为句子的涵义是思想，句子的意谓（或者指称）是真值。一个断定句的一般涵义是它句子的涵义，一般指称是它的真值。但对于奎因所谓的隐晦语境而言，即带有相信、知道、认为等这些内涵词构成的句子的语境，弗雷格又称这种带有内涵词的句子为间接引语，比如，“他相信他是一个大学教授”，是没有一般指称的，只有间接指称，它的间接指称是它的一般涵义。所以在隐晦语境中，有内涵词的句子并不因为

---

① P. Horwich. *Truth*. Oxford: Basil Blackwell, 1990, pp. 11 – 12.

② 奎因：《真之追求》，王路译，生活·读书·新知三联书店 1999 年版，第 68 ~ 69 页。

③ 弗雷格：《弗雷格哲学论著选辑》，王路译，王炳文校，商务印书馆 1994 年版，第 203 页。

内涵词的存在而承担真值，它们是没有一般指称，无法承担真值的。但需要注意的是，如果在有明白语境和隐晦语境同时存在的句子中，内涵词并不决定在明白语境下句子的真值，而在明白语境下句子的真值仍然由它的一般指称决定。达米特为此提出了一个特别指称的概念，一个谓词“F（ε）”的特别指称指的是一个名字“α”的涵义处在一个概念之下，同时名字“α”的一般指称处在谓词“F（ε）”的一般指称这个概念下。比如，对于“有比 N 个人更多的人在这，并且我期望至多有 N 个人在这”这个同时含有隐晦语境和明白语境的句子，谓词“有比 N 个人更多的人在这”具有一个特别指称，它的特别指称是由诸如“有比 9 个人更多的人在这”的一般指称所解释的。设定特别指称的目的是当所有该句子的组成部分被认为有它们的间接指称时，可以恢复在明白语境下从句的指称，即真值。达米特批判了有些人认为在隐晦语境中内涵词决定了一些谓词可以直接由名字的涵义而不是一般指称来定义。[①] 如果这个观点成立，那么内涵词就会影响在明白语境下句子的指称，这在高阶量化中能够体现出来。比如，对于“存在一个 α，α 在这儿并且我不期望 α 会在这儿”，我们必须使得 α 能约束个人专名的涵义，并且谓词“ξ 在这儿”在明白语境下有它的特别指称。这个量化句子的真值是由一些非量化句子比如“约翰在这儿，我并不期望约翰在这儿”决定的。但是当你再对这样的句子做高阶量化的时候，即“约翰是某个我并不期望他将是的东西”，也就是“存在一个 f，f（约翰）并且我不期望 f（约翰）”。因为谓词“ξ 将是在这儿”在这个有隐晦语境的非量化的句子中有一个间接指称，也即是代表了谓词“ξ 是在这儿”的涵义，于是变元“f”必须被看作约束了谓词的涵义，但同时它又需要占据着二阶谓词“Φ（约翰）”在明白语境下的空位，因此谓词“ξ 在这儿”在明白语境下有它的间接指称。但这是矛盾的，因为我们之前强调了谓词“ξ 在这儿”在明白语境下必须有它的特别指称，而特别指称与间接指称并不相同，谓词“ξ 在这儿”在明白语境下不能既有特别指称又有间接指称。[②]

---

① M. Dummett. Frege Philosophy of Language. London: Duckworth, 1973, p. 276.

② M. Dummett. *Frege Philosophy of Language*. London: Duckworth, 1973, pp. 276 – 277.

4.4 句子是恰当的真之载体

句子作为真之载体时有着命题和判断无法比拟的优势，对于这一点，我们能从塔尔斯基的真之语义理论中得到很好的说明。塔尔斯基的真之语义理论表明了在一个语言系统 L 中能给予一个精确的真的句子的定义。[①] 另外，句子之所以能被称为恰当的真之载体，哲学家们还考虑了以下几个方面的原因。

（1）句子是一种语言符号，若是判断或命题能作为真之载体，那么作为表达判断或命题的语言符号，句子也自然能成为真之载体。比如，某物具有一性质 Y，如果 X 是用来表达某物的符号，那么很显然表达某物的 X 同样具有性质 Y。[②] 所以托马斯·阿奎那曾说道："陈述中的真离不开思想中的真，一个陈述既存在于智力中又存在于词语中，当它在智力中时，它是根据自身的考虑才为真，而当它在词语中时，一个陈述能被称为真是当它是一个在智力中的真的标志。"[③]

（2）对于判断和命题，若是它们不借助于句子很难被表达清楚。而且对于那些我们所追求的成为特别的或普遍真的知识，我们可能很难理解、很难领会，但它们可以在我们的词语，在我们的句子中被构造和表达出来。[④] 这就是句子优于命题和判断之处，它是可见的、可听的、是能够被高度证实的，而这也是对科学的发展有利的。因为科学的发展需要的是确定性或真的陈述的交流与探讨，因此高度被证实的真句子成为科学发展的必要条件。这也使得像奎因这样的哲学家更愿意把句子作为真之载体，他说："忽视可看见或

① 第二章已经做了具体分析，这里不再叙述。需要注意的是，这里的句子指的是陈述句或是具有确切真值的句子，比如"中华人民共和国的首都是北京"，问句或不具有确切真值的句子在这里会被排除。

② 这里并不是符号 X 本身具有该性质，而是因为它是用来表达某物的，事实上是某物有性质 Y。

③ T. Aquinas. *Summa Theologica*. Fathers of the English Dominican Province transl. Mobile Reference, 2009, p. 127.

④ J. Locke. *An Essay Concerning Human Understanding*. 27 edition. London, Printed For T. Tegg & Son, 73, Cheapside; R. Gr in & Co, Glsgow; Tegg, Wiss & Tegg, Dublin, 1836, Ⅳ, 5. p. 444.

可听见的句子而集中在句子涵义（命题）上，把它们作为真之载体，似乎也是违背情理的。因为只有诉诸于句子，我们才能说我们考虑的是什么句子涵义。"①

虽然塔尔斯基的真之语义理论把陈述看作句子，只有句子作为真之载体时才能恰当地定义真，从而把握真这个概念的直觉，但塔尔斯基将"真的"用于句子所形成的真句子定义并不能完全解释真这个概念。我们知道，塔尔斯基的真句子定义是相对于一个语言系统 L 中的真句子给出的，他给出的是一种外延式的真之定义。但把握真这个概念直觉的真之陈述不总是仅陈述的是一个句子，很多时候这种陈述表现的是一个判断、一个命题。因此，对于真之陈述的解释必须考虑到判断和命题。但如果继续把判断和命题视为一种独立于语言的思想行为和观念实体，那么当判断和命题作为真之载体去定义真时又会遭遇上述的困难。在一般的情况或是从一个科学要求的角度来看，判断和命题只有通过语言才能被清晰表达。② 因此语言自然成为判断和命题的载体。同样，一个真的陈述只有通过语言、句子的形式才能被准确地外化和表达，相应地，一个真的判断的陈述或一个真的命题的陈述只有依靠载体句子才能被合适准确地表达。塔尔斯基的真之语义理论为我们提供了一种恰当的真句子定义，如果我们不再将判断和命题视为独立于语言与句子的思想行为和观念实体，而是将判断视为与语言和句子密切相联的思想行为的标志，将命题视为依赖于语言和句子的概念，通过塔尔斯基的真句子定义为基础，从而定义出恰当的真的判断和真的命题，那么一个能把握住真这个概念直觉的真的陈述解释就能实现。

4.5　以句子为载体的判断行为标记作为真之载体的方式

前文分析了判断如果作为一种思想行为成为真之载体，用一种确定性的判断去解释真会遭遇一些困难，甚至会导致悖论性的结论出现。而若是把判

① W. V. Quine. *Pursuit of Truth*. Harvard University Press, 1992, pp. 78 – 79.

② 在有些情况下，比如，不会语言的婴幼儿，他们同样会使用他们自己的方式来表达自己的判断或一个命题，所以这里的一般情况指的是我们通常使用语言而不是其他方式来表达判断或命题。

断作为一种思想行为的标记，不脱离语言和句子，在判断陈述的基础上可能就会实现一个恰当的真判断的定义。因为真的判断是判断的一种特例，也就是其值总为真的判断，因此如果能先定义出在判断陈述上的判断，那么真之判断定义作为判断的一种特例将被给出。[①] 接下来我们将作出具体分析。

判断通常可以被区分为判断行为和判断内容。一个人作出一个判断就是基于他所要判断的内容而进行一种区分或合并的智力行为。对于判断内容和判断行为是否有真之条件，人们看法不一。有的人认为判断行为没有真之条件，去讨论诸如陈述、判断等行为的真之条件是犯了一种范畴上的错误，因为这些行为不能承担真值。比如，施特劳森曾认为："'我的陈述'可能要么是我所说的内容，要么是我正在说它。我正在说的东西当然是一个片段。我所说的东西不是。我们认为是后者而不是前者是真的。"[②] 判断亦是如此，因为当我作出一个判断"雪是白的"的时候，我们是把"真"归属为这个判断的内容，而不是判断的行为。有的人进一步对判断行为做了划分，区分出了判断行为标记（token）和判断行为类型（type），并且认为判断行为标记具有真之条件，而判断行为类型是从他们的标记那里继承了他们的真之条件。持这种观点的主要人物是汉克斯（Hanks），他认为整个谓述行为包括判断、断定等行为的标记和类型都有真之条件。

根据汉克斯的观点，当某人作出一个 a 是 F 的判断或断定，她就实施了一个谓述行为，这些行为是合适的真之条件来源。[③] 而一个谓述行为指的是根据一个由性质决定的规则将一个对象与其他对象分类在一起的行为。[④] 因此一个判断行为也可以看作一个谓述行为。他认为思想和语言行为的基础是

---

① 判断陈述与判断是不同的。判断本身是一种思想行为，它不一定需要通过语言作为它的载体。而判断陈述是判断的语言载体，判断陈述上的判断是建立在被陈述的句子的基础之上的，它是思想行为的标志。

② P. F. Strawson. Truth. In *Truth*. S. Blackburn, and K. Simmons ed. Oxford: Oxford University Press, 1999, p. 162.

③ Peter Hanks. What Are the Primary Bearers of Truth? *Canadian Journal of philosophy*. 43 (5 - 6), 2013, p. 2.

④ Peter Hanks. What Are the Primary Bearers of Truth? *Canadian Journal of philosophy*. 43 (5 - 6), 2013, p. 3.

注意到对象之间的相似性，并且根据这些相似性理解这些对象。[①] 因此判断一个对象“X 是绿的”的谓述行为是由“是绿的”性质所提供的一个规则决定的，因此谓述 X 的绿的行为是真的当且仅当 X 是绿的。汉克斯所提出的核心观点是他并不赞同传统观点认为命题的作用是用来解释我们大脑状态和言语行为如何有他们的真之条件，判断、断定是从命题中获得它们的真之条件，而是认为命题是我们用来描述和阐明发生在我们思想和言语中的行为类型，命题的真之条件是从判断和断定的行为中得到的。他认为真之条件来自具体的谓述行为标记，我们从这些谓述行为的细节中抽象出来就是这些谓述行为的类型，即命题，它们的真之条件来自这些标记的真之条件。也就是说，谓述行为标记指的是一种具体的主体谓述对象性质的行为，比如汤姆断定“雪是白的”“草是绿的”“花是红的”，谓述行为类型指的是在这些具体的谓述行为中抽象出来的，比如“汤姆所断定的”。虽然汉克斯具体解释了谓述行为标记和类型之间真之条件的关系，但我们知道谓述行为标记和类型的表达同样是离不开语言的，既然离不开句子，那么分析谓述行为标记的真之条件就要分析句子的真之条件，但谓述行为标记又不是句子，它只是通过句子来表达，那么谓述行为标记的真之条件与句子的真之条件是什么关系呢？

作为思想行为标记的判断与句子之间的关系通常表现为一种结构上的相似性。比如 A 问：“雪是白的是真的吗？”B 回答：“雪是白的是真的。”对于 B 所给予的回答，作为一种思想行为的标志，其与句子本身“雪是白的是真的”的外在形式是相同的。其中所不同的仅在于真这个性质归属了不同的载体，一个是判断的性质，另一个是句子的性质。但如果作为思想行为标志的语言表达式与句子本身的语言表达式外在形式不同，那么该如何理解二者的相似性呢？比如，对于判断“snow is white 是真的”与句子“雪是白的是真的”二者外在表现形式并不相同，但它们仍然是相似的，因为它们对于“真”这个性质的应用是相似的。也就是说，把“真”这个性质应用到了判断中和应用到了句子中是相似的。因此，基于以上所理解的相似性，我们可

① Peter Hanks. What Are the Primary Bearers of Truth? *Canadian Journal of philosophy*. 43（5－6），2013，p. 15.

以从两种不同的相似性的角度给出两种判断陈述上的判断定义：

（1）P是一个对于句子S而言的判断，当且仅当W_1和W_2是应用于P和S的两个语言表达式；W_1和W_2有相同的外在形式；S的性质t_1不等于P的性质t_2；S不等于P；有两个不同的关系R_1和R_2，R_1代表的是S和性质t_1的关系，R_2代表的是P和性质t_2的关系。R_1和R_2之间的关系是同构的。①

（2）P是一个对于句子S而言的判断，当且仅当W_1和W_2是应用于P和S的两个语言表达式；W_1和W_2不具有相同的外在形式；性质t_1被应用到了S，同时性质t_2被应用到了P；S的性质t_1不等于P的性质t_2；S不等于P；有两个不同的关系R_1和R_2，R_1代表的是S和性质t_1的关系，R_2代表的是P和性质t_2的关系。R_1和R_2之间的关系是同构的。

而真判断作为判断的一种特例，自然也能给出对于一个真句子S^*而言的真之判断定义：

（1）P^*是一个对于真句子S^*而言的真的判断，当且仅当W_1和W_2是应用于P^*和S^*的两个语言表达式；W_1和W_2有相同的外在形式；S^*是一个真句子；S^*的性质t_1不等于P^*的性质t_2；S^*不等于P^*；有两个不同的关系R_1和R_2，R_1代表的是S^*和性质t_1的关系，R_2代表的是P^*和性质t_2的关系。R_1和R_2之间的关系是同构的。

（2）P^*是一个对于真句子S^*而言的真的判断，当且仅当W_1和W_2是应用于P^*和S^*的两个语言表达式；W_1和W_2不具有相同的外在形式；S^*是一个真句子；性质t_1被应用到了S^*，同时性质t_2被应用到了P^*；S^*的性质t_1不等于P^*的性质t_2；S^*不等于P^*；有两个不同的关系R_1和R_2，R_1代表的是S^*和性质t_1的关系，R_2代表的是P^*和性质t_2的关系。R_1和R_2之间的关系是同构的。

既然判断与句子间的关系是一种结构上的相似性，或者说是基于一种结构上的相似性给出一个对于句子而言判断的定义，那么基于这种相似性，自

① 这里的关系是一一对应的关系，R_1的元素和R_2的元素都在一一对应的关系中并且这种关系使得R_1中的任一个有序组能映射到R_2中的一个有序组中。当然还可能存在一种弱的同形关系，这种关系是一种一对多的关系而不是一对一的关系，比如，把它看作在思想行为和它们作为语言表达式的结果之间的因果关系。

然作为判断也具有一个与句子相关的真之条件。这里的关键是 R_1 和 R_2 的关系，很显然，如果 R_1 和 R_2 的关系是同构的，那么适用句子的真之条件同样适用判断，如果 R_1 和 R_2 的关系是一种弱的同形关系，那么二者在适用真之条件上具有一种相似性。通过上文我们知道，塔尔斯基为一个句子的真构建了一个“约定 T”，而“约定 T”成了一个句子的真之条件。若是 R_1 和 R_2 的关系是同构，那么“约定 T”自然也是可以作为判断的真之条件；若是 R_1 和 R_2 的关系是一种弱同形，那么“约定 T”是以一种适用上的相似性作为判断的真之条件。也即是说，若是 R_1 和 R_2 的关系是同构，那么 x 是一个真的判断当且仅当 p，这里式子的左边“x”应该用对象语言中的任何一个句子的一种结构描述性的名字来代替，而式子的右边“p”则应该用这个句子在元语言中的翻译的表达式来代替。若是 R_1 和 R_2 的关系是一种弱同形的关系，那么在一种适用上的相似性来看，x 是一个真的判断当且仅当 p，这里式子的左边“x”应该用对象语言中的任何一个句子的一种结构描述性的名字来代替，而式子的右边“p”则应该用这个句子在元语言中的翻译的表达式来代替。

至于汉克斯认为谓述行为类型也具有真之条件，我们可以通过分析谓述行为类型本身发现一些问题。汉克斯认为我们经常使用形如“一个主体 S 所做的”来谈论类型。比如，“奥巴马所吃的”来指谓他所吃的食物类型；“奥巴马所穿的”来指谓他穿衣的类型，比如一件蓝色的西装。但通过我们上文的分析，诸如“奥巴马所吃的”这样没有明确意谓的短语形式是无法承担真值的。因此，我们认为谓述行为标记有真之条件，可以作为真之载体，但我们并不赞同命题是谓述行为类型，谓述行为类型并不具有真之条件，不能作为真之载体。

以上我们讨论了判断行为是否有真之条件的情况，接下来我们将讨论判断内容的真之条件。我们知道，弗雷格区分开了语言和语言所表达的东西。一个句子的涵义是思想，一个句子的意谓（或者指称）是真值。语言所表达的东西是思想，思想是一个句子的涵义，思想是可以被称为真或假的东西，“真这个谓词可以应用于思想”①。因此，“如果命题能被看作思想的内容，那

① 弗雷格：《弗雷格哲学论著选辑》，王路译，王炳文校，商务印书馆 1994 年版，第 199 页。

么思想就与命题是同义的"①，在这里，我们认为判断的内容是思想的内容。既然命题就是思想内容，那么判断的内容就是命题。而思想又是句子的涵义，命题也是句子涵义。判断的内容是句子涵义。

4.6 真命题定义

对于真命题的定义，我们同样可以使用上述的思路，即先定义好命题，然后把真命题作为命题的一种特例来定义，即它的值总为真。但通过前面的分析，如果在这里把命题仍然作为一个观念实体②，那么就很难给出一个合适的真之定义。因此，我们需要引入命题陈述，将命题视为一种依赖语言和句子的概念实体。命题陈述指的是一个陈述被表达的是命题这个概念，命题陈述的载体是语言，是句子。既然句子是命题陈述的载体，那么我们就可以通过句子来定义出命题陈述上的命题，进而也可以用真句子定义出真之命题陈述上的真命题。

塔尔斯基已经给出了一个恰当的真句子定义，我们是否也能基于此定义出一个唯一的真之命题概念呢？事实表明，建立在句子基础上的作为概念来使用的命题会受到句子本身的影响，即基于句子的原因会使得命题的概念不同，命题概念的不同进一步会使得作为特例的真之命题概念无法被给出一个唯一的定义。那么又有哪些不同的命题的概念呢？一些人把"命题"这个词理解为指符合一定规范的句子。另一些人却把它理解为指这样的句子的涵义。③ 如果直接把命题概念理解为句子，那么真之载体自然就是句子，但很明显命题概念不是句子。因为命题的概念是有真假可言的，而句子有可能真假不定。比如今天我说："明天天是会下雨的。"这个句子就真假不定，因为

① P. Weingartner. *Basic Questions on Truth*. The Netherlands: Kluwer Academic Publishers Press, 2000, p. 86.

② 这样的一种观点被布尔扎诺、弗雷格、胡塞尔等人所推崇。

③ W. V. Quine. *Pursuit of Truth*. Harvard University Press, 1992, pp. 78 – 79.

只有到了明天才能确定真假。除非这里的句子是带有确定的句子意义的固定句①，否则不能直接把命题概念理解为句子。但我们可以把命题概念理解为句子形式，而且是最一般化的，这样真之载体仍然是命题概念而不是句子。对于被看作句子涵义的命题，由于有确定的句子意义的句子，即固定句的存在，因此我们需要区分开那些必须有确定的句子涵义的命题和不考虑是否有确定的句子涵义的命题。分析至此，我们可以得出三种不同的命题概念，即被看作是最一般化的句子形式的命题；从一种严格限制的条件，即必须有确定的句子涵义的命题；从一种宽松的条件，即不考虑是否有确定的句子意义但仍然被理解为句子涵义的命题。由于不存在一种唯一的普遍适用的命题概念，因此在不同的命题概念下会产生不同的命题的陈述，这就需要我们在进行命题定义时充分考虑到哪些命题是相同的，从而避免一种模糊性。而以这三种意义上的命题概念为基础，我们就可以定义出相应的真命题概念。

4.6.1　真命题的定义——这里的命题被看作最一般化的句子形式

有时命题只是被看作句子的最一般的形式。比如，毕达哥拉斯定理的句子形式是 $x^2+y^2=z^2$。这里我们将 $a^2+b^2=c^2$称为毕达哥拉斯定理的句子最一般化的形式，即命题。当命题被理解为最一般的句子的形式时，我们需要注意两点，一是句子的应用领域，二是命题与被表达句子的关系。

对于一个句子而言，只有确定了句子所应用的领域才能进一步确认这个句子的形式。比如，当我们在讲水对植物的光合作用时，我们可能会使用一套化学方程式来表达这个句子，此时的化学方程式则是这个句子的形式。但若放在命题逻辑中，我们可能只会使用命题变元与逻辑连接词来表达。因此，作为句子形式的命题只有在确定了一个句子所应用的领域后才能替代句子被使用。而在确定了句子的应用领域后，我们会发现每一个句子将会有一个它最一般化的句子形式。比如，对于命题 $x^2+y^2=z^2$，它所对应的只是毕达哥

① 固定句指有固定的或稳定的真值的句子。固定句之所以能被理解为命题概念，是因为固定句本身可以用作真之载体。奎因认为，把“我”“你”“他”“她”“这里”和“那里”仅看作以名字、称谓或需要以其他起鉴别作用的特殊东西所替代的。把时态看作省略的，我们可以按照需要使用日期，“早于”和类似的谓词，把歧义和含糊看作由转译所解决的。这种解决不是绝对的，却足以使特定句子的真值固定下来。参见 W. V. Quine. *Pursuit of Truth*. Harvard University Press，1992，pp. 78 – 79.

拉斯定理，而不是任意所给定的x，y，z。因此，在一定领域内，作为最一般句子形式的命题都有特定的句子与之对应。但是我们要注意的是那些不同句子形式的命题，有些会是逻辑相等的。也就是说需要注意逻辑相等的命题并不一定是相同的命题。相同命题的获得只能是建立在两命题之间仅通过同一替换的基础上。比如，在命题逻辑中对于命题 q→q 与命题 p→p 是相同的命题，在谓词逻辑中，∀xFx 与 ∀yFy 是相同的命题。而对于（p∧q）∧r 与 p∧（q∧r）并不是两个相同的命题，尽管它们在逻辑上是相等的，因为它们之间并不能仅仅是通过同一替换而互相获得，它们还需要借助于结合律的规则。再比如对于命题 p→（p∨p）与 p→（p∨q），前者是后者的一个特例，两个命题也不能仅仅通过同一替换而相同。分析至此，我们可以给出当命题被理解为最一般的句子形式时的命题定义：

P是一个相对于句子S而言的命题，当且仅当S是一个特定领域下所使用的特定的形式有效的句子；P是可以用来替换S的最一般化的形式；S与P有相同的真值；P与Q是相同的命题，当且仅当P只有通过同一替换才能获得Q，Q也只有通过同一替换才能获得P。

而真之命题作为命题的一种特例，自然也能给出对于一个真句子 S^* 而言的真之命题定义：

P^* 是一个相对于真句子 S^* 而言的真命题，当且仅当 S^* 是一个特定领域下所使用的特定的形式有效的句子；P^* 是可以用来替换 S^* 的最一般化的形式；S^* 是一个真句子，S^* 与 P^* 有相同的真值；P^* 与 Q^* 是相同的命题，当且仅当 P^* 只有通过同一替换才能获得 Q^*，Q^* 也只有通过同一替换才能获得 P^*。

4.6.2 真命题的定义——这里的命题被看作必须具有确定的句子意义的句子

对于固定句而言，有固定真值的句子有很多，怎样才能使得有固定真值的句子代表同一个命题？这里有两种办法，我们先分析第一种。第一种办法是让有固定真值的句子具有相同的句子形式。塔尔斯基说过：“每个句子的意义都由它的形式清楚地决定着。”① 比如，$4+x=y$ 与 $2\times2+x=y$ 将是两个不同的命题或者某人在某地出生了与在某地某人出生了这两个命题也是不同的。虽然它们有固定的真值，但是由于它们不具有相同的句子形式，因此它们仍然是不同的命题。② 采取这种办法我们就能给出一个建立在固定句上的命题定义：

P是一个相对于句子S而言的命题，当且仅当S是一个具有真值的句子；S有一个固定的真值；如果S和S’具有相同的形式，那么它们代表相同的命题P。

相应地，真命题作为命题的一种特例，也可以被定义为：

P^*是一个相对于真句子S^*而言的真命题，当且仅当S^*是一个具有真值的句子；S^*有一个固定的真值；S^*的值总为真；如果S^*和S^*’具有相同的形式，那么它们代表相同的真命题P^*。③

另一种使得具有固定真值的句子代表同一个命题的方法是它们具有同一个相关的后承的集合，即如果从一个具有固定真值的句子所推出的后承类与另一个具有固定真值的句了所推出的后承类相等，那么这两个固定句就能代表同一个命题。比如$\{q, r\}$是前提p的后承集合，$\{q, r\}$也是前提t的后承集合，那么p和t代表的是同一个命题。但这里需要注意的是，虽然q是前提p的后承，但$q \vee l$，$l \to q$，$q \wedge (l \vee \neg T)$等也是前提p的后承，也属于p的后承类中，但这些后承与前提p并无相关，它们是冗余的。如果允许这些不相关的后承在这里，那么对于一个命题而言，它就会有无穷多个后承，从而为确定两个固定句具有相等的后承类造成阻碍。因此，我们需要将不相关的后承排除出去，从而确定一个固定句的相关的后承类。魏茵加德纳（Weingartner）给出了一个相关的后承概念，他用cr代表后承的相关性，如果$A \vdash \alpha$代表了α是A的一个后承，那么$A \vdash_{cr} \alpha$则代表的是α是A的一个

① A. Tarski. The Concept of Truth in Formalized Languages. In *Logic Semantics Metamathematics*. J. H. Woodger transl. Hackett Publishing Company, 1983, p. 166.

② 我们需要注意的是，这里的命题是命题陈述上的命题，即不脱离语言和句子作为概念使用的命题，并且只以固定句作为语言载体，因此说者对于命题的意向性因素在这里被排除，即排除了相同的句子形式，但由于说者意向性因素而使命题不同的情况。

③ 这里排除掉了那些句子形式相同，但其值为非真的命题。

相关后承。$A\vdash_{cr}\alpha$，当且仅当 $A\vdash\alpha$；不存在这样的一种情况的出现，即对于 A 的后承 α 而言，α 中的一个谓词（或命题变元或相等符号）能通过用任意谓词（或任意的命题变元或任意的二元谓词）替换还能够使得 α 仍然是 A 的一个有效后承①；对于 A 的相关后承 α，α 的相关后承 β 必须是由 α 的集合 {α} 所推出，这样才能始终保证后承的相关性。②

但是作为 A 的后承 α 通常并没有以它们最简单的形式被表达出来，因为所有的后承能够被化归到更加简便的后承元素③。也就是说，只要考虑到如果两个固定句都具有同一个相关的后承元素类，那么它们就应该是同一个命题。因此，令 $A\vdash_{cr}\alpha$，那么 α 是 A 的一个相关的后承元素，当且仅当并不存在这样的一种情况出现，即存在相互不同的公式 β_1，……β_n（n≥1）使得每一个 β_i 要比 α 要少；α 是 $\beta_i\wedge\cdots\cdots\wedge\beta_i$ 的后承并且 $\beta_i\wedge\cdots\cdots\wedge\beta_i$ 也是 α 的后承；对于每一个 β_i，β_i 是 A 的相关后承。比如，对于一个公式 A∧B，它的相关的后承公式 A∧B，它的相关的后承元素则是 A，B；对于公式 A∨(B∧C)，它的相关的后承公式（A∨B）∧（A∨C），它的相关的后承元素则是 A∨B，A∨C；对于一个公式 A∧A，它的相关的后承公式 A∧A，它的相关的后承元素则是 A。从这几个例子中我们能够看到当 α 是 A 的一个相关的后承元素时，不可能存在每一个后承的元素的数量比后承公式的数量少的同时，后承元素与后承公式之间又互为双方的后承，而且后承元素还是前提的相关后承。因此，很明显，每一个 A 的相关的后承 α 都能被拆分为一个 A 的相关的后承元素 β_1，……β_n（n≥1）的集合，而这是与最初的 α 是逻辑相等的。④

在排除了不相关的逻辑后承后，我们便可得出建立在固定句之上的另一

---

① 比如，q 作为前提 p 的一个有效的逻辑后承，q∨r 虽然能使其作为 p 的一个有效的逻辑后承，但它不是 p 的一个相关的逻辑后承，因此需要排除。

② P. Weingartner. *Basic Questions on Truth*. The Netherlands: Kluwer Academic Publishers Press, 2000, p. 183.

③ 当然这里的化归要保证其中的内容不能丧失。参见 P. Weingartner. *Basic Questions on Truth*. The Netherlands: Kluwer Academic Publishers Press, 2000, p. 185.

④ P. Weingartner. *Basic Questions on Truth*. The Netherlands: Kluwer Academic Publishers Press, 2000, p. 185.

种命题定义：

P 是一个相对于句子 S 而言的命题，当且仅当 S 是一个具有真值的句子；S 有一个固定的真值；P 是属于 S 的一个相关的后承元素集合的元素合取；S 和 S’代表同一个命题，当且仅当它们有相同的相关后承元素集合。

相应地，真命题作为命题的一种特例，自然也就可以被定义为：

P^*是一个相对于真句子S^*而言的真命题，当且仅当S^*是一个具有真值的句子；S^*有一个固定的真值；S^*的值总为真；P^*是属于S^*的一个相关的后承元素集合中的是真的元素的合取；S^*和S^{*}’代表同一个真命题，当且仅当它们有相同的相关后承元素集合，并且这里集合中的元素值为真。①

4.6.3　真之命题定义——不考虑是否有确定的句子意义但仍然被理解为句子意义的命题

固定句是带有确定的句子意义的句子，由于固定句本身真值的稳定性，因此固定句本身就可以是命题。但若不从固定句本身，而是从句子意义与真值之间的关系的角度，那么作为句子意义的命题又该如何理解呢？当命题概念被理解为句子意义时，句子与命题之间的关系更多地表现出来的是一种意谓、表达、代表或指示的关系。通常我们会说句子意谓命题，如果用 S 代表句子，P 代表命题，则有 S 意谓 P。这里 S 指的是一种结构描述性的名字或其他用来指派一个句子的名字。P 指的是一个形式正确的陈述句，它是句子 S 在元语言中的翻译。比如“雪是白的”意谓 <雪是白的>。② 因为句子的意义是命题，只要我们理解了什么是句子意义，就能定义出命题的概念。有一种办法是对句子意义作出一个句子其值为真的解释。对一个真的句子作出一个合理恰当的解释就能实现真命题的定义。

戴维森提供了一种可供借鉴的意义理论。由于在自然语言中去定义“真”会导致悖论，塔尔斯基选择了形式化的语言，所以塔尔斯基对于在自然语言中定义“真”的态度是悲观的。但是戴维森并不那么悲观，至少他相

① 这里自然也就排除掉了那些其值不为真的，却具有相同的相关后承元素集合的命题。虽然它们是同一个命题，但不是同一个真命题。

② 这里我们使用了霍维奇对命题的表达方式，<雪是白的>代表了一个命题。具体参见 P. Horwich. *Truth*. Oxford：Basil Blackwell，1990，p. 19.

信在自然语言中“真”这个概念是可以被用来分析其他的一些概念的，比如意义。戴维森认为，没有必要掩饰在塔尔斯基已表明其构造方式的那种真之定义与意义概念之间的明显联系。这种联系就是，那种定义通过对每个句子的真实性给出充分必要条件而起作用，而给出真值条件也正是给出句子意义的一种方式。知道一种语言的语义性真之概念，便是知道了一个句子（任何一个句子）为真是怎么一回事，而这就等于理解了这种语言。[①] 既然“一个句子的真是依赖于这个句子的内在结构”[②]，那么戴维森坚信真之定义确定了对象语言中的每个句子的真值，便确定了每个语词和句子的意义。因此，戴维森认为只要对真之理论进行适当地修改就可以转化为一个意义理论。他采取了一种语义上升的方式把意义理论中相应的内涵表达式逻辑地转化为了外延表达式。戴维森认为对于“S 意谓 P”（P 在这里是 S 的描述句）这样的句子，“意谓”是一个内涵模糊会产生歧义的表达式，因此需要一个清晰的外延表达式来代替。戴维森的建议是向替代“P”的句子提供一个恰当的句子关联词，而向替代“S”的描述语提供它自己的谓词，结果便是：（T） S 是 T 当且仅当 P[③]。

戴维森认为我们对令人满意的意义理论所提出的条件，在本质上其实就是塔尔斯基用来检验一个真之形式语义定义是否恰当的约定 T。[④] 因此，对于（T）也可以转换为另外一种形式，即 S 是真的当且仅当 P。如果要利用（T）去构造自然语言的意义理论，戴维森认为就需要为“真”添加语境因素，把真看作为一个我们话语的特性，或者言语行为的特性，或者说是关于句子、时间和人的有序三元组的特性。[⑤] 因此，戴维森对（T）作了适当地修改：

---

① D. Davidson. Truth and Meaning. In *Arguing About Language*. D. Byrne, M. Kölbel ed. New York: Routledge Press, 2010, p. 197.

② D. Davidson. The Folly of Trying to Define Truth. In *The Nature of Truth*. M. P. Lynch ed. The MIT Press, 2001, p. 627.

③ D. Davidson. Truth and Meaning. In *Arguing About Language*. D. Byrne, M. Kölbel ed. New York: Routledge Press, 2010, p. 196.

④ D. Davidson. Truth and Meaning. In *Arguing About Language*. D. Byrne, M. Kölbel ed. New York: Routledge Press, 2010, p. 203.

⑤ 把真看作句子、人与时间之间的关系，是最简单不过了。当然还可以进一步添加其他的语境因素，比如把真看作句子、人与时间、空间的关系，这就会相比复杂一些。

（T′）由 U 在时间 t 所（潜在地）M 是真的，当且仅当 P①。这样一个句子的意义就是指由 U 在时间 t 所（潜在地）说出一个句子是真的，当且仅当这个句子确实如 U 所言的那样。这样我们就可以得出句子（用 S^* 表示）意谓命题（用 P^* 表示）的外延式的真之条件，即如果 S^* 意谓 P^*，那么 S^* 是真的，当且仅当 P^*，并且 U 在时间 t 所（潜在地）说出 S^* 是真的；或者是如果 S^* 意谓 P^*，并且 U 在时间 t 所（潜在地）说出 S^* 是真的，那么 S^* 是真的当且仅当 P^*。例如，如果“我是不饿的”意谓 <我是不饿的>，那么“我是不饿的”是真的，当且仅当 <我是不饿的>，并且我在吃得很饱时说“我是不饿的”是真的；或者是如果“我是不饿的”意谓 <我是不饿的>，并且我在吃的很饱时说“我是不饿的”是真的，那么“我是不饿的”是真的当且仅当 <我是不饿的>。②

我们需要注意的是，句子意谓命题时并不都是一一对应的关系，也就是说，有时存在多个不同的句子有着同一个句子意义，即意谓同一个命题。分析至此，我们可以给出相关的真之命题定义：P^* 是一个相对于真句子 S^* 而言的真命题，当且仅当 S^* 意谓 P^*；P^* 代表一个形式正确的陈述句，S^* 代表一种结构描述性的名字或其他用来指派一个句子的名字；S^* 是说者 U 在时间 t 所说出的；S^* 和 P^* 需要满足 S^* 意谓 P^* 的外延式的真之条件；S^* 和 $S^{*\prime}$ 代表同一个真命题，当且仅当要么它们有相同的形式，要么它们有相同的相关后承元素集合并且这里集合中的元素值为真。

通过把命题建立在命题陈述的基础上，使得语言与句子成为命题的载体。通过建立在句子基础上几种不同涵义的对命题概念的使用，我们可以建立起上述几种真命题的定义。因此，从一个陈述句陈述了命题的角度来讲，一个真的陈述句陈述了一个真的命题，命题可以以一种概念上的涵义在陈述的基础上成为真之载体，并且建立在陈述基础上的真命题是可以定义的。

---

① 其中 M 是说者 U 表达的句子，P 是对 U 在时间 t 所（潜在地）M 的翻译。比如，由 U 在时间 t 所（潜在地）说出的“我疲倦”是真的，当且仅当 U 在时间 t 是疲倦的。

② 当然这里也可以为句子 S∗赋值为假，就会得到一个假的命题。

4.7 小　结

塔尔斯基的真之语义理论显示，对于亚里士多德的那句名言："是什么说不是什么，不是什么说是什么，这是假的；是什么说是什么，不是什么则说不是什么，这是真的。"我们需要抓住的是其中关于真这个概念的直觉。我们不难发现这里"真"这个概念的直觉能够通过陈述很好地表达出来。而对于"真"本身而言，它不是一个可供区分的个体，我们可以把"真"看作一个关于所有真的东西的集合。当这些真的东西被语言表达出来的时候，真之陈述便成为真的载体。因此，我们也可以说"真"是一个由真的陈述所形成的类。当我们去讨论解释真这个概念时就是去讨论真之陈述能否被解释。然而，一个关于"真"的陈述并不仅仅指的是一个真的陈述句，它可能陈述了一个命题，也可能陈述了一个判断。因此，真的陈述与真的句子是不同的，塔尔斯基在一个语言系统中的真句子定义仅仅只是对真之陈述作了一个外延式的解释，它并没有进一步去讨论命题的陈述和判断的陈述是否可以被解释。由此塔尔斯基的真之定义只能是被看作对"真"所做的部分解释。然而，这种外延式的定义对于作为解释真的陈述来说至关重要，它是一个基础性的定义。因为随后的命题陈述上的命题定义和判断陈述上的判断定义都是建立在它的基础之上。

命题陈述与命题，判断陈述与判断是两个不同的概念。命题陈述是命题的语言载体，命题陈述上的命题是建立在被陈述的句子的基础之上，而命题本身并不一定需要通过语言作为它的载体，它是思想的内容。但对于命题本身而言，当命题成为真之载体时，通过弗雷格和霍维奇等人的观点我们可以看到，"真"在这里被看作冗余的或是紧缩的，因此对于命题本身，它并不适合作为真之载体，也不适合被定义。但科学的发展需要人们用语言来描述命题，因此有必要把命题与语言、句子联系起来。当命题不再独立于语言和句子，命题就能从一种高度抽象回归到命题的陈述中，用句子定义命题，使命题保持了一种可被句子定义的外延性。而真命题作为命题的一种特例，自然也可以被真句子所定义。相应的判断陈述与判断也是不同的。判断陈述是判断的语言载体，判断陈述上的判断是建立在被陈述的句子的基础之上的，而判断本身是一种智力行为，它并不一定需要通过语言作为它的载体。但若判断本身作为真之载体，真判断的定义会遭遇不少的困难，甚至有可能会导致悖论的出现，因此对于判断本身，它也不适合作为真之载体。但若使得判断不独立于语言和句子，使判断成为一种智力行为的标志，建立在句子的基础上，判断和句子就具有了某种相似性，基于这种相似性我们可以用句子来表达判断，进而也能够用真句子来表达一个真的判断。在实现了真句子的定义①，真命题的定义和真判断的定义后，我们也就可以把握住一个真的陈述，即一个陈述是真的，当且仅当这个陈述所表达的句子、判断或命题是真的。通过把握真的陈述，这将有助于我们进一步把握住真这个概念的直觉。

① 即塔尔斯基的真之句子定义。

第 5 章
真谓词能否被消去

探讨完如何把握真这个概念的直觉之后，本章将讨论真谓词能否被消去的问题。对于这一问题，不同的哲学家有不同的看法。弗雷格、兰姆赛倾向于真谓词能被消去，奎因和霍维奇倾向于真谓词能被紧缩。弗雷格提出了“认知相同”，兰姆赛提出了用断定替代真谓词，奎因提出“真即去引号”，真谓词通过无穷句子的合取或析取被替代，霍维奇认为真谓词只具有恢复句子结构的作用，T 型等值式的特例能够作为公理和定理定义真谓词，真谓词可被消去。但是弗雷格的观点面临着来自对真谓词的语用理解问题，兰姆赛面临着断定替代真谓词可能出现的矛盾性情况，而通过分析塔尔斯基的真之语义理论，奎因的观点面临着影响句子外延的一致性和使真之理论缺乏概括性定理的问题，霍维奇的观点面临着 T 型等值式的特例无法构建一个恰当的真之定义的问题。虽然塔尔斯基提出了对真之冗余论的反驳，但是塔尔斯基所给出的语义解释不足以证明真谓词在有明确真之归属的句子中为什么不能被消去。因此，本章将对真谓词为什么不能被消去作出更进一步的解释。

5.1 弗雷格真之冗余思想及其面临的问题

对“真能否被消去”这个问题的探讨，我们可以追溯到弗雷格所提出的真之冗余思想。在第 3 章中我们曾经提到弗雷格的冗余思想，他认为命题 P 与命题这是真的 P 是相等的，当你说某个命题什么什么是真的时候，你并没有说出比你说那个命题什么什么更多的东西。比如一个人会说：“2 是一个质数这个思想是真的”，但仔细想来，没有比“2 是一个质数”更多内容被表达出来。因此，作为一个句子算子的“这是真的”或“那是真的”在表达一个命题为真时是冗余的。

既然弗雷格认为命题P与命题这是真的P是相等的，那么是什么使得作为句子算子的“这是真的”是冗余的？是什么使得命题P与命题这是真的P相等？弗雷格提出了一种“认知相同”的思想，即在任意一语境C下，两个句子是认知相等的当且仅当在语境C下，没有人会在完全理解它们的情况下，把其中的一个句子在语境C下表达为真的同时不把另一个句子在语境C下表达为真。[①] 比如，“雪是白的是真的”与“雪是白的”便是认知相同的。但认知相同并不能作为两个命题相等的充分且必要条件。虽然达米特认为认知相同是涵义等同的充分必要条件，并且认知相同能有效地解释“雪是白的是真的”与“雪是白的”表达同一个命题。但奎宁认为把认知相同作为两个命题相等的充分条件会导致一些奇怪的结论，比如“一朵玫瑰是一朵玫瑰”和“没有妇女是她自己的母亲”这两个句子就是认知相同的。因为一个人在认识到其中一个句子为真的同时也立马能认识到另一个句子也为真。如果认知相同能作为命题相等的充分条件，那么这两个句子就能表达同一个命题。这样所有的句子都可以表达同一个命题。到最后只会剩下一个“不证自明”的命题了。因此，更适合的方法是把认知相同作为命题相等的必要条件，即两个句子表达相同的命题仅当它们是认知相等的（在C语境下）。[②]

若是把认知相同作为两个命题相等唯一的充分条件就会导致上述违法直觉的结论，因此对于弗雷格而言，他需要对充分条件做一个必要的限制。我们知道，弗雷格认为能够认识到一个命题真的思想才能理解到这个命题[③]。而“一朵玫瑰是一朵玫瑰”和“没有妇女是她自己的母亲”这两个句子有一个共同的特点，就是我们都需要认识到它们具有真的性质才能是理解了它们。因此，如果将这样类型的句子排除掉，我们就能在认知相同

① 弗雷格提出的是价值相同（equipollent）这个词，但奎宁认为用认知相同（cognitive equivalence）更能说明问题，我沿用奎宁的用法。参见 W. Künne. *Conceptions of Truth*. Oxford：Oxford University Press，2003，p. 42.

② W. Künne. *Conceptions of Truth*. Oxford：Oxford University Press，2003，p. 44.

③ 一个人认识到一件事物的性质必须同时会考虑到那件事物拥有哪个性质的思想是真的，所以一个事物的每一个性质都会被系于一个思想的性质，这个思想的性质也就是真。

的条件下得到两个句子表达同一个命题了。因此，奎宁认为弗雷格所采取的作为命题相等的一个充分条件是：两个句子能表达与语境C相关的同一个命题，如果（1）它们是认知上相同的并且（2）两个句子都不是，或者说包括一个部分是那种一个人不意识到它表达了真就不能理解这个句子。[1]因此，对于“命题P”与“命题P并且P”是相等的；而对于“命题P”与“命题这是真的P”自然就能表达同一个命题P，而作为句子算子的“这是真的”便可以消去。

然而，布尔扎诺认为，“命题P”与“命题这是真的P”是不同的，后者与前者是不同的命题，因为后者包含了一个真的概念，我们并不能通过前者就能掌握到真这个概念。[2] 达米特也认为如果一个句子中有一个概念，而另一个句子没有，则二者并不表达同一个思想或拥有相同的内容。[3] 比如，当你想让一个初学知识的孩童理解句子“雪是白的”，你只需让他亲自观察雪的实景并告诉他“雪是白的”，他便可理解。但你再说出另一个句子“‘雪是白的’是真的”时，他就不能完全理解这另一个句子了。产生这样的差别是因为句子“‘雪是白的’是真的”中包含了一个新的概念——“真”，孩童如果理解了“真”这个概念，那么对于形如“……是真的”这样的句子，无论省略号内的内容是什么，他都能理解。虽然弗雷格认为对于所有断定句的表达，真之概念的掌握不得不在理解它们的意思中得到练习。[4] 虽然人们能通过不断地理解所表达的断定句的意思来掌握真这个概念，但掌握了真这个概念并不意味着真是冗余的。比如，当外国人对一个掌握了真这个概念的却不懂英文的中国人说：“snow is white 是真的”，由于中国人掌握了真这个概念，他会知道理解外国人所说的“snow is white”的过程应该是与理解“雪是白的”或“草是绿的”意思的过程是一样的，因为它们都具有真这个性质。但如果外国人单独说出一个“snow is white”，中国人便完全不能理解也不知

① W. Künne. *Conceptions of Truth*. Oxford: Oxford University Press, 2003, p. 44.

② W. Künne. *Conceptions of Truth*. Oxford: Oxford University Press, 2003, p. 45.

③ M. Dummett. More about Thoughts. In *Frege and Other Philosophers*. M. Dummett ed. Oxford: Clarendon Press, 1991, p. 295.

④ W. Künne. *Conceptions of Truth*. Oxford: Oxford University Press, 2003, p. 48.

道如何去理解。[①] 因此，在这一语境下，对于一个命题 P 而言，包含与不包含真这个概念是不同的。

当然，如果把“真”当作一种语调（tone）来使用[②]，我想弗雷格不会认为真是冗余的。因为“命题 P 是真的”与“命题 P”的语调显然是不同的。但如果从语力（force）上来考虑，弗雷格便认为，加上“这是真的”对于作出一个断定来说既不充分也不必要。[③] 因此，赞同弗雷格想法的人会认为把真之算子加入一个断定句的表达并不改变它的力度。所以从力度上来看，把真之算子加入到一个断定句中仍然是冗余的。但问题是，在某些语境下，将“真”消去仍然会影响一个断定句的力度。比如，一个不懂中国历史的人 A 问：“乾隆是中国清朝的皇帝是真的吗?”一个懂中国历史的人 B 回答：“乾隆是中国清朝的皇帝是真的。”如果 B 回答：“乾隆是中国清朝的皇帝。”虽然对于 B 来讲，他表达了一个断定句。但对于 A 来讲，B 只是重复了他所提问的内容，并没有对“乾隆是中国清朝的皇帝是真的吗”作出一个肯定或否定的断定，之所以会这样，是因为 A 并不理解“乾隆是中国清朝的皇帝”的意义。所以在这样的语境中，对于没有理解断定句涵义的陈述者 A，断定句加不加真这个算子将会影响到这个断定句的断定力度。但是对于已经理解断定句涵义的陈述者 B，把真之算子加入一个断定句的表达是冗余的。因为断定是一种肯定的判断，所以断定是人的一种思想行为，既然是思想行为就需要考虑到不同的语言陈述者及不同的语境，所以在上述语境中把真之算子加入一个断定句不一定是冗余的。

另外，弗雷格认为当真作为谓词来使用时它对整个句子的意义并没有什么贡献[④]，因此真是可以消去的。但如果我们对命题作一个区分，我们又会发现弗雷格真之冗余思想的局限性。一类命题是其中“真”作为一个给定的完整的命题的谓词，而另一类是其中“真”嵌入这个命题，是作为这个完整

① 当然这里仅指的是从语言本身的角度，不包括其他的能让这个中国人理解 snow is white 意思的方式。

② M. Dummett. *Philosophy of Language*. London：Duckworth，1973，p. 2.

③ W. Künne. *Conceptions of Truth*. Oxford：Oxford University Press，2003，p. 45.

④ W. Künne. *Conceptions of Truth*. Oxford：Oxford University Press，2003，p. 51.

命题的一部分而成为这个命题的谓词。比如，（P_1）毕达哥拉斯定理是真的。（P_2）毕达哥拉斯定理等于命题直角三角形的斜边的平方与其他两条边的平方和相等。（C）因此，命题直角三角形的斜边的平方与其他两条边的平方和相等是真的。[①] 命题（P_1）就是第二类命题，而结论（C）就是第一类命题。正如奎宁所认为的，弗雷格的冗余思想至多能解释结论（C），并不能解释（P1）中的真是冗余的。因为如果按照弗雷格的思想，真作为谓词对整个句子的意义没有任何作用，所以真在命题“毕达哥拉斯定理是真的”中可以被消去。但如果真在这里被消去，那么“毕达哥拉斯定理是真的”这个命题将无法被表达，因为“毕达哥拉斯定理”本身并不是一个句子，不是一个命题。它只有用命题“直角三角形的斜边的平方与其他两条边的平方和相等”替换它才能被称作一个命题。因此，在这一语境下消去了真，将会使得诸如“毕达哥拉斯定理是真的”这一类型的命题无法被表达，而这也自然成为弗雷格真之冗余思想所面临的又一困境。

5.2 兰姆赛等人的真之冗余论及其面临的问题

虽然弗雷格在他的著作中提出了真之冗余思想，但一般人们认为真之冗余理论来源于兰姆赛在1927年的著作。[②] 兰姆赛认为谓词“真”和“假”是多余的，“真的”和“假的”可以被删掉而不会造成语义上的损失。前面我们曾分析弗雷格的真之冗余思想无法说明一个嵌入命题的真之谓词是冗余的。兰姆赛也讨论了类似的情况，并提出了他的解决办法。兰姆赛论述了“真”和“假”典型出现的两种情况，一种是命题被明确给出时“真”和“假”是冗余的；另一种是命题被描述时需要通过使用量词把“真的”和“假的”消除。针对于命题被明确给出的情况，他继承了弗雷格的思想，“命题P是真的”并没有比“命题P”说出更多的内容，认为“P是真的”的意思等于“P”而“P是假的”跟“非P”是一样的。而对于被描述的命题的情况，兰

① W. Künne. *Conceptions of Truth*. Oxford: Oxford University Press, 2003, p. 52.

② S. Haack. *Philosophy of Logics*. Cambridge: Cambridge University Press, 1978, p. 127.

姆赛同样认为人们把“是真的”和“是假的”加入命题中是多余的，因为人们总是认为“是真的”给一个句子添加了一个动词，却忘了命题“P”本身已经包含了一个动词。比如，对于我们经常口语中所说的“他总是对的”，兰姆赛建议我们用加量词的方式将其表达出来，即“对于所有 P 来说，若他断定 P，则 P 是真的”。如果说命题的形式是一种关系的话，即 aRb，那么这句话就相应转变为“对于所有 a，R，b，如果他断定 aRb，那么 aRb”，很明显，“是真的”在这里是冗余的，是可以被消去的。①

自兰姆赛的真之冗余理论之后，人们就经常把“是真的”与“是断定的”联系在一起，用“断定”去替代“真”从而表明“真”是冗余的。比如，布莱克就认为“‘真’作为一种不完全的符号是形成弗雷格或者怀特海或者罗素的断定符号‘⊢’中的一个部分。”② 因此，“是真的”只是一种把不确定的句子转换成确定句子的装置，“是真的”并没有比“是断定的”意义更丰富。艾耶尔更直接地把“是真的”等同于“是断定的”，他认为“说一个命题为真就是在断定它，说它为假就是在断定它的矛盾。‘真的’和‘假的’并不暗指任何东西，它们在句中的作用就是断定和否定的一种记号。”③

对于冗余理论所提出的观点，塔尔斯基提出了反驳。塔尔斯基认为无论是全称陈述④，还是在具有“X 是真的”这种形式的特称陈述中，“真”并非总是如冗余论所说的那样能被简单消去⑤。比如，对于“真句子的所有推论

① P. Weingartner（Weingartner）. *Basic Questions on Truth.* The Netherlands：Kluwer Academic Publishers Press，2000，p. 17.

② M. Black. *Language and Philosophy*，*Studies in Method.* Ithaca，New York：Cornell University Press，1949，pp. 105－106.

③ A. J. Ayer. *Language*，*Truth and Logic.* London：Gollancz，1960，pp. 88－89.

④ 全称陈述表达了这样的一个事实：所有某一类型的句子都是真的，或者所有真句子都有一种特定的性质。参见 A. Tarski. The Semantic Conception of Truth and the Foundations of Semantics. In *Alfred Tarski Collected Papers.* S. R. Givant，R. N. McKenzie ed. Brikhäuser Verlag Basel，1986，pp. 682－683.

⑤ 塔尔斯基将冗余理论的观点概括为：当“真”的一词出现在一个具有“X 是真的”这种形式的简单句中时，它可以被轻易消去，而这个属于元语言的句子本身能够被对象语言的一个等价句所替代；而且，如果“真的”这个词专门作为“X 是真的”这种形式的表达式的一部分而出现在复合句中，那么情况也是如此。参见 A. Tarski. The Semantic Conception of Truth and the Foundations of Semantics. In *Alfred Tarski Collected Papers.* S. R. Givant，R. N. McKenzie ed. Brikhäuser Verlag Basel，1986，p. 682.

都是真的”和“柏拉图所写的第一个句子是真的”这样的句子就不能如冗余论所提出的那样被简单消去“真的”这个词。但是，有人认为兰姆赛会把塔尔斯基所给出的这两个难办的例子分析为“（p）（q）（如果p，且如果p那么q，那么q）”和“（p）（如果柏拉图所写下的第一个东西是p，那么p）”。[①] 然而，兰姆赛的观点，或者是布莱克、艾耶尔等人的观点，事实上对这一问题的处理方式是将“真”这个词并不是作为谓词来使用，而是作为了如“断定”一词这样的表达来使用。但“真”这个词并不能被诸如“接受”“断定”“确认”等这些带有判断性质的词来替代。我们在第3章中曾经讲过用“断定”来代替“真”可能会导致一个矛盾性的结论出现，在这里也是一样的。如果用“断定”来代替“真”，那么对于“真句子的所有推论都是真的”就会相应转变为“他断定的句子的所有推论都是真的”或者“真句子的所有推论都是他断定的”或者“他断定的句子的所有推论都是他断定的”。但是一个人断定的句子的所有推论不必然是真的，或者是他在最初基于自身的知识断定了一个前提，但由于知识的不足导致了推论的错误，所以他也不必然断定他所断定的句子的所有推论。并且一个人不可能断定无穷多的句子，因此，“真句子的所有推论都是他断定的”也是违反直觉的。既然冗余理论遭遇了这些无法规避的困难，“真”这个词并不如他们所讲的那样总是可以被轻松消去，也并不能通过用诸如“断定”“确认”这些具有判断性质的词来替代，那么“真”作为谓词来使用时是否有它自身在句子中的作用？或者认为真这个谓词有它的作用，但作用很小，需要把它紧缩到极小来使用。基于一些疑问和思想，一些新的真之紧缩理论发展起来[②]，其中具有代表性的就是奎因所提出的真之去引号理论和霍维奇所坚持的真之极小主义。

---

① 这是苏珊哈克基于兰姆赛将被描述的命题转化为“对于所有P来说，若他断定P，则P是真的”的方法所作出的推测。参见 S. Haack. *Philosophy of Logics*. Cambridge：Cambridge University Press，1978，p. 128.

② 紧缩理论在对待真这个词的观点上并没有冗余论那样彻底，但也没有摒弃真能被消去的看法。他们一方面否认了真具有形而上学的意义，另一方面将“真”限定在逻辑学和语义学的范围来探讨。至于什么是紧缩理论，事实上并没有一个明确的界定，人们对于紧缩理论的看法也各不相同，具体可参考 R. L. Kirkham. *Theories of Truth*. The MIT Press，1992，p. 329.

5.3　奎因和霍维奇等人的真之紧缩理论及其面临的问题

5.3.1　奎因和霍维奇消去真谓词的方式

奎因的去引号理论是建立在塔尔斯基的真之语义理论的基础之上的，奎因通过对塔尔斯基的真之语义理论的继承和发展，构建了真之去引号理论。首先，从基本思想来看，奎因与塔尔斯基是一致的，认为句子才是真之载体，而并非命题。其次，从奎因在《逻辑哲学》和《真之追求》讨论真的章节中可以看到奎因都对塔尔斯基的真之语义理论做了相应的转述，比如，奎因转述了塔尔斯基定义被对象序列“满足”的概念，转述了用“满足”定义“真”①。奎因对塔尔斯基真之语义论的发展在于他提出了“真即去引号”的思想，建立了真之去引号理论。奎因认为对于“‘雪是白的’是真的，当且仅当雪是白的”这样一个句子，把真归于句子即是把白归于雪。真的归属恰恰取消了引号，真即去引号。②

有两种不同类型的句子，一类是具有明确真之归属的句子，另一类是不具有明确真之归属的句子。前一类是指在那些具有“x是真的”这样形式的句子中，“x”是句子的名字，而这个句子的名字具有“S是P”这种典型的主谓结构的形式。后一类是指在那些具有“x是真的”这样形式的句子中，“x”是句子的名字，但这个句子的名字并不具有“S是P”这种典型的主谓结构的形式。奎因针对这两类句子提出了他的消去真谓词的方式。

奎因认为真即去引号，也就是说，如果消去了具有明确真之归属句式的引号，就意味着真谓词被消去，真谓词被归于了句子。这样做的好处是，避免了带有真谓词的句子形式会产生隐晦指称的问题。我们知道，在指称透明的语境下，对一个句子的部分代之以意谓相同的部分，句子的真值不变。比如，8>7中的“8”是透明指称的，当代之以涵义不同，意谓相同的“行星的数目”时，整个句子的真值不变。但在指称隐晦的语境中，加了引号的句

① W. V. Quine. *Philosophy of Logic*. Harvard University Press, 1986, pp. 35-43.

② W. V. Quine. *Pursuit of Truth*. Harvard University Press, 1992, p. 80.

子变成了该句子的名字，此时该句子意谓的不再是真值，而是它的名字。如果对该句子代之以意谓相同的部分，句子的真值将发生改变。比如，对于这样的一句话，即“行星的数目 >7”包含 5 个汉字，“行星的数目 >7”是句子行星的数目 >7 的名字，若是将“8”代入“行星的数目”，整个句子的真值将发生改变。但奎因认为：“对于带有‘真的’陈述的句子，即‘……’是真的，‘……’是一个‘真之函数’，当我们用另一个含有相同真值的句子予以替换时，整个句子的真值不变。”① 问题是，这里的句子仍然是带有引号的，是会造成隐晦指称的，这岂不是矛盾。而如果能将这里的真谓词消去，那么就没有隐晦指称的问题了。但是如果单纯消去真谓词又会改变带有真谓词的句子是一个真之函数的事实。因此，奎因将真谓词视为去引号，消去引号表明真谓词归属于句子。这样既解决了隐晦指称问题，又保留了一个去掉引号的句子带有真的性质。尽管将真谓词视为去引号而消去的方式有这样的作用，但这种方式又面临了新的问题，后文我们将具体分析。

对于没有明确的真之归属的句子，真谓词又是否有作用呢？一般而言，没有明确真之归属的句子是一些无穷尽的句子。奎因认为：“如果我们想去确认一些无穷的句子，那么真之谓词就有了它的作用。”② 具体来讲，这类的句子又可以被区分为没有明确真之归属的普遍句子和具体句子。对于前一类句子，真谓词具有缩短无穷句子合取的作用。比如，“每个形如‘如果 P 那么 P’的中文句子是真的”就是一类没有明确真之归属的普遍句子，而“如果时间飞逝那么时间飞逝，并且如果老虎吼叫那么老虎吼叫，并且如果星星闪烁那么星星闪烁，并且……”表示的是所有形如“如果 P 那么 P”的句子的合取，那么真谓词在这里起的作用就是缩短了该句子的无穷合取。对于后一类句子，真谓词具有缩短无穷析取的作用。比如，句子（S）“奎因特别喜欢的句子是真的”，我们用字母“a”作为“奎因特别喜欢的句子”的缩写，那么 S 的无穷析取式将是（V）（a 是‘雪是白的’，并且雪是白的，或者 a 是‘草是绿的’，并且草是绿的，或者 a 是‘煤是黑的’，并且煤是黑的，或

① W. V. Quine. *The Ways of Paradox and Other Essays*. New York: Random House, 1966, p. 161.

② W. V. Quine. *Philosophy of Logic*. Harvard University Press, 1986, p. 12.

者……）那么真谓词在这里所起的作用就是缩短了该句子的无穷析取。

奎因的真之去引号思想被利兹（Leeds）发展为去引号理论的一个信条，即“S在L中是真的”缩短了一个无穷的合取句的析取。[①] 这里的S表示一个句子，L表示一种语言。这个信条可以表示为：对于任意一个S而言，S在L中是真的当且仅当（S是“P_1”，并且P_1），或者（S是“P_2”，并且P_2），或者（S是“P_3”，并且P_3），或者……这里的P_1，P_2，P_3等都表示的是L中的断定句。因此，正是因为真谓词具有缩短无穷句子合取或析取的作用，那么一个语言中的真谓词是可以用这个语言中无穷句子的合取或析取来代替，从这个意义上来讲，在去引号理论中，真谓词是可以被消去的。

霍维奇是紧缩主义在当代发展的代表性人物，他否认真谓词具有实质性的涵义，提出了极小主义理论，主张将真谓词紧缩到极小。对于真之定义，霍维奇否认需要有一个真之定义使得每一陈述内容的具体部分都运用了这样的真之概念分析；对于真之理论，霍维奇认为在极小主义的真之理论中只有形如<p>是真的当且仅当p的等价式，不存在一种有穷的真之理论[②]。他否定了真谓词具有一些复杂的或自然的性质，只认为真谓词仅仅是为了某种逻辑上的需要而存在的。[③] 在某些场合，我们需要相信或假定一些命题，但是我们又不了解这些命题确切的是什么，此时真这个概念就产生了作用。霍维奇具体论证到，对于“每件东西都是红色的或不是红色的；并且是令人满意的或不满意的；并且是便宜的或不便宜的……”这样一个表达排中律的陈述中，“每件东西都是红色的或不是红色的”是等同于“每件东西是红的或不是红的这个命题是真的”。于是，我们便可使用“每个形如<每件事物是F或不是F>的命题是真的”来把握上述表达排中律的陈述。真谓词在这里使我们构造了另一个命题，我们完全可以借助相信或假定这个命题去相信或假定原先的命题。

---

① S. Leeds. Theories of Reference and Truth. in *Theories of Truth*. P. Horwich ed. Dartmouth, 1994, p. 379.

② 这种理论是以一种物理的或数学的方法把真的简要结构加入我们其他的理论，从而使得我们能够进行信以为真的一切事物的推论。

③ P. Horwich. *Truth*. Oxford: Basil Blackwell, 1990, p. 2.

霍维奇对真这个概念所理解的等值图示与塔尔斯基的略有不同，当然极小主义理论的等值图示也是一种塔尔斯基式的等值图示，唯一的不同就是他们所运用的真之载体不同。霍维奇认为真之载体是命题而不是句子。因为在日常生活中，比如，讲明一个理由、在法庭上证人发表誓言、阐述科学目标。真这个概念一般被运用于表达对其他人的信念和陈述的赞同。真，从一般意义上来讲，它来自人们相信、假设和断定，并不是有时用来表达那些命题的标志或声音。因此，霍维奇认为塔尔斯基将注意力放在句子的真上，脱离了我们日常使用真这个概念的涵义。[1] 霍维奇用<p>来表示命题 p，因此极小主义理论的等值图示可以写成：（E）命题“p”是真的，当且仅当 p，或者<p>是真的当且仅当 p。霍维奇认为极小主义的全部理论就在于（MT）命题“雪是白的”是真的，当且仅当雪是白的；命题“夸克实际存在”是真的，当且仅当夸克实际存在；……的无穷合取，而又由于（E）<p>是真的当且仅当 p 可以被看作表示为上述的无穷合取，所以霍维奇认为在真之理论中只有形如<p>是真的当且仅当 p 这样的无穷的等价式。也就是说，极小主义理论只是那些等值图示的特例，没有比这些等值图示的特例更多的东西。[2] 因此，很自然地给出了极小主义理论的公理：

（E^*） <<P>是真的，当且仅当 P>

如果把 E^* 应用于任一命题就扩展了极小主义理论的公理，即对于任一对象 x：x 是极小主义理论的一个公理当且仅当，对于某个 y，当函项 E^* 应用于 y 时，它的值是 x。用逻辑符号表达为：

$\forall x$〔x 是 MT 的公理$\leftrightarrow \exists y\ (x = E^*\ [y])$〕[3]

霍维奇否认需要有一个能运用于每个陈述内容的具体部分的真之概念分析，他认为“真”这个概念所起的作用十分简单，即对于任何一个断定句 P，我们的语言都保证有一个相等的句子“命题 P 是真的”，在这里原来的句子转化为名词词组“P 这个命题”，占据着对象变项的空位，并且这个真谓词

---

① P. Horwich. A Minimalist Critique of Tarski on Truth. In *Deflationism and Paradox*. J. C. Bell, B. A. Garb ed. Oxford：Oxford University Press，2005，p. 77.

② P. Horwich. *Truth*. Oxford：Basil Blackwell，1990，pp. 7－8.

③ P. Horwich. *Truth*. Oxford：Basil Blackwell，1990，pp. 18－21.

只是起着恢复一个句子结构的作用，即去名字算子（de - nomiflalizor）的作用。[①] 如果真谓词只是起着去名字算子的作用，而且真这个谓词可以被命题的无穷合取所替代，那么真谓词在极小理论中实际上也是可以被消去的。

上述对奎因提出的去引号理论和霍维奇所坚持的极小主义理论做了一个简单的阐述，下面我们简单地归纳他们所认为的真能被消去的主要观点：(1) 对于真之去引号理论而言，对于一个给定的句子，由于真的归属取消了引号，所以句子's'在"'s'是真的"中是被去引号的，'s'是真的能被 s 所替代。对于一个无穷的句子，真所起的作用就是表达一个无穷句子的合取与析取的装置，真谓词能被无穷句子的合取与析取所替代。(2) 对于真之极小主义而言，真谓词在一个句子中所起的作用只是恢复一个句子的结构，塔尔斯基式的 T 型等值式和它的特例能够解释所有包含真的事实，所以真谓词是冗余的，它能通过这些等值式被消去。[②] (3) 对于紧缩论者或者冗余论者而言，他们都认为把"真"放入一个句子或命题中并没有说出比这个句子或命题更多的内容。

5.3.2　对奎因和霍维奇观点的批判

奎因和霍维奇的"真"能被消去观在有些地方是相似的，比如奎因将真谓词视为去引号，而霍维奇将真谓词视为去名字算子；奎因认为真谓词能被无穷句子的合取或析取替代，而霍维奇则认为真谓词能被 T 型等值式的特例所替代。虽然奎因和霍维奇偏向真谓词可以被消去，但是我们对他们的观点并不赞同，我们将通过分析塔尔斯基的真之语义理论指出他们的观点面临的问题。

5.3.2.1 用去引号来消去真谓词会影响句子有一致性的外延

奎因认为真即去引号，真的归属取消了引号，"'s'是真的"能被 s 所替代。但是如果真作为一个算子，它能保证句子有一致性的外延。而如果真谓词是去引号，那么去引号也可以用来被作为算子，这就使得引号在这过程

---

① P. Horwich. *Truth*. Oxford: Basil Blackwell, 1990, p. 5.

② 霍维奇进一步表明塔尔斯基式的 T 型等值式和它的特例能够很好地解释一个真之理论，这些等值式的特例同时也作为公理和定理能很好地定义"真"这个词。具体参见 P. Horwich. Implicit Definition, Analytic Truth, and Apriori Knowledge. *Nous*, 31 (4), Wiley, 1997, p. 437.

中也被作为算子来使用。但是用引号来作为算子会影响句子有一致性的外延。具体而言，在塔尔斯基的真之语义理论中，定理Ⅲ表明如果 $X \subseteq T_r$，那么 $C_n(X) \subseteq T_r$；尤其是 $C_n(T_r) \subseteq T_r$。这里 T_r 指代所有真句子类，X 指代一个句子类，$C_n(X)$ 指代的是句子类 X 的后承。也即是说“如果所有元理论的可证句子类是一致的，并且如果我们把符号‘T_r’作为初始符号和所有在约定 T 条件（α）和（β）下所描述的定理作为新的公理一起加入到元理论中去，那么以这种方式所扩展的元理论中的可证句子类也将会是一致的。”① 因此，当真这个谓词归属于给定的句子时，真谓词被用来作为算子能够保证句子外延的一致性。而引号的作用只能是固定引号内的表达式成为一个引号内的名字。如果引号作为算子，它既没有外延还有可能会导致塔尔斯基所提到的语义悖论。即对于这样的句子：

对于所有的 p 而言，如果 c 等同于句子“p”，那么 ~p

我们用符号“c”作为“对于所有的 p 而言，如果 c 等同于句子‘p’，那么 ~p”印刷上的缩写，让我们来考虑下“c”的意义，我们可以经验地建立起：

（a）“对于所有的 p 而言，如果 c 等同于句子‘p’，那么 ~p”等同于 c

现在我们假设一个包含引号函数的表达式：

（b）对于所有的 p 和 q，如果句子“p”是等同于句子“q”，那么 p 当且仅当 q

因为“q”是句子，现在我们令“q”等同于句子 c，那么我们就会发现把前提（a）和（b）放在一起就会得出一个矛盾的表达式，即对于所有的 p 而言，如果句子“p”等同于 c，那么 p 当且仅当 ~p。②

所以用去引号消去真谓词会面临下述两难困境：如果认为真谓词是一个算子，真谓词是去引号，那么在去引号的过程中，引号会被当作算子来使用，而这会导致语义悖论；如果不把引号作为算子，用去引号消去真谓词，那么

① A. Tarski. The Concept of Truth in Formalized Languages. In *Logic Semantics Metamathematics*. J. H. Woodger transl. Hackett Publishing Company, 1983, p. 256.

② A. Tarski. The Concept of Truth in Formalized Languages. In *Logic Semantics Metamathematics*. J. H. Woodger transl. Hackett Publishing Company, 1983, p. 162.

也就会消去作为一个算子保证句子有一致性外延的作用。

5.3.2.2 用无穷句子的合取或析取消去真谓词会使真之理论缺乏概括性

奎因认为对于一个无穷的句子，真所起的作用就是表达一个无穷句子的合取或析取的装置，真谓词能被无穷句子的合取或析取所替代。但是对于无穷句子，我们并不需要通过理解“如果时间飞逝那么时间飞逝，并且如果老虎吼叫那么老虎吼叫，并且如果星星闪烁那么星星闪烁，并且……”中所提到和使用的任何句子来理解“每个形如‘如果 p 那么 p’的中文句子是真的”这个句子。如果用“如果时间飞逝那么时间飞逝，并且如果老虎吼叫那么老虎吼叫，并且如果星星闪烁那么星星闪烁，并且……”来替代“每个形如‘如果 p 那么 p’的中文句子是真的”这个句子，就会导致替代之后的句子语义或证明力上的强度不一致，就会导致可能出现人们能理解无穷句子的合取支或析取支，而不能理解概括性句子的情况，或者可能导致人们理解的语义力度不一致。这是因为无穷句子的合取或析取缺乏一种概括性，而建立在以无穷句子的合取或析取作为公理的基础上的真之理论将缺乏塔尔斯基真之语义理论中最重要的概括性定理。

5.3.2.3 T 型等值式和它的特例无法构建一个恰当的真之定义

霍维奇认为 T 型等值式的特例能够很好的定义真谓词。我们完全可以借助“命题 p”去相信或假定“命题 p 是真的”。但是塔尔斯基在 1933 年的《形式化语言中的真之概念》中就表明如果一个语言包括无穷多的句子，那么根据 T 型等值式和它的特例所形成的定义将会包括无穷多的词，并且那样的句子在元语言中或者其他语言中不能被形式化。[①] 另外 T_r 这个类是一个一致且完全的演绎系统，每一个可证的句子都是一个真句子，即若 $x \in P_r$ 则 $x \in T_r$，但并不是每一个真句子都是可证的，即存在着 $x \in T_r$ 但 $x \notin P_r$ 的情况，所以 P_r 这个可证句子类是一个一致但不完全的演绎系统。[②] 因此，“若所有元理

① A. Tarski. The Concept of Truth in Formalized Languages. In *Logic Semantics Metamathematics*. J. H. Woodger transl. Hackett Publishing Company, 1983, p. 258.

② 塔尔斯基的定理 4、5、6、7，参见 A. Tarski. The Concept of Truth in Formalized Languages. In*Logic Semantics Metamathematics*. J. H. Woodger transl. Hackett Publishing Company, 1983, pp. 198 - 199.

论的可证句子类是一致的，也不能在元理论的基础上以约定 T 的涵义构建一个合适的真之定义”。[①] 因此，T 型等值式和它的特例作为元理论的公理和定理，并不能如霍维奇所坚持的那样能恰当地定义真谓词。塔尔斯基只是把 T 型等值式和它的特例看作一个部分的真之定义，而最终他采取了“递归定义”定义了“满足”，再通过满足概念给出了一个真谓词的定义。塔尔斯基虽然从理论上承认通过定义能够消去真谓词，但是因为定义是相对，定义项也可能会进一步成为被定义项。如果通过定义消去了被定义项，那么所有的定义项都有被消去的可能。这样的结果是所有的概念都可以被消去，而所有的定义就会变化为没有结果，定义也就失去了意义，而这种结果是科学所不能接受的。因此，塔尔斯基实际上并不支持通过定义来消去真谓词。

5.3.3 塔尔斯基的观点及不足

塔尔斯基于 1933 年发表了论文《形式化语言中的真之概念》。在这篇论文中，塔尔斯基首先否定了在自然语言中定义真的可能性，然后区分了对象语言与元语言，并使用满足概念在形式化语言中给真做了一个实质上恰当、形式上正确的真之定义，以塔尔斯基的真之定义为核心形成了塔尔斯基的真之语义理论。随后塔尔斯基于 1944 年发表了论文《真的语义概念：语义学的基础》，他以一种非形式化语言的方式，从哲学的视角对 1933 年那篇著名论文《形式化语言中的真之概念》作出了解释。而正是在这篇论文里，塔尔斯基提出了他对真谓词能否被消去这个问题的看法。塔尔斯基偏向于真谓词不能被消去。塔尔斯基的真之不可消去的思想来源于他对两种关于真谓词的认识的反驳。一种认识是认为“x 是真的”这个句子与“x”所指谓的句子等价，真谓词可被消去；另一种认识是认为由于真谓词可被语义定义消去，因而关于真谓词的语义看法是无意义的。

具体而言，塔尔斯基所要反对第一种认识是：无论是简单句还是复合句，当真谓词出现在一个具有“x 是真的”这种形式的句式中，它可以被轻易消

① A. Tarski. The Concept of Truth in Formalized Languages. In*Logic Semantics Metamathematics*. J. H. Woodger transl. Hackett Publishing Company, 1983, p. 247.

去，而这个属于元语言的句子本身能够被对象语言的一个相等的句子所替代。[①] 这里我们需要引入对象语言和元语言，以及 T 型等值式来理解塔尔斯基的表述。对象语言指的是被谈论的语言，元语言指的是用来谈论对象语言的语言。T 型等值式是用来表达真谓词的表达式，即（T）“x 是一个真句子，当且仅当 p”，式子的左边“x”应该用对象语言中的任何一个句子的一种结构描述性的名字来代替，而式子的右边“p”则应该用这个句子在元语言中的翻译的表达式来代替。其实，塔尔斯基所要反对的是弗雷格的真之消去思想，只不过他借用 T 型等值式、对象语言和元语言做了转述。在弗雷格看来，“命题 P”与“命题 P 是真的”是等价的，当你说某个命题是真的时候，你并没有说出比你说的那个命题更多的东西。比如，弗雷格曾提到：一个人会说“5 是一个素数这个思想是真的”，但仔细想来，没有比“5 是一个素数”的更多内容被表达出来。[②] 因此，消去真谓词并不会对“命题 P”造成实质性的影响。如果把弗雷格的真之消去思想以塔尔斯基的表达方式表达出来，即是对象语言中的句子“x”可以用来代替属于元语言中的句子“x 是真的”，句子“x”和句子“x 是真的”是等价的，比如，“雪是白的”和“雪是白的是真的”等价，真谓词在这里可被消去，而这是塔尔斯基所要反对的。

塔尔斯基给出的反对理由是：无论是全称陈述，还是在具有“x 是真的”这种形式的特称陈述中，真谓词并非能被简单消去。[③] 比如，在“真句子的所有推论都是真的”这样的全称陈述中，消去真谓词不仅无法完整表达这个全称陈述，也无法表达真句子的性质。而在诸如“柏拉图所写的第一个句子是真的”这样的特称陈述中，因为人们并不知道柏拉图所写的第一个句子是什么，所以不能在这里消去真谓词。塔尔斯基对于第二种他所要反对的认识给出的理由简单又直接。塔尔斯基认为：“如果有人坚持真谓词能通过定义被消去，从而认为对真谓词的语义看法是没有结果的，那么他就必须接受另

① A. Tarski. The Semantic Conception of Truth and the Foundations of Semantics. In *Alfred Tarski Collected Papers*. S. R. Givant, R. N. McKenzie ed. Brikhäuser Verlag Basel, 1986, p. 682.

② 弗雷格：《弗雷格哲学论著选辑》，王路译，王炳文校，商务印书馆 1994 年版，第 103 页。

③ A. Tarski. The Semantic Conception of Truth and the Foundations of Semantics. In *Alfred Tarski Collected Papers*. S. R. Givant, R. N. McKenzie ed. Brikhäuser Verlag Basel, 1986, p. 683.

一个结论，即所有被定义的概念都是没有结果的，这是极其荒唐的，因为科学中最伟大的创造发展之日，就是借助定义引入新的概念。”① 虽然塔尔斯基偏向于真谓词不能被消去，但是他也提出了消去真谓词的两种可能性，而这两种情况绝不是来自句子“x”和句子“x是真的”是等价的这样简易的理由。一种是“如果一个真的句子的名字以一种使我们能够重新构造这个句子本身的方式出现”②，真谓词能被消去。比如，“柏拉图所写的第一个句子是真的”，如果历史知识让人们知道“柏拉图所写的第一个句子是‘雪是白的’，并且雪是白的”，那么“柏拉图所写的第一个句子”作为句子的名字重新构造了该句子，真谓词在这里被消去；另一种可能是“基于真谓词的定义从理论上来消去真谓词”③。塔尔斯基在此特别提到是从理论上有消去真谓词的可能。言外之意，除理论之外，真谓词能否被消去是令人质疑的。

通过这些分析，我们可以看到塔尔斯基偏向于真谓词不能被消去，尽管也提出真谓词可能被消去的情况，但他的态度是极其谨慎的。尽管如此，但这也表明其对真谓词不能被消去的观点是不彻底的。另外据前所述，有一种认识是将句子“x”等价于句子“x是真的”，从而得出真谓词是冗余能被消去的。而塔尔斯基所要批判的正是这种认识。但是带有“x是真的”这样句式的句子有两种类型，因此将句子“x”视为等价于句子“x是真的”也是分别对这两类句子而言的。而通过分析奎因的观点，其中一种是真谓词明确归属于某一句子的情况；另一种是真谓词并未明确归属于某一句子的情况。因此如果塔尔斯基要批判上述认识，那么塔尔斯基也需要像奎因那样区分开这两种不同的情况进行说明。但很遗憾的是，塔尔斯基所给出的论证只是表明了在没有明确真之归属的句子中真谓词不能被消去，他并没有对真谓词明确归属于某一句子的情况进行说明。而如果认为塔尔斯基是用真谓词不能在没有明确真之归属的句子中消去的原因去解释真谓词不能在有明确真之归属

---

① A. Tarski. The Semantic Conception of Truth and the Foundations of Semantics. In *Alfred Tarski Collected Papers*. S. R. Givant, R. N. McKenzie ed. Brikhäuser Verlag Basel, 1986, p. 683.

② A. Tarski. The Semantic Conception of Truth and the Foundations of Semantics. In *Alfred Tarski Collected Papers*. S. R. Givant, R. N. McKenzie ed. Brikhäuser Verlag Basel, 1986, p. 683.

③ A. Tarski. The Semantic Conception of Truth and the Foundations of Semantics. In *Alfred Tarski Collected Papers*. S. R. Givant, R. N. McKenzie ed. Brikhäuser Verlag Basel, 1986, p. 683.

的句子中消去，那么塔尔斯基的论证力度显然是不够的。因此，在塔尔斯基的解释中，对于诸如"'雪是白的'是真的"这样的句子，真谓词为什么不能被消去，我们难以找到一个充分有力的说明。尽管塔尔斯基本人对真不能被消去的语义解释存在缺陷，但是我们认为可以根据塔尔斯基真之语义理论中的思想，找到一种均适用于分析上述两种不同类型句子情况的真谓词不能被消去的理由，从而补充真谓词不能被消去的语义解释。这一解释方式我们可以从塔尔斯基的语言分层思想中得出。

真谓词不是一个普通的谓词，它是一个特殊的语义谓词。它所表达的不是诸如"红的""黄的"这样的谓词所表达的某个东西所固有的实体性质，而是一种特殊的认知状态。这种认知状态与相信、知道等认知词所表达的认知状态相似，因为它们同属于人的一种认知状态，是语言所表达的东西。但是它们又有不同，真谓词所表达的认知状态是人们认识一个句子外延上与事实一致，基于此真谓词的添加就要求有一个使得整个句子为真的真之条件。比如，对于一个信念句添加真谓词，如"我相信'雪是白的'是真的"，我们自然就要去追问这个句子的真之条件，即当信念词所描述的句子处于我相信这个信念状态之下，这个句子就是真的。

如果将上述思想对应到语言本身中进行分析，那么根据塔尔斯基语言分层的思想，添加真谓词的句子要比不加真谓词的句子高一语言层级。具体而言，塔尔斯基认为语言应该是有层级的，一个最基本的不包含任何真谓词的语言我们称之为 L_0。然后根据 T 型等值式，"在 L_0 中为真"能够被翻译到元语言中去，也就是说，在元语言中能够定义"在 L_0 中为真"。这就使得元语言应该具有 L_0 中所没有的真谓词，也就是说，元语言应该包含 L_0 中的每一个句子加上真谓词，此时我们把已经具有那样真谓词的元语言称为 L_1。我们知道，"对象语言"和"元语言"这些词只有相对的意义，我们可以让元语言成为用更高层级的元语言去定义的对象语言。因此，我们可以用更高层级的元元语言去定义包含真谓词的 L_1，也就是说在元元语言中，应该包含 L_1 中的每一个句子再加上真谓词，如此我们将进一步具有真谓词的元元语言称为 L_2……因此如果一个表达式满足塔尔斯基的语言分层条件，并且消去了真谓词，那么语言的层级就发生了变化，高一层级的元语言就转化为了低一层级的元语言。而如果对应到语言所表达的东西，消去真谓词就意味着我们对自然语言所表达的东西的层次认识发生了变化。

塔尔斯基语言分层思想表明真谓词不能被消去，而这也为我们分析在有明确真之归属的句子中真谓词为什么不能被消去提供了解释。比如，表达式“‘雪是白的’是真的，当且仅当雪是白的”，这个表达式满足塔尔斯基语言分层条件，最基本的表达式“雪是白的”不包含真谓词，如果加上真谓词，“‘雪是白的’是真的”则处于更高层级的元语言中。而如果消去了真谓词，就会导致这里语言层级的变化，进而影响我们对语言所表达的东西的理解。同样这一解释也适用于那些没有明确真之归属的句子。因此，虽然塔尔斯基提供的真之不能消去的语义解释有不足，但是通过借鉴他的语言分层思想，从他的真之语义理论中能找到解释上述两种类型的句子中真谓词不能被消去的原因。

综上所述，关于真谓词能否被消去的问题是每一个真之理论都会讨论的一个问题，对于这个问题的探讨也是随着真之理论的发展而发展的。因此，各种真之理论自然成了探讨这个问题的理论来源。本章的理论来源是真之冗余论、真之语义理论、真之去引号理论和真之极小主义，主要是探讨了弗雷格、兰姆赛、塔尔斯基、奎因和霍维奇对这个问题的看法。通过对比分析，我们能看到他们在分析这个问题的差异。我们的观点是偏向于真谓词不能被消去，为此我们批判了弗雷格、兰姆赛、奎因和霍维奇的观点。我们虽然支持塔尔斯基的观点，但是我们也要看到塔尔斯基观点的不足之处，这也促使我们进一步去解释真谓词为什么不能被消去。

第 6 章 真之悖论

本章我们将基于塔尔斯基的真之语义理论探讨语义悖论问题。悖论是指自相矛盾的句子或命题，英文是 paradox 或 antinomy。从逻辑上看，悖论的特点是如果认为一个句子是真的，那么可以推出它是假的；如果认为一个句子是假的，那么可以推出它是真的。悖论形成具有两个前提，即公认正确的背景知识和严密无误的逻辑推导。也就是说，悖论是指在某些公认的正确的背景知识下，如果通过运用正确的逻辑规则从一个句子中能推导出另一个与之矛盾的句子或命题。①

悖论最早来源于古希腊。在《新约全书·提多书》中曾记录这么一个例子：克里特人中的一个本地先知伊壁门尼德（EPimenides）说，“所有克里特人都说谎话，他们乃是恶兽，又馋又懒，这个见证是真的”。人们往往认为，这里就产生了悖论。因为伊壁门尼德本身就是一个克里特人，所以他的这句话如果是对的，那么他是克里特人，他也说谎话，所以他所说的这句话就是假的。如果他的这句话是假的，因为他不是说谎话，所以他说的这句话是真的。这里的悖论并不产生于一个人是否是说谎者，因为说一个人是说谎者并不意味着他所说的每件事都是假的，所以他说自己是个说谎者是没有错的。这里的悖论产生于伊壁门尼德所说的这个句子本身，后来欧布里德（Eubulldes）将这里的例子进行了修改，从而演变成了我们大家都熟知的一个说谎者悖论，即“我正在说的这句话是假的”。我们可以从这句话中推导出，如果我正在说的这句话是真的，因为“我正在说的这句话是假的”，那么所以我正在说的这句话是假的；如果我正在说的这句话是假的，因为“我正在说的这句话是假的”，那么所以我正在说的这句话是真的。很显然，这

① 张建军：《逻辑悖论研究引论》，南京大学出版社 2002 年版，第 4 ~ 8 页。

是互相矛盾的。

塔尔斯基在《形式化语言中的真之概念》中对说谎者悖论的形成原因有过说明。塔尔斯基认为："不存在一个一致的语言，使得通常的逻辑规律有效，并且它同时满足如下的条件：(I) 对于任何一个出现在该语言中的句子，这个句子的一个明确的名字同时也属于这个句子；(Ⅱ) 每一个在T等式中通过用该语言的任意一个句子代替符号'p'，用该句子的名字代替符号'x'后所形成的表达式被认为是该语言的一个真句子；(Ⅲ) 在所考察的语言中，一个以经验地所建立的前提可以被形式化，并且可以被接受为一个真的句子。"[①] 简单说来，就是说谎者悖论的产生是因为我们遵守了通常的逻辑规律并且同时使用了一种语义封闭的语言，这种语言中的句子包含了"真"和"假"这样的语义谓词以及用来指称这个句子的明确的名字。

兰姆赛（Ramsey）曾经对悖论做了两类区分。兰姆赛将其中的一类称为"逻辑悖论"，典型的是1901年的罗素悖论，即不存在一个集合，这个集合可以成为自身的元素[②]；另一类他称之为"认识论悖论"，也就是我们常说的语义悖论。"逻辑悖论"也可被称为集合论悖论，其本质是包含有"集合""∈""序数"等概念。罗素悖论、康托尔悖论、布拉里—福尔蒂悖论便是典型的属于这一类悖论；语义悖论是指本质上包含有"假""不适用于""可定义的"等概念的悖论。说谎者悖论及其变形、格雷林悖论、贝里悖论和理查德悖论都是一些语义悖论。[③] 由于我们探讨的是塔尔斯基的真之语义理论，而塔尔斯基的真之语义理论解释的是说谎者悖论，因而我们在这里重点探讨的是说谎者悖论及其变形。

除了上述所说的"说谎者悖论"之外，还有一些其他的与"说谎者悖论"相关的或变形的悖论。这里主要引入其中的四个：

---

① A. Tarski. The Concept of Truth in Formalized Languages. In *Logic Semantics Metamathematics*. J. H. Woodger transl. Hackett Publishing Company, 1983, p. 165.

② 罗素悖论在日常语言中对应的是理发师悖论，即不存在一个理发师，他只给不给自己理发的人理发。

③ S. Haack. *Philosophy of Logics*. Cambridge: Cambridge University Press, 1978, p. 138. 对于理查德悖论、贝里悖论、格雷林悖论的简介可以参考陈波：《逻辑哲学》，北京大学出版社2005年版，第113页。

说谎者悖论有一个典型的变形，即“说谎者循环”。这一悖论讲的是：A：B所说的是真的，B：C所说的是真的，C：A所说的是假的。很显然，根据从A到C的推导，C所说的是真的。然而C所说的内容是“A所说的是假的”，因此“B所说的是真的”是假的，而B所说的内容是“C所说的是真的”，因此C所说的是假的，如果C所说的是假的，由于C所说的内容是“A所说的是假的”，因此A所说的内容又是真的。很明显，这就自然成了一个循环。

“强化的说谎者悖论”，即有一个句子S意谓它要么是假的，要么是形式无效的。[①] 当一个句子S意谓它要么是假的，要么是形式无效时。根据如果S意谓P，那么S是真的当且仅当P。我们用“它要么是假的，要么是形式无效”替代“P”，我们可以得出如果S意谓它要么是假的，要么是形式无效，那么S是真的当且仅当它要么是假的，要么是形式无效的。对于结论S是真的当且仅当它要么是假的，要么是形式无效。我们通过逻辑规则，可以进一步得出S是真的当且仅当如果它是真的，那么它是形式无效的。这也就意谓一个句子S是真的，并且它是形式无效的。虽然这个结论本身并不是一个形式矛盾的结论，但它与我们在逻辑中的假定，即一个真句子的形式是有效的是相矛盾的。因此，从这个意义上来讲，它是一个悖论。

“埃舍尔（Rescher）悖论”，即有一个句子S，S的真值是不确定的并且S的真值是假的。[②] 当一个句子S意谓它的值是不确定，并且它的值是假的时。根据如果S意谓P，那么S是真的当且仅当P。我们用“它的值是不确定，并且它的值是假的”去替代“P”，我们可以得到如果S意谓它的值是不确定，并且它的值是假的，那么S是真的当且仅当它的值是不确定，并且它的值是假的。对于结论S是真的当且仅当它的值是不确定，并且它的值是假的。通过逻辑规则，我们可以得到一个句子是假的，并且它的值是不确定的。如果我们将其转化为形式语言，这里的矛盾就很明显了。如果用A表示“S是真的”，¬ B表示“它的值不确定”，¬ A表示“S的值是假的”，则“S是

① K. Lehrer. *Theory of Knowledge*. London：Routledge，1990，p. 22.

② N. Rescher. *Satisfying Reason Studies in the Theory of Knowledge*. Dordrecht，Boston，London：Kluwer Academic Publishers，1995，pp. 230 – 231.

真的当且仅当它的值是不确定，并且它的值是假的”。我们可以用命题逻辑将其表示为“$A \leftrightarrow \neg B \wedge \neg A$”，通过逻辑运算，我们最终会得出一个逻辑相等的合适表达式“$\neg A \wedge B$”，即一个句子是假的，并且它的值是确定的。而这个结论与最初的前提“一个句子是假的，并且它的值是不确定的”是矛盾的。

“伪司各脱（Pseudo Scotus）悖论”，即对于一个推论 S，如果它的前提真，结论假，那么它就是一个无效的推论。又因为它的前提真结论假，它是一个无效的推论，所以它是一个有效的推论。① 我们可以用上述方法来这样解释这个悖论。当一个推论 S 意谓前提真，结论假时。根据如果 S 意谓 P，那么 S 是真的当且仅当 P。我们用“前提真，结论假”去替代“P”，我们可以得到如果 S 意谓前提真，结论假，那么 S 是真的当且仅当前提真，结论假。很显然，对于结论 S 是真的当且仅当前提真结论假是矛盾的，因为当一个推论是前提真结论假时，这个推论是假的。所以上述结论可以表述为推论 S 是真的当且仅当推论 S 是假的。

研究说谎者悖论是有必要的，对说谎者悖论的研究已经显示了对哲学所产生的深远影响。比如，格里姆（Grim）表明说谎者悖论，显示世界从某种意义上来讲是本质不完全的，并且不存在一种无所不知的实体。② 麦基（McGee）认为说谎者悖论显示真这个概念是一个模糊的概念。③ 格兰斯伯格（Glanzberg）认为说谎者悖论告诉了我们关于依赖语言下的语境性质一些重要的东西，④ 而艾克朗德（Eklund）认为它向我们展示了一个很重要的语义能力的性质和我们说话的语言⑤。古普塔和贝尔纳普宣称它修正了一般的定

---

① B. Mates. Pseudo - Scotus on the Soundness of Consequentia. In *Contributions to Logic and Methodology in Honour of J. M. Bochenski*. A. T. Tymicmieka ed, North - Holland, 1965, p. 138.

② P. Grim. *The Incomplete Universe*: *Totality*, *Knowledge and Truth*. Cambridge: The MIT Press, 1991.

③ V. McGee. *Truth*, *Vagueness*, *and Paradox*: *An Essay on the Logic of Truth*. Indianapolis: Hackett, 1991.

④ M. Glanzberg. The Liar in Context. *Philosophical Studies*, 103 (3), Kluwer Academic Publishers, 2001, pp. 217 - 251.

⑤ M. Eklund. Inconsistent Languages. *Philosophy and Phenomenological Research*, 64 (2), International Phenomenological Society, 2002, pp. 251 - 275.

义概念的重要性质。[①]

更直接的影响，至少对于我们而言，是说谎者悖论向我们展示了关于运用真的基本原则，至少让我们清楚在哪些情况下运用真会导致悖论的出现。而对于塔尔斯基而言，他似乎认为说谎者悖论显示了在自然语言中解释真这个概念会导致不一致的结论出现，因此真这个概念在自然语言中似乎是模糊的，他需要找到一种更科学的方法来解释语义悖论。

6.1　塔尔斯基的语言分层思想及其面临的问题

说谎者似乎总是让我们在逻辑的基础上加上一些正确的逻辑规律推出一些不一致的结论。这样的结果是使得人们可能认为遵守逻辑规律会推出矛盾。这并不是一个好的结果，因为人们可能会因此而放弃正确的逻辑规律。但通常的逻辑规律我们是不能放弃的，因此如何在不放弃通常的逻辑规律的前提下去处理说谎者悖论成为逻辑学所面临的重要任务。

塔尔斯基在1933年发表的重要的论文《形式化语言中的真概念》中认为通常的逻辑规律我们必须遵守，在不违背通常的逻辑规律的前提下，塔尔斯基提出了一种语言分层的思想来解释说谎者悖论。塔尔斯基认为语言应该是有层级的，一个最基本的不包含任何真谓词的语言我们称之为 L_0。然后根据T型等值式，“在 L_0 中为真”能够被翻译到元语言中去，也就是说，在元语言中能够定义“在 L_0 中为真”。这就使得元语言应该具有 L_0 中所没有的真谓词，也就是说，元语言应该包含 L_0 中的每一个句子加上真谓词，此时我们把已经具有那样真谓词的元语言称为 L_1。我们知道“对象语言”和“元语言”这些词只有相对的意义，我们可以让元语言成为用更高层级的元语言去定义的对象语言。因此，我们可以用更高层级的元元语言去定义包含真谓词的 L_1，也就是说在元元语言中，应该包含 L_1 中的每一个句子再加上真谓词，如此我们将进一步具有真谓词的元元语言称为 L_2……所以对于最基本的语言 L_0，它里面的每一个句子是不包含真谓词的。

① A. Gupta，N. Belnap. *The Revision Theory of Truth*. The MIT Press，1993.

塔尔斯基认为自然语言具有一种无所不包的性质，而这种性质使得某些处于这种语言中的表达式包含了“真”和“假”这样的语义谓词，以及用来指称这个句子的明确的名字，从而导致了说谎者悖论。而塔尔斯基通过提出语言分层的思想，便能够有效避免这一悖论。比如，对于表达式“C 不是一个真句子”是一个真句子当且仅当 C 不是一个真句子，根据前面的分析，表达式的左边应该是一个 L_0 的句子，而 L_0 中的每个句子是不包含真谓词的，而该表达式的左边“C 不是一个真句子”包含了真谓词。因此，这一语义悖论在塔尔斯基的真之理论中被排除。

虽然塔尔斯基提出了一种语言分层的思想来解决说谎者悖论，但是他的这种语言分层的方法是在一个形式化的语言当中的，并没有对应到自然语言当中。而正是因为自然语言的无所不包性，似乎使得塔尔斯基并不认为有一种合适的方法能解决自然语言中的悖论。然而，通过戴维森的努力，我们似乎能够看到，既然真谓词能够在自然语言的片段中去讨论，那么包含了“真”和“假”这样的语义谓词的悖论也能够在自然语言的片段中去讨论。关于这一点的具体想法，我们将在后文作具体分析。这里让我们先分析塔尔斯基的语言分层思想所面临的困难。

在塔尔斯基提出了他的语言分层思想之后，克里普克对其做了相应的批判与继承。克里普克站在一种直观的立场批判了塔尔斯基的语言分层思想。[①] 克里普克认为塔尔斯基所设立的语言层级是违反直观的。因为我们所使用的自然语言只有一个“真”这样的概念，而没有一种逐层渐进的更高的语言层级“L_n的真”，我们在自然语言中也不会去表达“真”有多少的层级。甚至我们不能在一种绝对意义上的层次给定一个句子的“真”和“假”。为了证明这一点，克里普克举出了一个例子，即假设琼斯说，“尼克松关于水门事件所说的所有的话都是假的”。而再假设尼克松关于水门事件所说的话中有一句是“琼斯关于水门事件所说的所有的话都是假的”。[②] 在这样一个例子

---

① 虽然克里普克是站在一种直观的立场上批判塔尔斯基，但是后来他自己的理论同样也陷入了与塔尔斯基类似的一种远离直观的困境。

② S. Kripke. Outline of a Theory of Truth. *The Journal of Philosophy*, 72 (19), Journal of Philosophy, Inc, 1975, p. 691.

中，如果按照塔尔斯基的语言分层思想，尼克松所说的话必须要比琼斯所说的所有的话高一个层级，而琼斯所说的话也必须要比尼克松所说的所有的话高一个层级。最终我们是无法决定琼斯和尼克松所说的话的层级。

除此之外，克里普克的例子里还隐藏着新的悖论。比如，假设琼斯说："尼克松关于水门事件所说的所有的话都是真的。"而再假设尼克松关于水门事件所说的话中有一句是"琼斯关于水门事件所说的所有的话都是假的"。因为琼斯断言尼克松关于水门事件所说的所有的话是真的，所以尼克松关于水门事件的那一句"琼斯关于水门事件所说的所有的话都是假的"也是真的。因此琼斯所断言的"尼克松关于水门事件所说的所有的话都是真的"也是假的，因为尼克松断言了琼斯关于水门事件所说的所有话是假的，所以尼克松关于水门事件所说的所有的话是真的。很明显，这是矛盾的。另外，根据塔尔斯基的语言分层思想，似乎语言可以一直分层下去。比如用定义"在 L_0 中为真"的元语言，我们称为 L_1；定义"在 L_1 中为真"的元元语言，我们称为 L_2……定义"在 L_n 中为真"的元 n+1 语言，我们称为 L_{n+1}……但是这种无穷层级的语言塔尔斯基并没有提供一个技术性的支持。

6.2　克里普克的真值间隙理论及其面临的问题

塔尔斯基的语言分层思想是建立在传统的二值逻辑的基础之上，即一个句子要么是真的，要么是假的。而克里普克的理论并没有这么严格的限制，他并不赞同必须以传统的二值逻辑的方式来处理悖论。但克里普克的方式又与三值逻辑不太一样，他并不认为悖论是一种具有第三值的句子，而是认为它们没有真值，掉入了一个"真值间隙"当中。因此，对于克里普克这一理论我们又称为真值间隙理论。那么为何悖论句子是没有真值的？克里普克用"有根性"和"无根性"的概念做了解释。

上节曾提到克里普克批判塔尔斯基的语言分层思想是违反直观的，因此克里普克建议我们从一个人试图向另一个不理解"真"的人解释"真"这个概念着手，从一种自然语言的角度直观的把握住"有根性"的概念。根据克里普克的说法。如果一个人断定一个句子是真的，仅当他有这个资格去断定这个句子；一个人断定一个句子是不是真的，仅当他有这个资格否定这个句子。现在，假定不理解“真”的人有资格去断定：雪是白的。这个解释告诉他，他有权利断定：“雪是白的”是真的。现在，他能够进一步扩展他对“真”这个词的使用。比如，他可以继续扩展为“‘雪是白的’是真的”是真的。而这个扩展过程可以一直延续下去，直到最终获得一个真值。有根性的直观思想是，一个句子是有根的，仅当它在这个过程中最终获得真值。然而，并非所有句子都能按这种方式获得真值；“无根的”句子就不会获得真值，比如，这个句子是真的或这个句子是假的。[①] 如果从一种形式化的角度，通过引入最小固定点，有根性便能得到一种形式化的解释。具体如下[②]：

克里普克首先给出了一种经过解释的，带有一系列初始谓词的经典的一阶语言 L。L 中的变元在某个非空域 D 中取值，初始阶段的 n 元谓词由 D 上完全定义的 n 元关系来解释，对于 L 的谓词的解释在接下来的讨论中是固定的。让我们假定语言 L 是足够丰富的以至于它的语型能在 L 中得以表达，并且使得有些编码的计划能把 D 中的元素的有穷序列编译到 D 中的元素中。

克里普克假定我们可以通过增加一个一元谓词 T（x）将语言 L 扩展为 *L*，T（x）只需部分定义即可。T（x）的解释由一个部分集合（S_1，S_2）给出，S_1是 T（x）的外延，S_2则是 T（x）的反外延，并且 T（x）对于在 $S_1 \cup S_2$之外的实体而言是未定义的。*L*（S_1，S_2）是 *L* 的解释，*L* 的解释来自（S_1，S_2）对 T（x）的解释，L 中的其他谓词解释不变。又令 S_1'是 *L*（S_1，S_2）的真句子集，S_2'是 D 中所有元素的集合，它们要么不是 *L*（S_1，S_2）中的句子，要么是 *L*（S_1，S_2）中的假句子。S_1'和 S_2'由（S_1，S_2）的选择唯一决定的。很明显，如果 T（x）被解释为包含 T（x）自身的语言 L 的真谓词，

① S. Haack. *Philosophy of Logics*. Cambridge：Cambridge University Press，1978，pp. 145 – 146. 克里普克在这里似乎表达了一种符合性的思想。当不理解“真”的人有权利断定“雪是白的”是真的，是因为他有资格去断定：雪是白的。而这是一个事实。这意味着把握了事实才能去断定“真的”，因此这是“真的”与事实的一种符合。所以从一种符合性思想上也能理解他为什么要回到自然语言中去研究悖论。关于克里普克对冗余论和紧缩论的思想，有幸的是当克里普克来我校做报告时，我向他单独咨询过这方面的问题，他确实表明自己并不支持冗余论和紧缩论的思想。

② S. Kripke. Outline of a Theory of Truth. *The Journal of Philosophy*，72（19），Journal of Philosophy，Inc，1975，pp. 702 – 706.

我们必然会有 $S_1 = S_1'$，$S_2 = S_2'$。

满足以上条件的序对（S_1，S_2）被称为一个固定点。对于T（x）的一个给定解释（S_1，S_2），令Φ（（S_1，S_2））=（S_1'，S_2'），Φ是定义在D的不相交子集的所有序对（S_1，S_2）上的一元函数，（S_1，S_2）是那些使得Φ（（S_1，S_2））=（S_1，S_2）的序对。如果（S_1，S_2）是一个固定点，我们有时称 L（S_1，S_2）也是一个固定点。克里普克的目标是去证明固定点的存在，并且去研究它们的性质。

克里普克通过形式化的方法构建了一个固定点。同时，克里普克承认这里同样需要运用到"语言的层级"。首先可以把已经解释的语言 L_0 定义为 L（Λ，Λ），这里Λ表示空集，L_0 是一个T（x）未完全被定义的语言。对任一整数α，假定我们已经定义 $L_\alpha = L$（S_1，S_2），那么 $L_{\alpha+1} = L$（S_1'，S_2'）。S_1' 和 S_2' 是与之前的规定一样的。

令（S_1^+，S_2^+）扩充（S_1，S_2），记为（S_1^+，S_2^+）⩾（S_1，S_2）或者（S_1，S_2）⩽（S_1^+，S_2^+），当且仅当，$S_1 \subseteq S_1^+$，$S_2 \subseteq S_2^+$。这就意谓，如果将T（x）被解释为（S_1^+，S_2^+），那么这种解释与在所有（S_1，S_2）得到定义的例子中通过（S_1，S_2）进行的解释是一致的；不同的只是通过（S_1^+，S_2^+）得到的解释可能导致T（x）在当通过（S_1，S_2）进行的解释时它是未定义的情况下被定义。

我们的赋值规则是：Φ是建立在⩽上的单调运算，也即，如果（S_1，S_2）⩽（S_1^+，S_2^+），那么Φ（S_1，S_2）⩽Φ（S_1^+，S_2^+）。这里的意思是T（x）的解释是通过对之前未定义的例子给出一个明确的真值来扩充的，没有之前建立的真值改变或者变成不可被定义的，至多，某种之前未被定义的真值变成了可定义的。

在给出Φ的单调性后，我们能得出，对于每一个序数α，T（x）在 $L_{\alpha+1}$ 中的解释扩充了T（x）在 L_α 中的解释。对于α=0来讲事实是明显的：因为在 L_0 中，T（x）对所有的x都是未定义的，T（x）的任何解释都自动扩充它。若此断定对 L_β 成立，也即，如果T（x）在 $L_{\beta+1}$ 中的解释扩充了T（x）在 L_β 中的解释，那么，任何在 L_β 中的真或假的句子在 $L_{\beta+1}$ 中仍然是真的或假的。这也就意谓着，T（x）在 $L_{\beta+2}$ 中的解释扩充了T（x）在 $L_{\beta+1}$

中的解释。我们通过归纳可以证明，对所有有穷的 α，T（x）在 $L_{\alpha+1}$中的解释总是扩充了它在 L_α中的解释。这就意谓，谓词 T（x）的外延和反外延都随 α 的增长而增长。越来越多的句子会随着 α 的增长而被断定为真的或假的；但是句子一旦被断定为真的或假的，它在所有更高的层次上保持了它的真值。

至此，我们只是定义了语言层级中的有穷层级。对于无穷层级，我们可以以下面方式来定义：我们可以定义第一个所谓“超穷”层级，可将之称为“L_ω”。简单地定义 $L_\omega = L(S_{1,\omega}, S_{2,\omega})$，此处 $S_{1,\omega}$是有穷 α 的所有 $S_{1,\alpha}$的并集，$S_{2,\omega}$是有穷 α 的所有 $S_{2,\alpha}$的并集。给出一个 L_ω，我们就可以如我们对有穷层级的定义方式那样定义出 $L_{\omega+1}$，$L_{\omega+2}$，$L_{\omega+3}$，……而当我们再一次到达一个“限制”层级时，我们又可以使用之前的方法得到一个并集。

同有穷层级一样，即使将超穷层级包括在内，T（x）的外延和反外延仍然随 α 的增长而增长。但这里“增长”并不是“严格增长”。根据前面所提到的⊆关系是允许相等的，所以必然存在一个层次 σ 使得 $S_{1,\sigma} = S_{1,\sigma+1}$和 $S_{2,\sigma} = S_{2,\sigma+1}$。这就意谓下面的层级没有新的句子能被再赋予真值。也就是说必然存在一个序数 σ，使得 $(S_{1,\sigma}, S_{2,\sigma}) = (S_{1,\sigma+1}, S_{2,\sigma+1})$。但是因为 $(S_{1,\sigma+1}, S_{2,\sigma+1}) = \Phi((S_{1,\sigma}, S_{2,\sigma}))$，这就意谓 $(S_{1,\sigma}, S_{2,\sigma})$ 是一个固定点。它还可以被证明是一个“极小”固定点：任何固定点都扩充了 $(S_{1,\sigma}, S_{2,\sigma})$。也就是说，如果一个句子在 L_σ被赋值为真的或假的，那么它在任何的固定点上都有相同的真值。

定义出极小固定点之后，克里普克就可以给出有根性的形式化定义：若一个句子在极小固定点处有真值，那么它是有根的，否则它是无根的；悖论性的句子是一个不能在任何一个固定点上有真值的句子。[①] 虽然克里普克的真值间隙理论有效解决了塔尔斯基的语言分层思想的一些问题，比如克里普克从一种直观的分析真之概念着手，强调一种回归自然语言的解决悖论的方式；对于无穷语言的层级问题，克里普克利用超穷归纳法给出了超穷语言层

---

① 苏珊·哈克对克里普克的形式化语言作了一个简化的说明，具体可参见 S. Haack. *Philosophy of Logics*. Cambridge：Cambridge University Press，1978，pp. 146 – 147.

级为真的概念，但是克里普克的真值间隙理论仍然面临诸多的问题。

克里普克的理论面临着古谱塔所提出的一种违反直觉的情况。这里所说的违反直觉的情况指的是运用克里普克的真值间隙理论，会导致我们在某些情况下要去否定经典逻辑中的规则，这个规则就是对于一个句子而言，它要么是真的，要么是假的。前面我们讲过克里普克运用琼斯的例子，来批判塔尔斯基的语言分层思想无法决定两个互相依靠对方的句子才能获得真值的句子的层级。而古普塔在克里普克所举出的例子的基础上，通过构造另一个例子表明克里普克的真值间隙理论导致有时我们在遵循经典逻辑规则的情况下无法给句子赋值。古谱塔所举出的例子是这样的：假设有两个说话者甲和乙，甲说了五句话，即（1）2 加 2 等于 3；（2）雪是黑的；（3）乙所说的东西都是真的；（4）10 是一个素数；（5）乙所说的东西有的不是真的。乙说了四句话，即（1）1 加 1 等于 2；（2）我的名字叫做乙；（3）雪是白的；（4）甲所说的东西至多有一真。[①]

根据经典逻辑规则，我们可以对上述例子作出这样的推论：在甲所说的句子中，（3）和（5）是互相矛盾的，二者必有一真和一假。除了（3）和（5），甲所说的其他句子明显都是假的。因此，在甲所说的五句话中至多有一句话是真的。进而，我们可以得知乙所说的第四句话是真的。又因为乙所说的前三句话很明显都是真的，因此我们可以得出乙所说的所有的话都是真的。所以我们能够给甲所说的第三句话赋值为真的，给甲所说的第五句话赋值为假的。但根据克里普克的观点，除了不包含真谓词的甲所说（1）（2）（4）和乙所说的（1）（2）和（3）可直接判定真值，其他甲所说的（3）和（5）必须依赖于乙所说的（4）才能判定，而乙所说的（4）又必须依赖甲所说的（3）和（5）来判定。因此，类似琼斯那样的例子，我们最终无法判定它们的真值，它们是无根的。可是从经典逻辑的规则来看，一个句子要么是真的，要么是假的。明显上述的甲所说的（3）和（5）是可以被赋予真值

---

① A. Gupta. Truth and Paradox. In *Reccent Essays on Truth and the Liar Paradox*, R. L. Martin ed. Oxford University Press 1984, pp. 175 – 235. 古谱塔在批判克里普克的基础上建立了一种新的解释悖论的理论，即真之修正理论。具体参见 A. Gupta, N. Belnap. *The Revision Theory of Truth*. The MIT Press, 1993.

的。因此，这一批判对克里普克渴望自己的理论尽可能地符合直觉是一个挑战。另外，如果我们对古谱塔所批判的克里普克的观点进一步深化，我们可以得出克里普克的真值间隙理论甚至会导致新的悖论出现，比如“强化的说谎者悖论”。

我们在上述对悖论作简单介绍时引入了一个“强化的说谎者悖论”，而克里普克的理论仍然无法摆脱“强化的说谎者悖论”的影响，他的理论依然可能会导致一个“强化的说谎者悖论”的出现。比如，“强化的说谎者悖论”说的是有一个句子 S 意谓它要么是假的，要么是形式无效的。按照克里普克的说法，对于说谎者悖论“这个句子是假的”是无根的，也就是它没有真值。我们也可以将它表述为“这个句子要么是假的，要么是没有真值的”，而这依然会导致矛盾。因为当一个句子 S 意谓它要么是假的，要么是没有真值时。根据如果 S 意谓 P，那么 S 是真的当且仅当 P。我们可以得出如果 S 意谓它要么是假的，要么是没有真值，那么 S 是真的当且仅当它要么是假的，要么是没有真值。对于结论 S 是真的当且仅当它要么是假的，要么是没有真值。我们通过逻辑规则，可以进一步得出 S 是真的当且仅当如果它是真的，那么它是没有真值。这也就意谓一个句子 S 是真的，并且它是没有真值的。很显然，这是矛盾的。这里的问题主要是因为克里普克的理论最后仍然避免不了需要在一个不包含真值间隙的元语言中去把握真这个概念。虽然克里普克使用一种有根性的概念去解释真值如何分配给句子的问题，但去定义有根性的概念的固定点理论依然是在一种形式化的元语言中，因此最后有根性概念和无根性概念也只是对于一种形式化的元语言中被定义的。而如果用没有真值来解释无根性句子，就会出现新的悖论，因为在自然语言中我们并没有一个真值间隙的概念，真值间隙也并不是三值逻辑中所谓的第三值。所以克里普克自己也承认：“不得不上升到一个元语言可能是本理论的一个弱点。塔尔斯基的层级的幽灵依然纠缠着我们。”①

综上所述，虽然克里普克认为自己的真值间隙理论是面向自然语言的，

① S. Kripke. Outline of a Theory of Truth. *The Journal of Philosophy*, 72（19）, Journal of Philosophy, Inc, 1975, p. 714.

具有塔尔斯基理论所没有的符合人们日常直觉的特点，但是他的理论依然没有摆脱违反直观的责难。而且由于真值间隙理论中的固定点、真值间隙无法对应到自然语言中去，因而，想要通过克里普克的理论解决自然语言中的悖论依然是乏力的。因此，如塔尔斯基的语言分层思想一样，克里普克的理论更适合于面向人工语言作悖论分析。

6.3　沿着克里普克和戴维森的思想回归自然语言的悖论思考

虽然克里普克的理论存在一些困难，特别是他渴望回到自然语言中去解释悖论，却在他的理论中出现了一些他不得不承认的违法直观上的结论，但是克里普克所提出的这种回归自然语言中分析悖论的研究路线提供了一种我们认为是正确的导向。我们有理由相信，回到自然语言中也许能发现一些对于悖论分析有价值的思考。

在自然语言中，语义悖论之所以会产生，克里普克认为是对于那些使用经验谓词的句子而言，在遇到事实不利的情况下，那些关于真的或假的断言，有许多都会呈现出悖论性的特征。[①] 而这种依赖事实的情况所产生的语义悖论，很难说能用一种好的人工语言进行处理。因为它或多或少会出现许多我们上述那些违法直观的情况。用人工语言去处理悖论的最后结果会导致我们无法将其相应的处理方式对应到自然语言中，塔尔斯基的语言分层思想是这样，而克里普克的真值间隙理论中的固定点、真值间隙也是这样。

也许有人会认为我们是否真的只能如塔尔斯基所认为的，只有在形式化的语言中才能去解释真这个概念，也只有在形式化的语言中去解决语义悖论。戴维森的工作似乎让我们清楚了答案。对于戴维森而言，在自然语言中，悖论之所以会产生是因为自然语言中的量词范围过宽，但这并没有导致我们不能对任意一个自然语言 L 提出一个在 L 中为真的严格定义。戴维森的做法是从自然语言中不会产生悖论的那部分着手，因为大多数富有成果的哲学分析

① S. Kripke. Outline of a Theory of Truth. *The Journal of Philosophy*, 72 (19), Journal of Philosophy, Inc, 1975, p. 692.

都是来自这里，因此从一个不会产生悖论的自然片段着手似乎能够去讨论真这个概念，而正是因为如此我们才能在自然语言中借助真这个概念讨论更多或定义更多的概念。对于戴维森而言，他便通过真这个概念来解释了意义。看起来，这个策略是令人欢喜的。因为它不仅能够实现在部分的自然语言中来谈论真，而不只是在一种纯形式化的语言之中，它更符合了一种直观，而且它还引发了我们对在自然语言中处理悖论的思考。既然我们可以在自然语言的片段中去讨论“真”，那么我们能否借助在这里讨论的结果来处理那些在自然语言中会产生悖论的情况？我们认为这是值得尝试的。在第 3 章中，我们曾经讨论借助戴维森对塔尔斯基的 T 约定的修改，我们可以给出一个在陈述意义上的真之命题的定义。在这里，我们也将借助于戴维森的所修改的用于意义理论的 T 约定去分析那些自然语言中的悖论。

戴维森认为，如果要利用（T）表达式去构造自然语言的意义理论，就需要为“真”添加语境因素，把真看作一个我们话语的特性，或者言语行为的特性，或者说是关于句子、时间和人的有序三元组的特性。[①] 因此，戴维森对（T）作了适当的修改：（T′）由 U 在时间 t 所（潜在地）M 是真的，当且仅当 P[②]。这样一个句子的意义就是指由 U 在时间 t 所（潜在地）说出一个句子是真的，当且仅当这个句子确实如 U 所言的那样。也即是说，我们可以得到这样的一个表达式，即（T^*）如果 S 意谓 P，那么 S 是真的，当且仅当 P，并且 U 在时间 t 所（潜在地）说出 S 是真的；或者是如果 S 意谓 P，并且 U 在时间 t 所（潜在地）说出 S 是真的，那么 S 是真的当且仅当 P。接下来我们将分析这一结果是否能有效解释自然语言中的悖论。

首先，对于说谎者悖论而言，它讲的是一个句子 S 意谓 S 是假的。根据如果 S 意谓 P，那么 S 是真的当且仅当 P。我们用“S 是假的”去替代“P”，可以得出如果 S 意谓 S 是假的，那么 S 是真的当且仅当 S 是假的。因此，我们可以得出结论 S 是真的当且仅当 S 是假的。很明显，这是矛盾的。但是如

---

① 把真看作句子、人与时间之间的关系，是最简单不过了。当然，还可以进一步添加其他的语境因素，比如把真看作句子、人与时间、空间的关系，这就会相比复杂一些。

② 其中 M 是说者 U 表达的句子，P 是对 U 在时间 t 所（潜在地）M 的翻译。比如，由 U 在时间 t 所（潜在地）说出的“我疲倦”是真的，当且仅当 U 在时间 t 是疲倦的。

果我们应用（T*）到这个悖论分析中，我们会发现矛盾消除了。即一个句子S意谓S是假的。根据（T*）如果S意谓P，那么S是真的，当且仅当P，并且U在时间t所（潜在地）说出S是真的。我们用“S是假的”去替代“P”，可以得出如果S意谓S是假的，那么S是真的，当且仅当S是假的，并且U在时间t所（潜在地）说出S是真的。因为S意谓S是假的，因此我们可以得出结论S是真的，当且仅当S是假的，并且U在时间t所（潜在地）说出S是真的。因为这个结论的右边“S是假的，并且U在时间t所（潜在地）说出S是真的”这是一个矛盾的，所以它必定是假的。因此，这个结论的左边也必定是假的，所以S是假的，矛盾在这里被消除了。

对于“说谎者循环”而言。它讲的是，A：B所说的是真的，B：C所说的是真的，C：A所说的是假的。根据我们上述的方法，在这里A所说的意谓B所说的是真，B所说的意谓C所说的是真的，C所说的意谓A所说的是假的。根据（T*）如果S意谓P，那么S是真的，当且仅当P，并且U在时间t所（潜在地）说出S是真的。我们分别用“B所说的是真”“C所说的是真的”“A所说的是假的”去替代“P”，再用“A所说的”“B所说的”“C所说的”分别去替代“S”。我们可以得到如果A所说的意谓B所说的是真的，那么A所说的是真的，当且仅当B所说的是真，并且A在时间t（潜在地）说出A所说的是真的。因此，我们可以得到结论A所说的是真的，当且仅当B所说的是真的，并且A在时间t（潜在地）说出A所说的是真的；同理，我们可以得到B所说的是真的，当且仅当C所说的是真的，并且B在时间t（潜在地）说出B所说的是真的；C所说的是真的，当且仅当A所说的是假的，并且C在时间t（潜在地）说出C所说的是真的。从上述推论中，我们可以得到，如果A所说的是真的，那么C所说的是真的；如果C所说的是真的，那么A所说的是假的。根据传递性，我们能够得到，如果A所说的是真的，那么A所说的是假的。这里就取消了循环，因为根据逻辑规则，对于蕴涵式，如果它前真后假，那么这个句子就是假的，所以A所说的是假的。

对于“强化的说谎者悖论”而言。它讲的是一个句子S意谓它要么是假的，要么是形式无效的。当一个句子S意谓它要么是假的，要么是形式无效时，根据（T*）如果S意谓P，那么S是真的，当且仅当P，并且U在时间t所（潜在地）说出S是真的。我们用“它要么是假的，要么是形式无效的”去替代“P”，可以得出如果S意谓它要么是假的，要么是形式无效的，那么S是真的，当且仅当它要么是假的，要么是形式无效的，并且U在时间t所（潜在地）说出S是真的。因为S意谓它要么是假的，要么是形式无效的，因此我们可以得到S是真的，当且仅当它要么是假的，要么是形式无效的，并且U在时间t所（潜在地）说出S是真的。很显然，句子S并不是要么是假的，要么是形式无效的，它还意谓U在时间t所（潜在地）说出S是真的。所以“强化的说谎者悖论”在这里很自然地消去了。

对于“Rescher悖论”，即有一个句子S，S的真值是不确定的并且S的真值是假的。当一个句子S意谓S的真值是不确定的并且S的真值是假的时，根据（T*）如果S意谓P，那么S是真的，当且仅当P，并且U在时间t所（潜在地）说出S是真的。我们用“S的真值是不确定的并且S的真值是假的”去替代“P”，可以得到如果S意谓S的真值是不确定的并且S的真值是假的，那么S是真的，当且仅当S的真值是不确定的并且S的真值是假的，并且U在时间t所（潜在地）说出S是真的。因为S意谓S的真值是不确定的并且S的真值是假的，所以我们可以得到S是真的，当且仅当S的真值是不确定的并且S的真值是假的，并且U在时间t所（潜在地）说出S是真的。如果用A表示“S是真的”，¬ B表示“它的值不确定”，¬ A表示“S的值是假的”，C表示“U在时间t所（潜在地）说出S是真的”，则对于表达式“S是真的，当且仅当S的真值是不确定的并且S的真值是假的，并且U在时间t所（潜在地）说出S是真的”。我们可以用命题逻辑将其表示为“$A \leftrightarrow \neg B \land \neg A \land C$”，通过逻辑运算，我们最终也会得出一个逻辑相等的合适表达式“$\neg A \land (B \lor \neg C)$”，即一个句子是假的，并且它的值要么是确定的，要么并非U在时间t所（潜在地）说出S是真的。而这个结论与前提“一个句子的真值是不确定的并且它的值是假的”。并不矛盾，因此原先的前提与结论之间的矛盾并不在这里出现。

对于“Pseudo Scotus悖论”，即对于一个推论S，如果它的前提真，结论假，那么它就是一个无效的推论。又因为它的前提真结论假，它是一个无效的推论，所以它是一个有效的推论。根据（T^*）如果S意谓P，那么S是真的，当且仅当P，并且U在时间t所（潜在地）说出S是真的。我们用“前提真结论假”去替代“P”，就可以得到如果S意谓前提真，结论假，那么S是真的，当且仅当前提真结论假，并且U在时间t所（潜在地）说出S是真的。又因为S意谓前提真结论假，所以我们可以得到S是真的，当且仅当前提真结论假，并且U在时间t所（潜在地）说出S是真的。如果我们用A表示“推论S是真的”，¬ A表示“推论S是假的，即前提真结论假”，B表示“U在时间t所（潜在地）说出一个推论S是真的”，我们用命题逻辑就可以将“S是真的，当且仅当前提真结论假，并且U在时间t所（潜在地）说出S是真的”表示为“$A \leftrightarrow \neg A \wedge B$”，通过逻辑运算，我们最终会得出一个逻辑相等的合适表达式“$\neg A \wedge \neg B$”，即一个推论S不是真的，并且并非U在时间t所（潜在地）说出推论S是真的。很明显，这里并没有什么矛盾可言。

通过对上述语义悖论的一一处理，我们发现借助于戴维森用来研究意义理论的（T'）表达式可以有效地处理一些自然语言中的悖论。这样的方式很简便而且也十分符合直观，我们完全可以依靠自然语言本身的一些内容来解释这些悖论。所以看来戴维森将注意力集中到那些没有产生悖论的自然语言，从而在自然语言的片段来讨论真的策略是富有成效的，至少通过他的策略使我们联想到通过自然语言中本身那些并不产生悖论的自然语言片段，能够给出符合直观的解释，从而去分析自然语言中容易产生悖论的另一部分自然语言中的句子。当然，借助于戴维森的方法也只能是让我们从一种自然语言的片段中消去这些语义悖论。若对于整个自然语言而言，由于它具有一种无所不包性，所以语义悖论势必会被自然语言所囊括。尽管如此，这种最终回归到自然语言中去解释悖论的思想，我们认为应该坚持下去。

6.4　小　结

塔尔斯基的真之语义理论不仅产生了人们对他的理论是否是一个符合理论的争论，还引起了对他的理论是否能够有效地解决语义悖论的争论。塔尔斯基提出的是一种语言分层思想，通过把语言进行分层，从而产生一个不带有真谓词的原始句子的语言。而对于说谎者悖论的句子，正因为这样的句子是一个自身带有真谓词的原始句子，所以它在塔尔斯基的语言中被排除。

塔尔斯基的语言分层思想遭到了来自克里普克的批判。克里普克认为塔尔斯基的语言分层思想违反了人们在自然语言中对“真”这个概念的直观使用，批判了塔尔斯基只是构建了一个有穷的语言层级，塔尔斯基的分层无法扩展到一种无穷的层级。因此，克里普克从人们在自然语言中如何理解“真”这个概念入手，形成了一个有根性的概念，并认为悖论性的句子是“无根”的，它们掉入了一种真值间隙当中，因此没有真值。我们也把克里普克的理论称为一种真值间隙理论。为了解释什么叫“有根”，克里普克在塔尔斯基的语言分层思想的基础上，通过构建一种形式化的语言，定义了一个固定点的概念，并且通过定义“极小固定点”形式化地定义了有根性这个概念，即如果一个句子在极小固定点上是有真值的，那么这个句子就是有根的。悖论性的句子在任何一个固定点上都不能有真值。

虽然克里普克的理论比塔尔斯基的理论更符合直观，他也通过一种超穷归纳法将有穷的语言层级扩展到了一种无穷的语言层级。但是克里普克的理论依然面临着与直观相违背的困境。古谱塔的批判使我们认识到，克里普克的真值间隙理论会导致有时我们在遵循经典逻辑规则的情况下无法给句子赋值。另外，克里普克的理论还面临着“强化的说谎者悖论”的困扰。虽然克里普克的理论有着诸多的问题，但他重视回归自然语言去解释悖论的思想推动了人们对悖论问题的研究，并且涌现出了一批新的研究理论，比如“素朴语义学”①、“真之修正理论”②、“情景语义学”③。

戴维森批判塔尔斯基对在自然语言中无法解释真这个概念的态度过于悲观，他着手于一些不包含语义悖论的自然语言片段，认为在这些自然语言片

① H. Herzberge. NaÏve Semantics and the Liar Paradox. *The Journal of Philosophy*, 79 (9), Journal of Philosophy, Inc, 1982, pp. 479 – 497.

② A. Gupta, N. Belnap. *The Revision Theory of Truth*. The MIT Press, 1993.

③ J. Barwise, J. Etchemendy. *The liar: An Essay on Truth and Circularity*. Oxford: Oxford University Press, 1987.

段中我们是可以去谈论“真的”。通过借助于戴维森的思想，我们认为可以尝试通过自然语言中本身那些并不产生悖论的自然语言片段，给出相应的符合直观的解释，通过这种解释去分析自然语言中容易产生悖论的另一部分自然语言中的句子。我们通过借助戴维森分析意义理论时所使用的具有句子、时间和人的有序三元组特性的 T 型表达式，去解释了一些说谎者悖论及相关的变形，并且最后得出这些悖论能够在一种自然语言的片段中被消去。虽然对于整个自然语言而言，要消去悖论是困难重重的，但这并不阻碍我们在一些自然语言的片段中将其消去。当然，无论是“真”这个概念，还是悖论分析，回归到自然语言中去解释它们的思想我们应该坚持。对这一问题也将是我们未来研究的重点。

第 7 章 结　语

塔尔斯基在逻辑学领域最伟大的贡献就在于构建了他的真之语义理论，奠定了现代逻辑语义学的基础。塔尔斯基的这一贡献足以使他和弗雷格、伯特兰·罗素、哥德尔等相提并论。显然，塔尔斯基在 1933 年发表的文章《形式化语言中的真之概念》已成为逻辑经典之林中的经典。对塔尔斯基的真之语义理论的研究成了逻辑哲学、语言哲学研究中不可忽略的重点。最后让我们再用简单的语言回顾一下我们对塔尔斯基真之语义理论研究的整个过程。

我们首先是从塔尔斯基如何建构他的真之语义理论进行分析的。在塔尔斯基建构一个语义学理论之前，弗雷格就提出了一些语义学的思想。弗雷格严格区分了句子的涵义和意谓，他认为一个句子的涵义是思想，一个句子的意谓是真值。思想是句子的内容，有时也可以被称为命题；真值是指句子是真的或假的情况。相比句子的涵义，我们会对句子的意谓更加关心，因为句子的意谓是真值，寻问句子的真使我们转向了科学的思考。弗雷格虽然提出了一些语义学思想，但是他并没有构建一个系统的语义学理论体系，也没有明确回答什么是语义学。而塔尔斯基则在解释一个给定的语言中的真句子定义时构建了一个系统的语义学理论体系，奠定了现代逻辑语义学的基础。

塔尔斯基从否定在自然语言中定义真的可能性出发，区分了对象语言与元语言，并使用满足概念给真做了一个实质上恰当、形式上正确的真之定义，以塔尔斯基的真之定义为核心形成了塔尔斯基的真之语义理论。塔尔斯基的真之语义理论奠定了现代逻辑语义学的基础，促进了真之理论和意义理论的发展，推动了经验科学和演绎科学的发展。

塔尔斯基虽然给出了一个形式化语言中的真句子定义，但是他将“真的”用于句子对“真”所作出的解释是否完全解释了“真”这个概念？真之载体是什么？亚里士多德有句古老的名言："是什么说不是什么，不是什么说是什么，这是假的；是什么说是什么，不是什么则说不是什么，这是真的。"根据塔尔斯基的说法，亚里士多德的那句古老的名言很好地表达了"真"这个概念的直觉。而这种直觉是一种陈述与事实的符合。"真"这个概念的载体是陈述，一个陈述不仅仅表达的是一个句子，还有可能是一个判断或命题。因此，要解释"真"这个概念，必须要考虑到一个陈述是判断或命题。但塔尔斯基把陈述只看作句子，他并没有考虑一个陈述是判断或命题的情况。因此，我们认为塔尔斯基并没有给出一个对"真"这个概念的解释，他只是给出了一个陈述所表达的是句子的外延式的真之定义。但给出一个在陈述意义上的真判断或真命题的解释是可能的，塔尔斯基的真之句子定义为实现在陈述意义上的真判断或真命题的解释奠定了基础。

既然把握住真这个概念的直觉在于把握陈述与事实之间的符合关系，那么一个真的陈述是否就能让我们认识到陈述与事实之间的符合？为了回答这个问题，我们的策略是回到塔尔斯基的真之语义理论当中。因为塔尔斯基的真句子定义是解释一个真之陈述的基础，所以若是塔尔斯基的真之语义理论是一个符合理论，那么我们便能很自然地得出一个陈述是真的意味着这个陈述与事实是相符合的。

塔尔斯基的真之语义理论会不会是一种符合理论？认为塔尔斯基的真之理论是一个符合理论的人们似乎总是在坚持塔尔斯基的真之条件给出了一个真与事实相符合的解释；而不认为塔尔斯基的真之理论是一个符合理论，甚至认为塔尔斯基的理论不是一个符合理论却是一个紧缩论的人们似乎总是认为我们能够用一个句子完满地替代那个有引号的并且后面跟着"是真的"这话的句子，因此真这个谓词是可以被消去的。当然还有一些人基于塔尔斯基在文章中的言论去判断塔尔斯基是不是一个符合论者。

我们认为，根据对冗余理论以及紧缩理论的分析，我们能借助塔尔斯基的真之理论发现它们理论所面临的困难。其中典型的是当用相应的句子或用相应的词比如"断定""确定"等去消去真这个谓词会遭遇各种各样的困难，甚至会导致一些矛盾性的或违法直觉的结论出现。因此，对于真这个谓词，我们的态度是不能被消去，把塔尔斯基的真之理论看作一个紧缩理论或冗余理论是不妥的。

对于符合理论而言，我们认为，如果塔尔斯基的真之理论解释了符合理论所面临的一些问题，那么他的理论就应该是一种符合理论。符合理论面临着需要解释事实概念与符合概念的问题，也面临着解释命题与事实之间的符合关系是一一对应的关系还是其他关系的问题。而在塔尔斯基的真之理论中，塔尔斯基的真之定义解释了什么是事实，而通过戴维森的在自然语言的片段中能解释真这个概念的观点，我们认为塔尔斯基的真之条件解释了什么是与事实相符合。又因为塔尔斯基所定义的是一个句子的真之定义，所以我们认为他解释的是句子与事实之间的对应关系，并且是一种多对一的关系。因此，我们认为塔尔斯基的真之理论解释了符合理论面临的一些问题，他的理论是一种符合理论。另外，基于塔尔斯基的一个观点，即他只想抓住真与事实相符合的古典的真之概念而非真在某方面有用的真之概念，我们联想到似乎可以尝试从真之作用上来表明“真的”一词有着使我们理解一个陈述与事实相符合的作用。通过上述分析，我们最终表明塔尔斯基的真之理论是一个符合理论，真谓词不能被消去，真谓词在一个句子中保证了句子的一致性的外延，并且使我们理解了一个陈述与事实的符合。

既然塔尔斯基的真之语义理论是一种符合理论，又因为一个真的陈述的解释是建立在塔尔斯基的真句子定义以及由此而形成的真判断和真命题定义的基础上，所以一个陈述是真的就意味着这个陈述是与事实相符合的，从而把握了一个真的陈述就是把握住了真这个概念的直觉。

塔尔斯基之所以选择一种形式化的语言去解释“真”，那是因为他认为在自然语言中解释“真”会导致语义悖论的出现，因此他对在自然语言中解释“真”的态度是悲观的。进而，塔尔斯基提出了一种语言分层的思想来解释语义悖论。但是这一思想违反了人们在自然语言中对“真”这个概念的直观使用。我们借鉴了克里普克的回归到自然语言去解释语义悖论的思想，并站在戴维森的观点的基础上，认为我们并不需要像塔尔斯基那样悲观，而是可以把“真”放在自然语言的片段中去探讨。这样的好处是我们可以在自然语言的片段中去解释一些语义悖论，而且这种解释不会违反人们在自然语言中对“真”这个概念的直观使用。

最终我们得出的结论是：把握住真这个概念的直觉在于把握一个真的陈述，一个真的陈述不仅表达了一个真的句子，还有可能表达了一个真的判断或真的命题。一个陈述是真的意味着这个陈述是与事实相符合的。我们可以在自然语言的片段中去解释与分析“真”，并且它将有助于我们采取不会违反人们在自然语言中对“真”这个概念的直观使用的方式去解释一些语义悖论。

塔尔斯基的真之语义理论是我们人类千百年来对“真”的锲而不舍、不断追寻的阶段性成果，它代表了我们人类对“真”的一种理性分析。“真”这个概念是至关重要的，如果一门科学离开了“真”，我们就有理由怀疑它能否被称之为科学。塔尔斯基的真之语义理论不是我们对“真”这个概念研究的结束，而是开启了在现代逻辑语义学视域下对“真”这个概念的研究之门。通过研究，我们进一步地认识了塔尔斯基的真之语义理论，并且以此为基础进一步地认识了“真”这个概念。当然，我们相信塔尔斯基的真之语义理论将会继续指导我们在未来对“真”这个概念的进一步研究。

第 8 章
译　文

为方便读者更深入了解塔尔斯基真之语义理论和真之概念问题，本书节选了一些与这方面相关的译文，包括兰姆塞和玛里安·大卫的论文，这些论文从不同的角度，比如真之语义理论、冗余论、同一论、符合论，对真这个概念进行了多方面的探讨，同时希望这些译文能有助于读者对本书的理解。

8.1　真之实质
弗兰克·普隆普顿·兰姆塞

什么是真？当我们称一种意见或一个陈述为“真的”，我们赋予它的是什么特征？这是我们的第一个问题，但是在试图回答它之前，让我们考虑一下它是什么意思。因为我们必须把“什么是**真**”这一个问题与“什么是**真的**”这个相当不同的问题区别开来。如果一个人问什么是真的，那种他可能会希望的回答要么是所有真情况一种尽可能完整的枚举，即一种百科全书，要么是对真的一种检验或标准，即一种他以此可以区别真假的方法。但是我们正在问的全不是这些东西，而是某种更为适度的东西；我们不希望获知一种区别真假的无误手段，而只是希望知道“真的”这个词究竟是什么意思。它是一个我们都理解的词，但是如同哲学史表明的那样，如果我们试图解释它，我们就很容易陷入一团混淆。

这种混淆的一个根源必须被直接消除，除了我们把真的这个词用于陈述或意见的主要意义外，它也可以在一些导出的和比喻的意义上使用，而讨论这些意义不属于我们的问题。我们将不试图说明“美是真，真是美”这样模糊的言语表述，而是限于普通的日常意义，即查理一世被砍头了是真的，地球是圆的是真的。[①]

首先我们必须考虑“真的”和“假的”这两个形容词所主要应用于哪类事物，因为可以想到的有三类。我们把“真的”和“假的”都用于诸如信念、判断、意见或猜测这样的心灵状态[②]；也用于陈述或陈述句；根据一些哲学家的看法，我们把这些词用于“命题”，而命题是判断的对象和句子的意义，但是它们本身既不是判断也不是句子。

根据相信命题的哲学家，正是这些命题在最根本的意义上是真的或假的，而由于意义的扩展，一个信念被称为真的或假的，因为被相信的东西是一个真的或假的命题。但是鉴于这些命题这样的东西是否存在一般是（而且在我看来是正确的）受到怀疑的，似乎最好不从命题出发，而是从以它们为对象的心灵状态出发，并且以真的和假的这两个词对这些心灵状态的应用来讨论这两个词，同时如果不需要，就不用赞同任何有关它们对象实质的有疑问的假设。

由陈述或陈述句构成的第三类不是严重的挑战，因为陈述的真假显然依赖于它们的意义，这就是依赖于人们以它们表示什么意思，即人们倾向于要传达的思想和意见。而且一如一些人所说，即使判断不过是用言语向自己表述的句子，这样的句子的真仍然不是比判断的真更初始的，而不过是与它等同的。

因此，我们的任务是说明真和假这两个词是可用于心灵状态的，而且我们暂时可以以信念作为我们所考虑的典型的心灵状态。现在，无论在哲学上说信念以命题为对象是不是正确，信念无疑有一种特征，我斗胆称之为**命题所指**。一种信念必然是一种某物是如此如此的信念[③]，比如地球是平的；而且正是它的这个方面，这里即“地球是平的”，我建议称为它的命题所指。命题所指这一特征是非常重要的，因此我们很容易根本忘记一种信念有任何

① 从下面的事实可以判断这个问题多么困难：1904～1925 年，罗素先生对它连续采用了五种不同的解决方案。

② 我把“状态”用作最宽泛可能的词，因而不想就信念等的实质表达任何意见。

③ 当然，或者某物不是如此如此的，或者如果某物是如此如此的，某物就不是这般这般的，而且对于所有可能的形式都是这样。

其他特征方面，而且当两个人都相信地球是圆的，我们就说他们有相同的信念，尽管他们相信它可能是在不同的时间、出于不同的原因、具有不同的确信度并且使用不同的语言或想象方式；如果命题所指是相同的，如果它们都是“相信 that”相同的东西，那么我们一般对它们之间的所有其他区别忽略不计，称它们为相同的信念。

在逻辑中，表达两个人之间这种信念的相似并不是像我那样说它们有相同的命题所指，而是称它们为相同命题的信念；然而，这样说并不是否认命题所指这样一种特征的存在，而仅仅是提出一种应该如何分析这种特征的特定观点。因为谁也不能否认，当我们说到一种诸如地球是平的这样的信念的时候，我们是在赋予它某种特征；而且，尽管人们会自然地认为这种特征就在于一种与命题的关系，但是既然这种观点一直受到抨击，我们就应该从什么是确切无疑实在的出发来进行我们的研究，而这不是命题，而是命题所指的特征。后面我们一定要讨论这种分析，但是为了眼前的目的，我们可以不加分析地把它当作某种我们都很熟悉的东西。

命题所指当然不限于信念，我关于地球是圆的这种知识，我关于自由贸易是比保护更优越的这种意见，任何——具有命题所指——形式的思维、认识或印象，而且只有这样的心灵状态才能要么是真的要么是假的。仅仅想到拿破仑不能是真的或假的，除非认为 that 他是如此如此的或他做了这般这般的事情。因为如果所指不是命题的，如果它不是那种以句子表达的所指，那么就既不能有真也不能有假。此外，并非一切有命题所指的状态都是真的或假的；我可以希望明天晴朗，但疑惑明天是不是晴朗，并最终相信明天晴朗。这三种状态都有相同的命题所指，但是只有信念可以被称为真的或假的。我们不称希望、愿望或疑惑为真的，这不是因为它们没有命题所指，而是因为它们缺乏可称之为肯定或断定特征的东西，即那种在思维 that 中出现却在疑惑是不是那样中不出现的要素。当在某种程度上缺乏这种特征的时候，我们绝不使用真的或假的这些词，尽管这种程度只需是很轻微的，而且即使只是为了发现推论而作出一个假定，我们也可以称这个假定为真的。对于带有否定这种对立特征的状态，我们不是自然地使用真的或假的这些词，尽管我们能够称它们为正确的或不正确的，一如带有相同命题所指的信念会是真的或假的。

不幸的是，（在这种情况下，）我们所关注的心灵状态，即那些带有命题所指和某种程度的肯定特征的状态，在日常语言中没有共同的名字。没有一个词可以用于整个从单纯的猜测到一定的知识这一范围，而我提议用**信念**和**判断**作同义词涵盖有关（心灵）状态这整个范围，以此弥补这种缺陷①（尽管这牵涉它们的日常意义的极大扩展，而不是牵涉它们日常狭窄的意义）。

因此，正是关于信念和判断，我们询问真和假的意义，而且似乎可取的做法是首先说明它们并非仅仅是表示任何一种赞扬或责备的含糊的词，而是有相当明确的意义。在各种不同的方面，一个信念可以被看作好的或坏的；它可以是真的或假的，持有它的确信程度可以高一些或低一些，理由可以有好有坏，可以是孤立的或作为一个融贯思想系统的一部分，而且为了可以进行清晰的讨论，至关重要的是使这些形式的优点保持相互区别，而不是模糊地使用“真的”一词先表示此种优点，后表示彼种优点，从而把它们混淆起来。这就是日常言语比哲学家的话更合理的一个原因。举罗素的一个例子，一个认为当今首相的名字以 B 打头的人认为这是真的，即使他是从一种错误观念得出他的意见，这种错误观念是：首相是 Birkenhead 勋爵；而且可以看出，所谓称一个信念是真的，我们既不意味也不隐含着它是有充分理由的或可理解的，而且如果这些性质与真相混淆，如同比如在鲍桑奎的著作中那样②，那么任何关于这个题目的有益讨论都变得不可能了。我们称一个信念为真的，这时我们所指的这个信念中的那种优点可以很容易被看作某种只依

---

① 也许应该说明，已故的库克·威尔逊教授认为这些心灵状态实际上不属于。（括号显示拉姆塞在手稿中做的说明——编者。）然而，应该说明的是，根据一种理论，这实际上根本不是一种缺陷，因为所说的这些状态没有什么共同重要的东西。知识和意见有相当不同意义上的命题所指，并且不是一种共同属下的种。下面解释和考虑了这种由威尔逊提得最清楚（但是也被其他一些人，比如胡塞尔，所隐含）的观点。

② B. Bosanquet, *Logic*, 2nd, vol. II (Oxford, 1911), p. 282 ff. 鲍桑奎当然看到这种区别，但是他故意使它模糊不清，论证说，一种真之说明若是能够使一个有歪理的陈述成为真的，则不能是对的。他举例说，一个人作出一个真陈述，却相信它是假的。这个例子暴露出甚至更为严重的混淆。他问为什么这样一个陈述是谎言，并回答说，“这与他当时全部经验所决定的知识系统是相反的”。承认这一点，充其量会得出，以这个人的知识系统的融贯不是**真**的一个标志（因为根据假设这样一个陈述会是假的），而是**好信念**的一个标准；而且写下这些是作为一个有利于一种**真**之融贯论的论证！

赖于其命题所指的东西①；如果一个人的地球是圆的这种信念是真的，那么其他任何人的地球是圆的这种信念也是真的，无论他这样认为的理由会有多么少。

经过这些初步考虑，现在我们必须进入主题：什么**是**“真的”的意义？在我看来，回答实际上是完全明显的，即任何人都能够**理解**它是什么，只是当我们试图说它什么的时候，才产生困难，因为这是日常语言非常不适合表达的东西。

假定一个人相信地球是圆的；那么他的信念是真的，因为地球**是**圆的；或者概括这一点，如果他相信 A 是 B，那么如果 A 是 B，他的信念就是真的，如果不是这样，他的信念就是假的。

我认为，很清楚，最后这句话解释了的真的意义，而且困难只是把这种解释严格地表述为一个定义。如果我们试图这样做，我们遇到的障碍就是我们不能把所有信念都描述为相信 A 是 B，因为一种信念的命题所指困难会有任何数量更为复杂的不同的形式。一个人可能是在相信所有 A 是 B，或者相信如果所有 A 是 B，那么要么所有 C 是 D，要么某些 E 是 F，或者相信某种还要复杂的东西。实际上，我们不能对这些形式的数量做任何性质，它们可能会出现，因此必须以一种真之定义来理解。所以，如果我们试图下一个定义来涵盖所有这些形式，那么它将不得不永远存在，这是因为，如果假定 A 是 B 是一个信念，而 A 是 B，或者如果假定要么 A 是 B，要么 C 是 D 是一个信念，而要么 A 是 B，要么 C 是 D，并且如此继续以致无穷，那么我们必须说一个信念是真的。

为了避免这种无限性，我们必须考虑一个命题所指的一般形式，而所有这些形式都是这种一般形式的种；我们可以把任何信念用符号表达为一个信念 p，这里“p”是一个句子变元，一如“A”和“B”是词或词组（或者如

① 相同的实体可以既是一个信念（比如）地球是圆的，也可以是一个信念其他某物是圆的，这是摩尔（Moore）教授提出的建议（“Facts and Propositions”，Proceedings of the Aristotelian Society，Supplementary Volume VII（1927），pp. 171 – 206；参见 p. 178）。在这种情况下，它将有两个命题所指，并且可能就一种情况是真的，而就另一种情况是假的。在我看来，这不是一种实际的可能性，但是在本文中，所有这些都可以很容易改变得允许它，尽管由此会产生的语言的复杂情况对我来说似乎远远超出精确性的可能增长。

同在逻辑中的称谓，词项）变元。因此，我们可以说一个信念是真的，如果它是一个信念p，并且p。[①] 这个定义听上去有些奇怪，因为我们并不是一开始就认识到，“p”是一个**句子**变元，因此应该被看作含有一个动词；“而且p”听上去是没有意义的，因为它似乎没有动词，而我们倾向于提供一个像“是真的”这样的动词，而这个动词由于明显重新引入应该被定义的东西，因而当然会使我们的定义成为无意义的。但是，“p”实际上含有一个动词；例如，它可能会是“A是B”，并且在这种情况下，我们就应该最后说“并且A是B”，而由于日常语法的缘故，这一说法本身是完全成立的。

如果我们采用的不是符号“p”，而是日常语言中替代它的关系代词，那么恰恰产生同样的问题。以“他所相信的是真的”（What he believed was true）为例。这里，他所相信的当然是由一个含有动词的句子表达的东西。但是当我们用“what”这个代词表达它的时候，“what”实际所含的动词由于语言的缘故而不得不又被补充上“是真的”。然而，如果我们要特别说明有关信念的形式，那么对“是真的”的所有需要就如同以前那样消失了，而且我们可以说，“他所相信要以某种特定关系联系起来的事物实际上[②]是以那种关系联系起来的”。

由于我们声称定义了真，因而无论“真的”这个词在哪里出现，我们都应该能够用我们的定义替代它。但是我们提到的这种困难使这在日常语言中是不可能的，因为在日常语言的表达中，实际上应该称为代句子的东西就好像它们是代词。日常语言唯一所承认的代句子是“是的”和“不是的”，这两个用语被看作本身表达了一种完整的涵义，而“that”和“what”即使在起缩略作用表示句子的时候，也总是要求以一个动词做补充：这个动词常常是“真的”，而且语言的这种特殊性产生了人为的有关真之实质的问题，而当用逻辑符号方式表达它们的时候，比如我们可以把“他所相信的是真的”表达为“如果p是他所相信的，则p”，这些问题就消失了。

至此我们只探讨了真，关于假又当如何呢？回答又是用逻辑符号方式很

---

① 用罗素先生的符号表示：B是真的：=：(∃p).B是一个信念p&p. Df.

② 在一个这样的句子中，“实际上”只是用来表明由“他相信”所引入的oratio obliqua（间接引语）现在结束了。它并不意谓一个应该被分析的新概念，而不过是一个连接词。

容易表达，但是以日常语言则很难说明。这里不仅有与真所有同样的困难，而且还额外有一个困难，后者是由于日常语言缺少任何简单一致的否定表达式。以逻辑符号方式来表达，对任何命题符号 p，我们都形成矛盾¬p（或者《数学原理》中的 ~p）；但是在英语中，我们常常没有不绕大圈子而保留一个句子的涵义的类似方式。除了最简单的情况，我们绝不能通过仅仅加入一个“不”而做到这一点。比如，“法国国王不是聪明的”是有歧义的，但是根据它最自然的解释，它的意思是“有一个法国国王，但是他不是聪明的”，因此这不是我们通过简单否定“法国国王是聪明的”而得到的；而在更复杂的句子中，比如“如果他来，她将与他一起来”，我们作出否定只能要么以一种专门适用于特殊形式的命题的方法，比如“如果他来，她将不**必然**与他一起来”，要么以加后缀（pref ixing）的普遍方法，即在命题后面加上“——不是真的”“——是假的”“——不是这样”，这里，似乎又牵涉两个新观念，即“真”和“假”，但是实际上我们不过是采用了一种迂回的方式把**不**应用于整个句子。

结果，我们关于假的定义（假地相信就是：当¬p 时，相信 p）表达起来加倍困难。但是如果论证说这是循环的，因为它以否定的运算定义假，而这在语言中并非总能不用“假的”这个词表达的，则不过是一种混淆。“假的”在日常语言中以两种方式使用。第一种是作为表达否定的方式的一部分，与作为一种纯附加文体的“真的”的用法（比如，“地球是圆的是真的”的意思不过是说地球是圆的）相关联；第二种是不真的等价词，应用于信念或其他有命题所指的心灵状态或者以派生的方式应用于句子或其他表达这些心灵状态的符号。我们正在试图定义的用法是第二种，而不是第一种。我们借以符号¬p 的方式认为这种用法是当然的，并且建议以后以否定为名来讨论它。①

可以说明的是，我们的定义——一个信念是真的，如果它是一个“信念 p”并且 p，但是一个信念是假的，如果它是一个“信念 p”并且¬p——基本上是亚理士多德的定义。亚理士多德只考虑“A 是”和“A 不是”这两种形

① 参见下文。（很有可能这是指未写的关于否定的那章——编者。）

式，他的说法是“说是者不是，或者说不是者是，就是假的，而说是者是，说不是者不是，则是真的”。①

尽管我们尚未使用“符合”这个词，我们的看法很可能会被称为一种真之符合论。因为如果A是B，我们就可以根据平常的用法谈论A是B这个事实，并且说它以某种方式符合信念A是B，因为如果A不是B，就没有这样的事实符合它。但是，我们只有在知道命题所指的分析之后，即知道“相信A是B”的分析之后，才能描述这种符合的实质。只有在我们知道信念的结果以后，我们才能说是什么类型的符合使真信念与事实联系起来。而且，我们很可能怀疑会有任何简单的符合关系适用于所有情况，或者我们甚至可能怀疑把这种关系描述为是“信念p”和“事实p”之间的关系是否总是对的。例如，如果一个信念是析取的，比如像实际上琼斯认为史密斯是一个骗子或蠢货那样，那么我们能够说一个“析取事实”，即“史密斯是一个骗子或蠢货”“这个事实”使它成为真的吗？（如果我们相信实在不含这样纯粹的“或者”，我们就不得不修正我们的说明。）或者，如果我们认为相信实在含有这样一个纯粹的“或者”是不可思议的，那么这个信念又符合什么呢？

但是，这些困难的情景不必使我们气馁或诱使我们以为采用一种意义模糊的所谓真之符合论是走错了路。因为我们提出了一种清晰的真之定义，这种定义由于根本没有诉诸一个符合概念而避免了所有这些困难。我们说，一个信念p是真的，当且仅当p；例如，一个信念史密斯是一个骗子或蠢货是真的，当且仅当史密斯是一个骗子或蠢货，否则就不是真的。确实，似乎可以用一种关于两个事实的符合的迂回说法代替这个定义；但是如果这样一种迂回说法最终不是合法的，那么它就没有证明我们的定义是错误的，而仅仅证明不应该严格地把它称之为一种符合论，而且应该把以符合对它的陈述看作仅仅是一种不准确的通俗的解释。我们说，真乃是当一个人相信A是B并且A是B，无论这样一种情景是不是能够被准确地描述为两个事实之间的符合。以符合不能描述它并不能表明它绝不出现，并且不是我们以真所表示的意思。

---

① Metaphysics，Gamma，6，1011b25，罗斯先生的翻译。

对真的这种说明仅仅是一种关于真的大白话。但是，没有什么平常话明显得使著名哲学家不否定它，而且冒着使读者生厌的危险，我们要再次坚持我们关于真的大白话。

让我们以如下三个陈述为例：

地球是圆的。

地球是圆的是真的。

任何相信地球是圆的人的信念都是真的。

在某种意义上这些陈述是等价的确实是显然的，因为不可能肯定其中一个并否定另一个而没有明显的矛盾。比如，说地球是圆的是真的但是地球不是圆的，这显然是不可思议的。

现在，这三个陈述中的第一个陈述并不以任何方式牵涉真这个观念，它不过是说地球是圆的。在第二个句子中，我们有后缀“是真的”，加这个后缀一般不是要改变意义，而表示广义上是类型理由（并且不影响该陈述意义）的东西。这样，确切地说，我们对它的用法就像“尽管”这个词的用法一样，即承认一点，但是否认一种建议的结果：“地球是圆的是真的，然而……”或者当人们问我们“这是真的吗”的时候，我们常常用这种方式来说话：“是的，这完全是真的。”（但是在最后这种情况，“地球是圆的是真的”这个短语正在从简单的意谓地球是圆的改变为……）

第二个陈述的意义是不太清楚的，它可能仅是第一个陈述的同义语，但是更为经常的是含有对某种可能性的指称，即某人相信或说地球是圆的。我们现在不仅认为地球是圆的，而且认为由于地球是圆的，因而任何相信或说它是圆的人①的信念或说的话是真的。我们从以上第一个陈述过渡到第三个陈述。但是第三个陈述在某种意义上不过是相当于第一个陈述，而且这里只不过是联系某人说或相信第一个陈述的可能性而考虑到它。以一种并列的情况为例，我们可以简单地说“苏格兰的天气在七月是很坏的”，或者我们可以参照对我们一位朋友的影响来考虑这个事实并换一种说法：“如果你是七

① 例如，我们正在与之交谈的人可能刚刚说明这一点，而我们承认它。“是的，一如你说，地球是圆的是真的，但是——”，或者我们可能说明这一点，而别人问我们，“你刚才说的，即地球是圆的是真的吗”“是的，它完全是真的。”

月在苏格兰，你就会遇到坏天气。”因此，我们也可以认为地球是圆的是一种可能的信念主题，并且说“如果你认为地球是圆的，你的认识是真的”，而这不过是相当于：当你认为地球是圆的时，地球有你认为它所具有的性质，即它是圆的。

所有这些确实是非常明显的，以致人们羞于坚持它。但是，从哲学家们非同寻常的方式可以看出我们的坚持是必要的，因为他们以这样的方式产生了一些与我们平凡的说法一点也不相容的真之定义，即这样一些定义，根据它们，在没有地球是圆的是真的条件下，地球可以是圆的。① 这里的原因存在于一些混淆之中，而如果我们一定以它们特别普遍的情况来判断，回避它们则必然极其困难。在本文其余部分，我们将只考虑为我们平凡的说法——一个信念 p 是真的，当且仅当 p——辩护，并且努力澄清围绕它的混淆。

第一类混淆是从我们正在试图回答的问题的歧义性产生的。这个问题是：“什么是真”，它至少可以用三种不同的方式来解释。首先，有一些哲学家看不出以“真”**意谓**什么会有任何问题，却把我们关于这个词的解释看作明显是对的，并进而在“什么是真”的题目下讨论给出区别真假的一般标准这个不同的问题。例如，这是康德的解释②，而且他相当坚定地继续说，这样一种一般的真之标准的观念是不可思议的，人们讨论这样一个问题是愚蠢的，就像一个人挤一只公山羊的奶，而另一个人拿着一个筛子去接奶。

其次，即使我们同意这里的问题是在解释其意义的意义上定义真，根据我们准备表示满意的定义种类，这个问题也能带有两种相当不同的复杂情况。我们的定义是一种借助命题所指的定义，我们把命题所指看作一个已经理解的词。但是有人可能会认为，命题所指这个概念本身需要分析和定义，而一

---

① 比如根据威廉·詹姆斯，一个实用主义者既能够认为莎士比亚戏剧是由培根写的，又能够认为其他某人的意见，即莎士比亚写了它们，“对他来说”可能完全是真的。（“The Meaning of Truth”，p. 274.）关于对一个人是真的东西对另一个人可能不是真的这样一种观念，参见下文。

② 参见 *Kritik der reinen Vernunft*，“Die transzendentale logic.” Einleitung（序）III（A57 = B82）：“这个古老而著名的问题……**什么是真**？对真的名词解释，即真是认识与其对象的一致，在这里是被赠与和预设的；但是人们要求知道，任何一种认识的真的普遍而可靠的标准是什么。”之所以不能有这样的标准的原因在于，每一个对象都是可区别的，因而它有某种东西对它是真的，而对其他对象不是真的（适合它而不适合其他对象）。因此，无法保证不涉及有关对象的真。

个借助如此模糊的概念得到的真之定义即使表现出什么进步，也非常小。如果一个信念等同于琼斯先生早上10点所思考的东西，而我们问称这个信念如此等同于一个真信念是什么意思，那么为了应用我们迄今所得到的唯一回答，我们就需要知道琼斯先生的信念是“信念 that”；例如，我们说如果地球是平的是一个信念，那么如果地球是平的，这个信念就是真的。但是，对于许多人来说，这似乎可能不过是逃避了这个问题最困难、最有意思的部分，而这一部分一定是要发现10点钟在琼斯先生心灵中的那些印象和观念是如何并在什么意义上构成或表达了一个“信念 that 地球是平的”。人们会说，真就在于观点和实在之间的一种关系，而不加分析地使用命题所指这个词不过是掩盖和回避了这种关系所牵涉的所有实际问题。

必须承认这种指责是正当的，而且一种不加分析就接受命题所指这一概念的真之说明不可能被看作完整。与这个概念相联系的许多问题确实牵涉依赖于它的真。例如，如果“命题所指”相对于不同种类的信念有相当不同的意义（如同许多人认为的那样），那么类似的歧义在“真”中也是明显的，而且显然只有解决了这个和所有类似问题之后，我们才会确实清楚地得到我们的真之观念。

但是，尽管把真还原为命题所指是这种分析的很小一部分，并且是最容易的部分，这也不会因此而是我们能够忽略的部分。（认识到真和命题所指不是要求分别分析的独立观念不仅是至关重要的，而且正是真依赖于所指并且必须通过所指来定义，而不是所指通过真来定义①。）因为至关重要的是在任何情况下认识到这个问题以这种方式分为两部分②，既把真还原为所指和

① 也许这可能会被否定，如果所指在真信念和假信念的情况会是某种本质上不同的东西；例如，如果一个人今天相信明天将下雨，以某种方式是一个信念“明天将下雨”，而这种方式恰恰依赖于明天的天气最终如何。但这是荒唐的，因为这会允许我们干脆考虑预言者期待的实质并考虑它是由真所指还是由假所指，以此而提前确定天气。

② 人们有可能问问题的这种划分是不可靠的，不是因为一个信念的真不明显依赖于它的所指，即所相信的东西，而是因为所指在真和假这两种情况可能会是本质上不同的，因而实际上有两种初始观念，真所指和假所指，而它们是需要分别分析的。然而，在这种情况下，我们只要看一看一个信念A是B是一个“信念A是B”的方式是真所指还是假所指的方式，以此我们不用看A就能够说明一个信念A是B是真的还是假的，并且我们可以从一个事实确定的推论明天会是晴朗的，这个事实是：某人以某种特殊的方式，即假所指的方式相信，明天会下雨。

分析所指本身，还要清楚在任何时候所处理的是问题的哪一部分，不仅如此，基于许多目的，我们要求的只是问题解答的第一和最容易的部分。我们常常不考虑在特定的时间、在特定的人心灵中出现的信念或判断，而考虑比如“所有人都是要死的”**这**个信念或判断。在这样一情况，我们唯一有可能需要的真之定义就是借助命题所指所表达的定义，而这在“所有人都是要死的”**这**个判断的概念中是预设了的。因为当我们谈到“所有人都是要死的”**这**个判断的时候，我们实际所探讨的是有那个命题所指的任何特殊场合的任何特殊的判断，而这就是一个判断“所有人都是要死的”。这样，尽管在任何完整的真之探讨中必须面对所指这个概念中所牵涉的心理学困难，但是最好还是首先有一个定义，这个定义对许多目的都是充分的，并且只依赖于最简单的考虑。

无论完整的定义可能会是什么，它必须保留真与所指的明显联系，一个信念“that p”是真的当且仅当 p。我们可以嘲笑这是平凡的形式主义，但是既然我们不能合理地反驳它，它就对任何更深层的研究提供了一种表层的检验，而这些研究必须符合这种明显的关于真的大白话。

8.2 同一的真与符合的真

玛里安·大卫

1

根据标准的信念分析，信念活动的心灵状态牵涉一个相信者和一个**命题**之间的关系。命题是某种有些特殊的对象。如果你相信蝙蝠是哺乳动物，那么就有某种你相信的东西。**你所相信的东西**被说成是**蝙蝠是哺乳动物**这个命题。这个命题是信念关系的对象和你的信念状态的**内容**：命题是“内容对象”。此外，命题可以被分享。如果你和我都相信蝙蝠是鸟，那么我们相信相同的事情；我们都与蝙蝠是鸟这个命题处于一种信念关系。对信念的命题分析扩展到其他许多状态和行为，包括思维、判断、假定、断定、陈述和说道：它们都被解释为使我们以不同方式与命题联系起来。这种分析提供了一种观点：命题是真和假的首要承载者。一个信念（思想、陈述）的真乃是由其内容的命题的真得出来的。如果你相信蝙蝠是哺乳动物，那么你的信念是真的，当且仅当蝙蝠是哺乳动物这个命题是真的。一般来说，一个真信念是一个有真命题做其内容的信念。命题也是更宽泛的逻辑性质和关系（衍推、不一致性、必然真）的承载者，因为它们都与真紧密地联系在一起。

那么一个命题是真的是什么意思呢？根据真之**符合**论，一个命题是真的，当且仅当它符合一个事实，而一个命题是假的，当且仅当它不符合任何事实。这种符合论有一些竞争理论。其中之一是**同一论**。同一论提供了一种令人吃惊的简化表达。它认为真命题并非符合事实，真命题**是**事实，并且反之亦然：

（IT）对每个 x，x 是一个真命题，当且仅当 x 是一个事实。

“同一论”这种称号似乎是贴切的，因为（IT）隐含着：一个真命题是与一个事实同一的。注意，（IT）实际上并没有求助**同一**这个概念。但是，把“是一个事实”扩展为“是与一个事实同一的”，就很容易使这个概念具体体现出来。最好把这两种表述方式看作相同观点的不同表达。但是同一论不应该与其较弱的同类理论相混淆，后者是：“一个真命题是一个事实（一个真命题是与一个事实同一的）”。这为许多不与真命题同一的事实留下了空间。它被同一论所隐含，但是它并不隐含同一论。

同一论的一种说法早在20世纪就被G. E. 摩尔所提倡：“一旦明确认识到命题指称的不是一个信念或话语形式，而是一个信念对象，似乎就很明显，一个真命题与人们仅仅假定它所符合的实在没有什么不同。比如，我存在的真与相应的实在——我的存在——没有什么不同”（Moore 1901～1902，21）。①

① 这只是使摩尔赞同（IT）的较弱的同类说法，但是上下文说明他的意图是（IT）。其他倡导者包括罗素（1904，74－76）、迈农（1910，第3章）、弗雷格（1918，74）、杜卡斯（Ducasse，1940）和奇硕姆（1977，第5章）。摩尔不久就抛弃了这个理论。罗素只是简要地说到它，而且漫不经心。弗雷格提到它一次（他称命题为“思想”）——但是同一论与他关于语义的全面看法似乎是不一致的，而且他这种论述的上下文看不出他对它是不是完全认真的。近来同一论得到一些人的重新关注。坎德利施（Candlish，1989）引入了“同一论”这一称号，他与巴尔德文（Baldwin，1991）讨论了布拉德雷的说法。布拉德雷似乎更喜欢符合“真是与实在同一的”这种方式的“整体论的”表述（参见 Candlish，1989，338）。他似乎并未沉湎于把**真**与**事实**显现为一些真东西与一些事实。巴尔德文提供了一段引自黑格尔的话：“真在更深的意义上在于客观性与概念之间的同一”（1830，§213）。在迈克道尔（McDowell，1994，27）的论著中出现了一种同一论的说法。它是霍恩斯比（Hornsby，1997）延伸讨论的起点，然而不清楚的是，霍恩斯比的正式表述是不是这种较弱的同类说法或（IT）：“同一论压缩在如下陈述中：可思考的真东西与事实是相同的”（1997，2）。

摩尔提倡这种观点的时候，他还坚持认为，真归根结底是不可定义的。罗素（1904，75，f.）和弗雷格（1918，60）也主张同样的观点。我把（IT）表述为一条关于真的基本原则或“理论”，而不是一个定义，以便为这种态度留有空间。然而要注意，（IT）与其较弱的同类理论不同，它提供了一个等价式；因此它至少有回答“什么是真”这一问题的正确形式。但是人们可能会不明白，把（IT）作为一种**真**之理论而不是事实理论，这样谈它是不是贴切。看到这个等价式，人们趋于经验到一种格式塔转换。这被假定为一种关于真的主张还是被假定为一种关于事实的主张呢？似乎很难区别。摩尔本人倾向于后一种观点，而弗雷格的说法使我们想到关于事实的说明而不是关于真的说明：“什么是事实？一个事实是一个是真的思想”（1918，74）。

为了眼下的目的，判定（IT）是否能够有可能用作一个定义，或者甚至是否能够把它看作一种关于真而不是关于事实的理论，并不是决定性的。我们可以简单地把它当作一条原则，表达了一个关于真和事实的（极小）理论。要点在于，无论一个人在这个问题上采取什么态度，如果（IT）是一条关于真（和事实）的真原则，那么真之符合论似乎就会是错误的。这两种理论似乎是不相容的。奇硕姆有不同的看法：“在这种情况下，真命题在什么意义上可以被说成‘符合’事实，乃是没有什么问题的。它们在最可能完整的意义上符合事实”（1977，88）。奇硕姆把同一解释为符合的一种有限情况。而摩尔（1901～1902）和弗雷格（1918）则把同一论和符合论看作对抗的理论。由于他们拒绝后者，理由是不同东西之间的真正符合是不可能的，因而他们显然是假定，符合这个概念预设了符合之物的非同一性。尽管这在某种程度上是一个言词问题，但是似乎最好在这一点上遵循摩尔和弗雷格。符合论者通常认为，真命题不能同一为事实；他们想说，事实是**真之制造者**——真命题**因为**事实而是真的，它们是由事实而**成为真的**。如果同一被看作一种意向意义上的符合关系，这样的主张就会是无意义的：说真命题由自身而成为真的乃是无意义的。

同一论会使许多人强烈感到相当古怪。一个人怎么会达到这样一种奇怪的观点呢？毫无疑问，与不同事物之间的真正符合的（所谓）不可能性，一个人可能有些深层次的形而上学的理由。但是我认为，这种观点的主要根源之一在其他地方。我认为，同一论是某种从谈论真和谈论事实与“that”从句的用法如何相互作用的方式中非常自然产生的东西——就是说，它是自然产生的，如果一个人包含了对信念的命题分析①。命题论者认为，在“S 相信蝙蝠是哺乳动物”中，“that”从句指它那个内嵌的句子所表达的命题；它是其所指物的一个明晰的名字（摹状词、说明语），因为它同一于（明确说明）所指的命题，同时又指称它。我们也可以用普通的限定摹状词来指称一些命题，比如“苏珊最喜欢的命题”，而且如果我们愿意，我们也能以专名来命名命题。但是这些指称命题的方式不像“that”从句那样明晰；它们并不自动向我们表明所指的是哪一个命题。此外，与普通的摹状词不同，“that”从句对其所指物总是提供一种本质描述（明确说明）。假定苏珊最喜欢的命题是“蝙蝠是哺乳动物”这个命题。这个命题很可能未能成为苏珊最喜欢的命题，但是它不可能未能成为蝙蝠是哺乳动物这个命题——“that”从句“严格地指示”它们所指称的命题。

让我们以“that p”这个模式表达式表示一个“that”从句，在这个表达式中，“p”这个虚设的字母可以被任何陈述句所替代。请考虑具有“（that）p 是真的”这种形式的句子。它们看上去不像主谓句，因为“that”从句似乎不起主语表达式的作用。它们看上去像是把“（that）是真的”（it is true that）这个算子用于一个句子所得的结果。然而，一个命题论者必须坚持认为，这样的句子的语法表面结构是引入误解的。他想把握具有如下形式的推理：“她相信 p；p 乃是真的；因此她相信某种是真的东西”（即对某个 x，她相信 x 并且 x 是真的——这里，“x”这个对象变元的范围是命题）。为了把握这样的推理，他必须认为，“（that）p 是真的”这种构成基础的逻辑形式是通过把它重新塑造为主谓形式（“That p 是真的”）而揭示出来的②这里的

① “that”是一个语法词，引导一个从句。在中文中一般翻译不出来。比如，“S believes that bats are mammals”。其中的“that”引导“bats are mammals”这个从句，一起做动词“相信”的宾语。由于本文的讨论涉及英语句法，因此在翻译中保留“that”这个词。——译注

② 这里涉及英语表达的句法形式，中文翻译有些困难。我们一般采取如下翻译：（1）“p 乃是真的”［或“（that）p 是真的”］ = It is true that p；（2）“That p 是真的” = That p is true 这样的翻译处理是为了给一种更经常的表达留有空间：“p 是真的”（p is true）。但是，在不涉及句法探讨和区别的时候，我们也采用“p 是真的”作为（1）的翻译。一般来说，这样的区别主要是句法上的。——译注

“that”从句是作为指一个命题的逻辑主语出现的；它与一个谓词，即“x是真的”融合起来产生一个主谓句，这个主谓句把是真的这种性质赋予这个“that”从句所指的命题。命题论者的这种分析使“that”从句进入**所指的位置**。考虑一个例子，“That 苍蝇是昆虫是真的”（That flies are insects is true）。“that”从句所占据的这个位置可以被一个指一个命题的专名来占据。此外，这个位置是以量化方式达到的，就是说，“That 苍蝇是昆虫是真的”蕴涵着“有某个x，使得x是真的”并且它被“对每一个x，x是真的”所蕴涵。

一旦命题论者对“that”从句的处理处于适当的位置，就有一种从真与事实的谈论中“that”从句的普通用法到同一论的平稳过渡：

(a) p乃是真的当且仅当p乃是一个事实。

(b) That p是真的当且仅当p乃是一个事实。

(IT) 对每一个x，x是一个真命题当且仅当x是一个事实。

过渡活动从模式（a）开始，它记录了一种牵涉真的初步观察。替代它的个例情况（以陈述句替代“p”这个虚设字母所得的结果）是显然和必然真的。随着命题论者的重新处理，模式（a）变成模式（b），后者经过概括，就得出表达真之同一论的普遍概括式。

有了对信念的命题分析，从（a）到（IT）的活动记录了一种自然的思想进步，毫不费力地导致真之同一论。但是，这一导出方式不是演绎。从（a）和（b）到（IT）这一步依靠一个缄默的假定：（b）的个例替代情况所牵涉的所有“that”从句都指命题（并且依赖如下假定：左边的东西与右边的东西一样总是指相同的命题）。做这样的假定对一个命题论者是自然的——他甚至可能发现自己拥有一条更一般的原则：每一个“that”从句指一个命题（如果它内嵌的句子是有意义的）。然而，“that”从句若是在所指上不可靠，它们若是易于将所指从命题转移到其他东西，那么对信念的命题分析会是什么样子？我们可以记下一个以后迟早有用的结论。同一论的导出本质上牵涉三种要素：模式（a），对信念的命题分析［这使我们从（a）到（b）］，还有一种假定：“that”从句有充分稳定的所指［这使我们从（b）到（IT）］。既然模式（a）似乎是不可触及的，因而得出，一个想依然待在命题论者框架内的符合论者，若要避免看到她的理论陷入同一论，就不得不拒绝"that"从句稳定地指命题这种假定。更明确地说，她至少不得不拒绝假定，谈论真和事实所牵涉的"that"从句具有对命题稳定的指称。

同一论如何不同于一种真之紧缩论，比如霍维奇（1998）提倡的那种，考虑这一点对我们是有教益的。这种紧缩论集中在等价模式（E）：

（E）p 这个命题是真的当且仅当 p。

大致说来，霍维奇的紧缩论主要在于（E）的个例替代情况所表达的命题的无穷集合，这里，（E）的一种个例替代情况是一个句子，它是用英语或英语某种可能的延伸所表达的一个陈述句替代"p"所得的结果。这两种理论之间有两个基本区别。其一，紧缩论不对事实承诺。其二，它不提供关于真的普遍概括；相反，它"提供"一个关于真的特殊命题的无穷集合。与同一论不同，紧缩论是无穷的。这个理论本身不能被陈述；它只能通过指称（E）而被限定。此外，不能把它变为一条普遍原则。刚才通过概括从模式（b）得出（IT），但是模式（E）与模式（b）不同，它甚至得不出一个关于命题的合适的一般主张，因为在它的右边没有任何所指的东西是变元 x 所涵盖的［它不具有"x 是真的当且仅当 x 是……"这种形式，就是说，（E）右边的虚设字母"p"不是处于一个所指位置］。我们可能还注意到，模式（E）受到增加本体论这样一种特殊问题的困扰。以（E）的任何个体替代情况为例，它的左边蕴涵一个它的右边所不蕴涵的存在断言，即一个具有"p 这个命题存在"这样形式的断言。（IT）没有这样的问题：从它的一边到另一边，域中的对象数量都是恒定的。

摩尔在提出同一论几年以后拒绝了它（Moore 1953，308）。他的反对意见很容易陈述。假定 p 这个命题是（或然）真的。根据同一论，无论这个命题是真的还是假的，它都存在。但是如果 p 这个命题是假的，那么 p 这个**事实**就不会存在。因此，p 这个事实不能是与 p 这个命题同一的。这个论证是荒谬的。以这样一个论证人们可能会"证明"丈夫与已婚男人不是同一的。比如，约翰是玛丽的丈夫。即使约翰没有与玛丽结婚，他也会存在。这样，玛丽的丈夫也就不会存在。这得不出玛丽的丈夫与约翰不是同一的。这里所得出的只是：实际上是玛丽丈夫的那个人有可能不是玛丽的丈夫。与此相似，从“如果p这个命题是假的，p这个事实就不会存在”得不出这个事实与这个命题不是同一的。这里所得出的只是：实际上是p这个事实的那个对象（那个命题）有可能不是一个事实。因此，它有可能不是p这个事实。换言之，如果这个命题是假的，那么它就不可能会被正确地描述为“p这个事实”。这个回应基本归功于卡莱特（Cartwright，1987，76～78）。他指出，摩尔的反对意见假定，一个具有“p这个事实”这种形式的表达式是一个严格指示词，指示在p所存在的每一个世界中p这个命题。这是诉诸假定，因为同一论者将认为，一个具有“p这个事实”这种形式的表达式是不严格的，只指示在那些p是真的的世界中的命题。①

但是同一论关于假确实有一个问题，而且当涉及假的时候，该理论的倡导者常常简要得令人怀疑。② 起初人们可能会认为（IT）已经探讨了假，把它作为真的否定：对每一个x，x是一个真命题，当且仅当x是一个事实，并且x是一个假命题，当且仅当x不是一个事实。然而，不是这样，因为这会隐含着，存在的每一事物都是一个命题，包括G. E. 摩尔和每一个命题的每一个部分。对于“诉诸于迈农式”，并且对于说一个假命题**是**一个**不存在**的事实（而一个真命题是一个确实存在的事实）是有一种诱惑的，但是没有不存在的事实。因此，一如柏拉图指出（*Theaetetus*，188～189），同一论的这种说法的结果就是我们不能思考什么是假的。因为当你思考什么是假的时，根据这种观点，你所思考的就是某种不存在的东西，所以它不存在，你的思想没有内容。因此你根本就没有在思考任何东西。为了以更有道理的方式探讨假，一个同一论者应该提出如下考虑之一：

（ITa）对每一个x，x是一个真命题当且仅当x是一个事实，并且x是一

① 注意，这与如下思想并不冲突：“（that）p这个事实”中的“（that）p”严格地指示p这个命题。

② 迈克道尔说，“当一个人思考并且他的思考是真的时，他所认为的东西就是情况所指的那样。因此，……在思想本身和世界之间没有鸿沟”（1994，27）。尽管他立即承认，思想可以“由于是假的而似乎远离世界”，但是这个没有鸿沟的结论依赖于一种从只对**真**思想本身成立的东西到思想本身的推论。

个假命题当且仅当x是一个命题，而这个命题不是一个事实。

（ITb）对每一个x，x是一个真命题当且仅当x是一个命题，而这个命题是一个事实，并且x是一个假命题当且仅当x是一个命题，而这个命题不是一个事实。

（ITa）对（IT）有稍许增加，但是对真和假不是同等处理。（ITb）对真假同等处理，但是失去了（IT）质朴的简单性。此外，它的结果是，它允许不是命题的事实。这是值得注意的，但是它似乎与最初模式的精神相悖。（ITa）和（ITb）却有助于我们想起原初模式中已经隐含的一点。当你考虑是假的但有可能会是真的东西时，你所考虑的并不是一个事实，但是根据同一论，它完全可能会是一个事实。看上去，真和假应该是由相同材料形成的。如果真思想的内容是事实，那么假思想的内容一定已经是由那种形成事实的相同材料形成的。或者，我们应该把这倒过来吗？如果你考虑是真但可能会是假的东西，那么根据同一论，那个是你思想内容的事实可能不会是一个事实；它可能会仅仅是一种思想内容。这是建议说事实一定是由那种形成纯思想内容的材料形成的吗？

2

根据对信念的标准分析，我们的信念和思想的内容是命题。当真之同一论与这种分析结合在一起的时候，结果是相当令人吃惊的：真命题**是**事实。因此，p这个真思想的内容是p这个事实——到这个事实本身，而不是这个事实的某个替身或代表。但是，这难道不是有些奇怪吗？我们认为事实属于**世界**，或者确切地说构成**世界**。同一论唤起世界本身进入心灵的这幅图画吗——或这幅图画竟是一幅心灵包裹世界的图画吗？或者，我们是在被告知世界是由心灵构成的吗？

人们有时候说，一种真之符合论打开了我们的思想与实在之间的一条“鸿沟”——这条鸿沟一旦打开，它就变得不可逾越，这使人们不可能看到我们的思想如何能够与实在相匹配。人们有时候以类似的语气说，一种符合论会使人们不可能获得认识，因为一个信念的确证会要求在心灵中的一个思想和世界的一个事实之间有一种不可能的比较。姑且不考虑这样的担心最终对符合论有多么强的反对力量（我会说，不太大），同一论者可能会主张它们对同一论没有什么反对力量：如果一个真思想的内容**是**一个事实，那么首先绝不可能产生使思想内容与事实相匹配或进行比较的整个问题。这个理论对心灵和认识的形而上学有一些好结果。①

但是，产生这些好结果（如果确实有的话）的代价难道不是太高了吗？确实，同一论实际上所说明的东西将非常依赖于对命题和事实的实质的最基本的看法。事实被自然地看作由世界中的对象、性质和关系构成的。但是必须对这立即加以限定。普通的整体是由其部分构成的，但是事实不能是在这种意义上由其构成物“构成的”。如果你有所有的部分，你就有整体。但是，约翰、玛丽和爱的关系并不足以形成约翰爱玛丽这个事实。此外，约翰还必须处于爱玛丽的关系。还有，相同的部分不能同时形成两个不同的整体。但是，约翰、玛丽和爱却能够同时构成约翰爱玛丽这个事实和玛丽爱约翰这个事实。因此，事实是不可完全还原为其构成物的复合体：它们享受一种由世界的对象、性质和关系而构成的非部分——整体的模式。②

那么命题是怎么样的呢？命题有可能也是以某种非部分——整体方式构成的。但是它们的构成部分是什么呢？首先要注意，对信念的命题分析并不告诉我们有关命题内部构造的任何东西。它只为我们提供命题的关系性质：它们，或者至少它们中有许多一定是信念状态的可能内容。人们可以用来自弗雷格的熟悉观点来论证命题一定是由**概念**构成的——这里，一个概念应该被看作一种构想一个事物或一种性质的方式。③ 概念—命题有助于解释S如何可能相信穆哈莫德·阿里是一个拳击手，即使S不相信或怀疑卡修斯·克雷是一个拳击手：S以不同的方式考虑同一个人，即牵涉两个不同的概念—

① 这只适合有关认识的**形而上学**。同一论并不蕴涵着我们以某种方式免费获得的认识。比如，S相信p并且p是一个事实。这甚至根本不能得出S知道p。其他方式的考虑能够把认识与真信念混淆起来。

② 一个关于普遍的东西（性质和关系）的柏拉图主义者会认为，即使没有人爱过任何人，爱的关系也存在。一个亚理士多德主义者会认为，这种关系存在，仅当某人某时爱某人。当事实是由对象和亚理士多德主义者的普遍的东西构成的时候，它们似乎更是世界的。

③ 参见Frege 1892。弗雷格则会谈论词的“表达方式”和“涵义”，他以某种不同并有些奇怪的方式使用“概念”。

命题。就这类论证而言，概念可能是心灵实体或事件。它们可能是笛卡儿和洛克的非质料的**观念**，这些观念活在我们非质料的心灵之中。但是如果概念—命题是由观念构成的，那么要么同一论错得漫无边际，要么它导致一种彻底的唯心论，根据这种唯心论，事实是由心灵材料构成的，因此世界也是由心灵材料构成的。如果概念是霍布斯的质料观念，那么它们是大脑状态，而且世界就在我们的头脑之中。

然而，正像弗雷格不断指出的那样，概念—命题无论如何不能是由观念构成的。因为命题分析要求不同的人能够在不同的时间拥有相同内容的信念。由于观念是私有的，所以它们不能满足要求。这给我们的建议是，应该把观念看作观念的**类型**：不同的人能够在不同的时间有相同类型的不同标记的观念。这样，观念—命题就会是客观实体，是以构想事物和性质的客观方式构成的。根据这种与弗雷格自己的观点非常近似的观点，命题是抽象实体，不容易在空间或时间中定位。它们独立于个体思考者而存在。因此，我们的信念和思想的**内容**是我们心灵**之外的**，而这与山和蝙蝠是我们心灵之外的这种意思是完全不同的。但是它们在某种意义上肯定不是内在的，因为感觉和有标记的观念是我们心灵内在的（奇怪的是，这种内容观点常常被划分为内在论）。如果一个人沿着这些思路思考命题，他就不能以真之同一论使我们的思想内容外在化为理由来强烈反对它。然而，这种观点若是与同一论相结合，就会导致一种关于事实和世界的奇特看法。尽管它将把事实解释为客观的、独立于心灵的实体，但是它将把它们看作由对象和性质的客观概念构成的，而不是由对象和性质本身构成的。因此，卡修斯·克雷是一个拳击手这个事实将表现为一个与穆哈莫德·阿里是一个拳击手这一事实不同的事实——确实是相当奇特的。概念—命题处理得过于精细，不能形成合适的事实。

有一些广泛讨论的论证，它们大意是说，弗雷格探讨内容的途径一定是错误的。这些论证可以被理解为依赖一条使内容这个概念与真这个概念联系在一起的原则：**必然地，x 与 y 有相同的命题内容，仅当 x 与 y 有相同的真值**。这条原则集结了（弗雷格式的人物的）一种观念：无论内容是什么，一个信念的内容一定是决定该信念真值的东西。克里普克（1972）指出，“亚理士多德生于斯塔吉拉”和“《形而上学》的作者生于斯塔吉拉”所表达的思想可能会有不同的真值（《形而上学》有可能是由特奥弗拉斯特斯撰写的）。有了以上原则，则可以得出，这两个思想有不同的内容。对亚理士多德的考虑（很有可能这是我们可以做到的）似乎丝毫说明不了克里普克的观察，而且这给许多人的建议是，亚理士多德**本人**是亚理士多德生于斯塔吉拉这个思想的一个构成部分。普特南（1975）提出他的孪生地球思想实验，对有关自然类的词作出一种不同的论证说明。孪生地球在所有方面就像地球一样，包括它的居民的神经生理构成，唯一的区别是那看上去和尝起来完全像水的液体不是H_2O，而是XYZ。由于这两种实体在质量上是不可区分的，孪生地球的一个居民在**公元**1750年将像他在地球上的孪生伙伴看待水那样看待XYZ。然而，以孪生地球人的“水”句子所表达的信念将由于XYZ而成为真的或假的，而以地球人的“水”句子所表达的信念将由于H_2O而成为真的或假的。想象一个地球人和一个来自孪生地球的旅游者，他们都指着密执安湖并同时说出“这是水”：他们各自的信念会有不同的真值，而这些真值隐含着它们没有相同的内容。最后，卡普兰（1977）指出，“我饿了”这个言语表述在卡罗说的时候常常有一种不同于鲍勃所说的真值，而这又隐含着所表达的思想有不同的内容。

这种关于内容的观点似乎是为真之同一论定作的。它使内容成为外在的——在某种意义上比弗雷格的观点更强，因为它使内容依赖于思考者的**时空环境**——而且它建议，我们思想的内容是由对象和性质构成的，而这符合我们关于事实构成部分的直觉观点。当然，由于我们的思想能够是假的，我们就不得不接受有一些恰恰像事实一样的实体，只不过它们不是事实：**杯子是由水制成的**就会是这样一个实体。奇硕姆对同一论的表述（1977，第5章）非常适合这种观点。他说，命题（紧靠事件）是一种**事物状态**：一个命题是真的，当且仅当它是一个得到认同的事物状态，而一个命题是假的，当且仅当它是一个没有得到认同的事物状态。他说，得到认同的事物状态是事实。我们可能会说，没有得到认同的事物状态是非事实。[①] 当然，为同一论定作是有代价的。我们现在又回到了这样的观点：世界事实如果是真的，它

① 造成混淆的是，奇硕姆把事物状态和命题解释为弗雷格式的概念实体。

们就是我们思想的内容，而且事实的构成部分——珠穆朗玛峰、半人马座阿尔法星、穆哈莫德·阿里、跳蚤、鳄梨树——无论是真还是假的，它们是我们思想内容的构成部分。

然而，这种关于内容的强外在论观点得到了很好的论证。因此，无论真之同一论最初显得多么异乎寻常，它似乎已经由内容理论中相对坚实的结果得到了辩护。此外，围绕同一论的某种悖论气氛是能够消除的，方式是指出它是由使用“内容”一词得出来的。这个词是从对信念的命题分析继承来的，这种分析把命题作为信念状态的内容来谈论，就好像一个信念状态是某种容器。但是这肯定是有些比喻的味道。这个词正好是一个与“that”从句结合在一起并且与“S 所相信的”这个短语结合在一起的标志。为什么不把比喻换掉而说命题是信念的**对象**呢？我们通常指称玛丽为约翰爱的对象。因此，如果 S 的相信 p 的状态被假定为是一种与命题的**关系**，那么我们难道不应该指称那个命题为 S 的信念对象吗？[①] 注意，我们根本没有发现指称珠穆朗玛峰是 S 的信念的对象有什么异乎寻常。把命题和事实看作信念的对象可能会有助于消弱抵制同一论（尽管似乎可以质疑，在某种“对象”的意义上，珠穆朗玛峰和珠穆朗玛峰是一座山这个事实都是珠穆朗玛峰是一座山这个信念的对象）。但是，同一论有一个更严重的问题。关于内容的强外在论观点并没有为同一论作出完整的辩护，因为围绕强外在论的论证只适用于专名、指示代词和自然种类词。只有以这样的词完全表达的思想内容才是强外在的。人为概念和其他功能概念不是“可孪生地球的”：一种孪生地球饮料是一种饮料，即使它含 XYZ。此外，这些论证甚至对自然种类的复合概念不起作用。如果孪生地球上有氢气和氧气，那么一个孪生地球人能够考虑氢气和氧气，这样他就能够在没有水的情况下形成 H_2O 这个概念。[②] 因此，强外在论仅适用于我们思想内容的一个子集，只适用于我们能够考虑的命题的一个很小的子集。但是同一论说，**每一个**真命题都是一个事实（并且每一个假命题就像一个事实一样被构成，只不过它不是一个事实）。强外在论只是为

① 参见开始时引用的摩尔的那段话（1901－1902，21）。

② 这是被科林·迈金指出的［参见他关于外在论令人印象深刻的讨论（Colin McGinn，1989，第一章）］。

真之同一论提供了非常部分的辩护。

让我们整理判断一下。有了对信念的命题分析，命题就不能是心灵实体。即使它们可以是心灵实体，把关于命题实质的心灵主义与真之同一论结合起来也会导致彻底的唯心论。关于命题实质的弗雷格式说明是一种关于内容的外在论，根据这种观点，命题是构想对象和性质的客观方式的复合构成。把这与同一论结合起来，则导致一种关于事实实质的独特专门的看法。克里普克、普特南和卡普兰等人激发的关于内容的强外在论观点若是与同一论相结合，则导致一种关于**某些**事实的实质的有道理的看法，但是强外在论并不——绝不——涵盖我们所有思想内容。选择一种有关内容的混合观点是诱人的：让关于内容的强外在论尽可能大行其道，并且让弗雷格式的某种概念—命题说法占领剩余的地盘。这将要求人们允许混合的命题，它们部分是由世界中的对象和性质、部分是由构想对象和性质的客观方式构成的。只要是考虑内容理论，这似乎是有希望的，但是只要考虑真之同一论，采取这样一种混合的观点就不会有什么帮助。同一论仍然需要有大量特殊的事实。

3

让我们看一看符合论。（我的意思并没有暗含着应该把同一论的失败算作符合论的证据。我不过是把自己的注意力限制在这两个途径上。）特别是让我们考虑一下某种会与同一论相对抗的符合论，即一种谈论事实与命题之间符合的符合论，这里，命题是在忠实于对信念的命题分析的意义上理解的。让我提醒你回想一下我在第一节评论同一论的“导出”时得出的结论。一个符合论者若想忠实于命题论（propositionalism）同时又未看到其观点陷入同一论，则不得不拒绝一种假定，而一旦命题分析是适宜的，就会非常自然地产生这种假定。这种她不得不拒绝的假定是：谈论真和事实所牵涉的“that”从句拥有对命题稳定的指称。拒绝这一点将牵涉拒绝一种观念：在像（a）（“p 乃是真的当且仅当 p 乃是一个事实”）和（b）（“That p 是真的当且仅当 that p 是一个事实”）这样的模式的个例情况的替代中，“that”从句总是指相同的东西。

考虑对同一论的如下反对意见。这种理论使人们赞同事实是真的这种观点：每一个事实都是一个真命题，每一个真命题都是真的；因此，每一个事实都是真的，而这是荒唐的。同一论者想从容对待这一点。她想要说，“事实是真的”字面上是真的；它仅仅听上去是荒唐的，因为它相当于真命题是真的这种冗余的断言。以这种方式，即通过坚持认为反对意见所宣称为一种反证法的东西只是听上去奇怪而实际上是真的，总能“对付”以上这样的反对意见。而且这类回应并不一定没有优点：哲学家确实发现自己有时候由于相当可靠的理由而说一些奇怪的东西。但是眼下这种情况有些特殊。因为导出阻碍符合论的同一论，本身要依赖于一种关于谈论真和讨论事实的语言主张。因此，指出一点似乎确实是相当恰当的，即谈论真和谈论事实并不是像同一论者可能会喜欢的那样一起平稳进行的。奥斯汀（1961）提供了一些情况，比如，我们可以说“苍蝇是昆虫乃是真的”，也可以说“苍蝇是昆虫，这是真的”，但是我们不能说“苍蝇是昆虫乃是一个事实”或“说苍蝇是昆虫，这是一个事实”。一个更普通的观察是，事实可以明显是原因：“恐慌是由剧院起火这一事实引起的。”但是命题及其近似相关的东西（陈述、判断等）却没有原因效用。因此，事实可以被发现和掩盖，而且解释渡渡鸟灭绝了这一事实则牵涉一些与解释渡渡鸟灭绝了这一命题或陈述非常不同的活动。

因此，有大量证据使人们认为，谈论真与谈论事实并不是结合在一起平稳进行的。但是指出这一点是不够的。谈论真与谈论事实是如何联系的，有些东西还是需要说一说的。尤其是需要澄清“that”从句的作用。让我们从具有“p 这个命题”和“p 这个事实”这种形式的单称词开始。乍一看，它们就像是限定的摹状词。但是它们似乎不太可能被解释为普通限定摹状词。“p 这个命题”这个短语并不以罗素的方式分解为：“有一个并且只有一个命题 x，使得 x 是一个 p，并且 x 是……”让我们称这样的摹状词为准摹状词。它们如何起作用呢？把它们与“朱庇特这颗行星”和“朱庇特这个神”进行比较。这些短语也不像普通限定摹状词那样起作用。“朱庇特以外的那颗行星”这个普通摹状词指一个与朱庇特不同的事物，方式是把它与“朱庇特”这个内嵌的名字所指的东西联系起来。但是“朱庇特这颗行星”与“朱庇特”这个内嵌的名字指相同的事物。因为“朱庇特”是一个有歧义的名字，所以这样的准摹状词是有用的，它们允许我们消除内嵌名字的歧义；“……这颗行星”和“……这个神”告诉我们如何接纳“朱庇特”这个名字。此外，与普通摹状词不同，它们不用费什么事情就能够转变为主谓句：“朱庇特这颗行星”直接变为“朱庇特是一颗行星”，其中的谓词用来以反作用的方式消除这个名字的歧义。

好了，“p这个命题”和“p这个事实”这些准摹状词的作用恰恰就是那样的。就是说，“that”从句“（that）p”是**有歧义的**，当它后面跟着“……这个命题”的时候，它指一类事物，即指一个命题，而且当它后面跟着“……这个事实”的时候，它指另一类事物，即指一个事实，条件是有一个恰当的事实。“p这个命题”这个准摹状词指内嵌在“that”从句中的句子所表达的命题。“p这个事实”这个准摹状词指什么呢？指一个事实。指哪个事实呢？它指任何这样一个事实，对于内嵌在“that”从句中的句子所表达的命题而言，该事实起真之制造者的作用。如果那个命题没有真之制造者，那么这个表达式就不指称。由于“p这个事实”是一个准摹状词，因此内嵌的有歧义的“that”从句与整个准摹状词指相同的东西，如果有任何这样的东西。而且，由于准摹状词能够变为主谓句，其中谓词不得不以反作用的方式来做消除歧义的工作，因而我们这两个准摹状词就很容易转变为“That p是一个命题”和“That p是一个事实”。这两个“that”从句指不同的东西。而且，由于“That p是一个事实”中的“that”从句指一个事实，当且仅当它内嵌的句子表达一个真命题，因此“That p是一个事实”与“That p是一个真命题”是等价的。这说明了模式（b）——that p是真的当且仅当that p是一个事实。它也说明了模式（a），因为根据命题论，它们是相互变换的符号表达。

符合论者可以拒绝假定“that”从句在真与事实的谈论中有稳定的所指。他们可以对“that”从句为什么和如何使所指物从命题转向事实提供一个可行的说明。但是为了得到一个似乎是有道理与合理的世界事实相符合的理论，符合论者还需要做更多的事情。以一种简单的符合说明为例：一个命题是真的，当且仅当它符合一个事实，并且一个命题是假的，当且仅当它不符合一个事实。我们在上一节看到，命题很可能会有很大变化。会有由对象和性质构成的命题，会有由概念构成的命题，也会有部分由对象或性质、部分由概念构成的混合命题。除此之外，还会有逻辑复合命题，其直接构成部分是简单命题。一种合理的符合论应该使各个真命题符合一个由对象、性质和关系构成的世界事实。

这应该如何进行的基本思路已经由**原子论**的真之符合论的倡导者提供给我们，最初是由维特根斯坦（1921）和罗素（1918）提出的，后来是由大卫·阿姆斯特朗（1997）和其他一些人修改和发展的。这一途径的第一步是拥护**真之制造者原则**：对每一个真东西，世界上一定有某种东西使它成为真的，每一个真的真之承载者一定有一个真之制造者。[①] 下一步是拒绝一个有诱惑的观念，即真之承载者与真之制造者之间有一一对应符合的关系。确实，这种关系是多多对应符合的：一个命题能够被不同的真之制造者制造为真的，而且不同的命题能够被一个真之制造者制造为真的。析取命题提供一个富有启示的例子：一个析取命题是真的，当且仅当其中一个析取支是真的或两个析取支都是真的。因此，不需要一个析取事实使一个析取式成为真的，也不需要在世界中发现一个与以“或者”所表达的逻辑概念相对应的部分：“我的基本看法是，‘逻辑常项’不是代表；不能有事实的**逻辑**的代表”(Wittgenstein 1921, 4.0312)。这里的希望是能够以某种方式处理所有逻辑复合命题，因而不需要任何事实，而只需要原子事实；它们是唯一的真之制造者，尽管合取事实通常是允许的，因为它们仅仅是原子事实的相加。到目前为此，这种策略仍然会给符合论者留下很大一类完全或部分地由概念构成的基础命题（基础命题是不以任何命题作为构成部分的命题）。因此，原子论者将继续拒绝一种有诱惑力的观念，即谓词概念和真正的普遍的东西之间有一种一一对应的符合。正相反，一个概念可能符合一个或多个普遍的东西，或者不符合任何普遍的东西，而一个普遍的东西可能符合一个或多个概念，或者不符合任何概念。例如，彼得在玩一个**游戏**，这个命题能够由牵涉特殊游戏的各种各样事实中的任何一个而成为真的。而约翰爱玛丽这个事实使约翰爱玛丽这个命题成为真的，并且使约翰爱某人这个命题成为真的，并且使更多命题成为真的。罗素和维特根斯坦可能认为，原子事实的构成部分的实

---

① 参见阿姆斯特朗（Armstrong, 1997, 第8章）。在下文我将常常用他的术语。然而，他谈论**事物状态**的地方，我将谈论**事实**，因为在前面一节我简要地用“事物状态”指一类强外在论的命题。

质是能够基于先验的考虑而确定的，而阿姆斯特朗主张一种后验的科学原子论。根据他的观点，原子事实是由特殊的东西和简单普遍的东西（性质和关系）构成的。后者是世界的客观特征，这些特征构成特殊的东西之间客观相似性的基础并且说明它们的因果力量。相应地，有什么特殊的东西和普遍的东西，这将一定是基于整个科学判定的。当然，描绘出细节是有困难的，而且可能必须作出一些让步——例如，真的否定命题就对一些原子论者提出了问题，这些原子论者想避免赞同否定事实，并且想对假作出一种可接受的说明。

事实，甚至世界中的原子事实，常常遭到唾弃。因为它们是通过使用“that”从句说明的，所以它们被说成是为了符合的缘故而从真命题“映射的”。这种抱怨的根源肯定在于（缄默地）假定“that”从句拥有对命题稳定的所指，并且在于心灵很容易从这种假定走向同一论。一种与事实符合的合理理论将不会推动这种走向。必须要承认，具有“p 这个事实”这种形式的准摹状词将常常只表达这样一些概念，它们符合或相当混乱地指称任意多原子事实。然而，这并非每当“（that）p”指一个原子事实的时候都成立。这里我没有论述事实，因为同一论已经带有事实。喜欢事实的人会论证说，一个单纯特殊的东西 a 并未被充分**清楚地表达**为用作一个适当的真之制造者。如果 a 是“a 是 F”所表达的命题的唯一的真之制造者，那么“a 不是 F”就不得不也是真的。因此“a 是 F”的真之制造者至少需要牵涉 a 和 F 性。但是，既然 F 性是一种普遍的东西，它就可能在另一个对象 b 以个例的方式体现出来。因此，仅 a 和 F 性的存在并不足以使“a 是 F”这一断言成为真的，a 和 F 性需要在 a 是 F 这个事实中被联系在一起。此外，我会坚持认为一些事实是可观察的：我能够**看到**这只猫在吃东西。然而，喜欢事实的人应该作出让步。像菲多是一条狗这个命题这样的本质谓述不需要事实做真之制造者。菲多是充分的，因为无论它去哪里，一定必然得出是一条狗这种普遍的东西。也许应该把与**事实**符合限制在或然的真东西。

人们有时候说，命题与事实的符合不能是一种完满的关系，并且这种说法是有些道理的。首先要注意，根据眼下的观点，符合论一定是一个指一些不同关系的原生概念。如果内容外在论是正确的，那么毕竟会有一些真命题，对它们来说，符合会萎缩到同一。但是既然概念—命题非常多，这就不会是典型的情况。然而，即使着眼于概念—命题，符合关系也不是相当完满的。根据对信念的命题分析的标准理解，符合关系将是一种内在关系，因为它的关联物（比如，约翰爱某人这个命题和约翰爱玛丽这一事实）的存在隐含着这种关系在它们之间成立（参见 Armstrong 1997，129）。此外，与同样是一种内在关系的相似性不同，命题与事实之间的符合表现为一种完全建立在其关联物的本质性质中的关系（这个命题不可能不成为约翰爱某人这个命题，而这个事实不可能不成为约翰爱玛丽这个事实，也就是说，不能超出存在）。因此，在这种意义上，符合论是不太完满的。此外，当它把概念命题与事实联系起来的时候，它联系了不同的东西，因此它是一种比同一更实体性的关系。

最后，我需要说明我为了简明的缘故而产生的一种幻觉。我在第一节说过，同一论不是符合论的一种说法。这要求一种限定说明。我们至少可以区别四类宽泛的真之承载者：句子（和类似句子的东西）、陈述、信念和命题。[①] 由于真之承载者如此不同，谈论（**这种**）真之符合论是引人误解的。实际上有四组可能的符合论——每一类真之承载者有一组。把一种对一类真之承载者的符合途径与一种对另一类真之承载者的不同途径结合起来，可以是没有矛盾的。同一论是一种命题真之理论。尽管它不是一种命题真之符合论，却得不出它不能是其他真之承载者的一种真之符合论的**一部分**。结合这两种途径而构成的一种理论将被看作一种全面的符合论。

一种关于句子真的大致解释将用于说明：（i）一个句子是真的当且仅当它表示一个真命题，并且（ii）一个真命题是一个事实（同一论）。尽管在这个说明的第二部分中没有出现真正的关系，在其第一部分却提到了一种完满的关系：**表示方式**的语义关系——一种在其关联物之间或然成立的外在关系。应该承认，所得出的理论实际上是“更浓缩的”，如果（ii）提供了一种命题真之符合论，它就不会这样“浓缩”。但是，它毕竟是作为一种符合论，因

① 命题相对来说是理论实体。因此，它们作为真之承载者的地位与目录上其他条款的地位有些不同：对于一种真之理论来说，有一些命题的真或假是必须要说明的，这并不是一种**数据**。

为它是对一个句子符合一个事实是什么意思的解释（的开端）。这种构成理论的表示关系中有充分的“表演”使它可以被看作一种句子真之符合论。在**信念真**的情况，情形是不同的。遵照以上提供的模型，对信念真一种“浓缩的”符合说明会采取以下形式：（i＊）一个信念是真的，当且仅当它带有一种与一个真命题的关系R，并且（ii）一个真命题是一个事实（同一论）。但是“信念”这个名词隐藏了一种“活动—对象”的歧义：有时候它被用来指相信某物这种状态，另一些时候它被用来指所相信的东西。根据对信念的命题分析的一种传统的理解，严格地说，信念**状态**根本就不是真之承载者。我们说“她所相信的东西是真的”；我们不说“她的相信它是真的”。“她的p这种信念是真的”这种形式应该按照以下思路来解释：“p这个命题是真的并且是她相信的”。因此，这种观点否认有一种可理解的意义，在这种意义上，信念（思想、判断等）是除命题以外的真之承载者。① 在这种情况下就得出，如果“信念”指一种信念**状态**，（i＊）就是没有意义的。而如果“信念”指一个命题，那么（i＊）已经被（ii）所涵盖：没有关系R的“表演”，没有任何符合形式的空间。所以，如果真之同一论考虑信念，它对符合论就没有任何用处。但是如果它考虑句子，那么它就需要喜欢它的人的一些帮助。

参考文献

Armstrong, D. M. 1977. *A World of States of Affairs*. Cambridge: Cambridge Univ. Press.

Austin, J. L. 1961. “Unfair to Facts.” In his *Philosophical Papers*, 3d ed., edited by J. O. Urmson and G. J. Warnock, pp. 154－174. Oxford: Oxford University Press, 1979.

Baldwin, T. 1991. “The Identity Theory of Truth.” *Mind* 100: 35－52.

Candlish, S. 1989. “The Truth about F. H. Bradley.” *Mind* 98: 331－348.

Cartwright, R. L. 1987. “A Neglected Theory of Truth.” In his *Philosophical Essays*, Cambrige: MIT Press, pp. 71－93.

Chisholm, R. M. 1977. *Theory of Knowledge*. 2nd ed. Englewood Cliffs, N. J. Prentice－Hall.

Ducasse, C. J. 1940. “Propositions, Opinions, Sentences, and Facts.” *Journal of*

① 这种观点并不否认**句子**是除命题以外的真之承载者；然而，它将旨在以表示方式加上命题的真来解释句子的真。

Philosophy 37: 701 – 711.

Frege, G. 1892. "On Sense and Meaning." In his *Collected Papers on Mathematics, Logic, and Philosophy*, edited by B. McGuinness. Oxford: Basil Blackwell, 1984.

Frege, G. 1918. "Thoughts." In his *Collected Papers on Mathematics, Logic, and Philosophy*, edited by B. McGuinness. Oxford: Basil Blackwell, 1984. Page references are to the original pagination.

Hegel, G. W. F. 1830. *The Science of Logic*. In *Hegel's Logic*, translated by W. Wallace. Oxford: Clarendon Press, 1975.

Hornsby, J. 1997. "Truth: The Identity Theory." *Proceedings of the Aristotelian Society* 97: 1 – 24.

Horwich, P. 1998. *Truth*. 2nd ed. Oxford: Oxford Univ. Press.

Kaplan, D. 1976. *Demonstratives*. In J. Almog, J. Perry, and H. Wettstein, eds., *Themes from Kaplan*. New York: Oxford Univ. Press, 1989.

Kripke, S. 1972. *Naming and Necessity*. Cambrige: Harvard Univ. Press 1980.

McDowell, J. 1994. *Mind and World*. Cambrige: Harvard Univ. Press.

McGinn, C. 1989. *Mental Content*. Oxford: Basil Blackwell.

Meinong, A. 1910. *über Annabmen*. 2nd ed. In his *Gesamtausgabe*, vol. 4, edited by R. Haller and R. Kindinger. Graz: Akademische Druck – u. Verlagsanstalt, 1977. 1st ed., 1902.

Moore, G. E. 1901 – 1902. "Truth and Falsity." In *Dictionary of Philosophy and Psychology*. Reprinted in his *Selected Writings*, edited by T. Baldwin, London: Routledge, 1993, pp. 20 – 22.

Moore, G. E. 1953. *Some Main Problems of Philosophy*. London: George Allen and Unwin.

Plato. 1997. *Complete Works*. Edited by J. M. Cooper. Indianapolis: Hackett.

Putnam, H. 1975. "The Meaning of 'Meaning'." In *Mind, Language, and Reality*, vol. 2 of *Philosophical Papers*. Cambridge: Cambridge Univ. Press, pp. 215 – 271.

Russell, B. 1904. "Meinong's Theory of Complexes and Assumptions." *Mind* 13. Reprinted in his *Essays in Analysis*, edited by D. Lackey, New York: Braziller, 1973, pp. 21 – 76.

Russell, B. 1918. "The Philosophy of Logical Atomism." In his *Logic and Knowledge: Essays*, 1901 – 1905, edited by R. C. Marsh. London: George Allen and Unwin, 1956.

Wittgenstein, L. 1921. *Tractatus Logico-philosophicus*. Trans. by D. F. Pears and B. F. McGuinness. London: Routledge and Kegan Paul 1961.

参考文献

英文

[1] A. Tarski. Truth and Proof [A] //*Alfred Tarski Collected Papers* [M]. S. R. Givant, R. N. McKenzie ed. Brikhäuser Verlag Basel, 1986.

[2] A. Tarski. The Semantic Conception of Truth and the Foundations of Semantics [A] //*Alfred Tarski Collected Papers* [M]. S. R. Givant, R. N. McKenzie ed. Brikhäuser Verlag Basel, 1986.

[3] A. Tarski. The Concept of Truth in Formalized Languages [A] //*Logic Semantics Metamathematics* [M]. J. H. Woodger transl. Hackett Publishing Company, 1983.

[4] A. Tarski. The Establishment of Scientific Semantic [A] //*Logic Semantics Metamathematics* [M]. J. H. Woodger transl. Hackett Publishing Company, 1983.

[5] A. B. Feferman, S. Feferman. *Alfred Tarski: Life and Logic* [M]. Cambridge: Cambridge University Press, 2004.

[6] A. J. Ayer. *Language, Truth and Logic* [M]. London: Gollancz, 1960.

[7] Aristotle. *Metaphysics* [M]. W. D. Ross, transl. Kessinger Publishing, 2009.

[8] A. Gupta, N. Belnap. *The Revision Theory of Truth* [M]. The MIT Press, 1993.

[9] A. Gupta. Truth and Paradox. In *Reccent Essays on Truth and the Liar Paradox* [M]. R. L. Martin ed. Oxford University Press, 1984.

[10] A. C. Grayling. *An Introduction to Philosophical Logic* [M]. Sussex: The Harvester Press, 1982.

[11] B. Russell. *The Problems of Philosophy* [M]. London, New York, Toronto: Oxford University Press, 1962.

[12] B. Russell. *An Inquiry into Meaning and Truth* [M]. London: George Allen Unwin Ltd, 1940.

[13] B. Mates. Pseudo-Scotus on the Soundness of Consequentia. In *Contributions to Logic and Methodology in Honour of J. M. Bochenski* [M]. A. T. Tymicmieka ed. North-Holland, 1965.

[14] C. Morris. *Signs, Language and Behaviour* [M]. New York: Prentice Hall, 1950.

[15] C. J. F. Williams. *What Is Truth*? [M]. Cambridge: Cambrideg University Press, 1976.

[16] D. Davidson. Truth And Meaning [A] //*Arguing About Language* [M]. D. Byrne, M. Kölbel ed. New York: Routledge Press, 2010.

[17] D. Davidson. The Folly of Trying to Define Truth [A] //*The Nature of Truth* [M]. M. P. Lynch ed. The MIT Press, 2001.

[18] D. Davidson. True to the Facts [A] //*Inquiries into Truth and Interpretation* [M]. Oxford: Oxford University Press, 1984.

[19] D. Grover. *A Prosentential Theory of Truth* [M]. Princeton: Princeton University Press, 1992.

[20] D. M. Armstrong. *Truth and Truthmakers* [M]. Cambridge: Cambridge University Press, 2004.

[21] D. M. Armstrong. *A World of States of Affairs* [M]. Cambridge: Cambridge University Press, 1997.

[22] F. Brentano. *The True and the Evident* [A] //R. M. Chisholm, ed. R. M. Chisholm, K. R. Fischer transl. London: Routledge and Kegan Paul [M]. New York: The Humanities Press, 2009.

[23] F. B. Fitch. A Logical Analysis of Some Value Concepts [J]. *Journal of*

Symbolic Logic, 28 (2), Association for Symboliclogic, 1963.

[24] F. P. Ramsey, *The Foundations of Mathematics and Other Logical Essays* [M]. Braithwaite, R. B. ed, London, 1954.

[25] G. Frege. Compound Thoughts [M]. *Mind*, New Series, 72 (285). Oxford: Oxford University Press, 1963.

[26] G. Frege. *Foundations of Arithmetic* [M]. J. Austin transl. Oxford: Blackwell, 1950.

[27] G. Frege. *The Basic Laws of Arithmetic* [M]. M. Furth transl. ed. Los Angeles, 1967.

[28] G. Frege. The Thought: A Logical Inquiry [M]. *Mind*, New Series, 65 (259) Oxford: Oxford University Press, 1956.

[29] G. Frege. *Posthumous Writings* [M]. P. Long, R. M. White transl. Oxford: Basil Blackwell, 1979.

[30] G. W. Leibniz. *New Essays on Human Understanding* [M]. P. Remnant, J. Bennet transl. Cambridge: Cambridge University Press, 1981.

[31] G. Rodrguez-Pereyra. Why Truthmakers [A] //*Truthmakers the Contemporary Debate* [M]. H. Beebee, J. Dodd ed. Oxford: Oxford University Press, 2005.

[32] H. Field. Tarski's Theory of Truth [J]. *The Journal of Philosophy*. 69 (13), 1972, Journal of Philosophy, Inc.

[33] H. Field. *Truth and the Absence of Fact* [M]. Oxford: Oxford University Press, 2001.

[34] H. Keuth. Tarski's Definition of Truth and the Correspondence Theory [J]. *Philosophy of Science*, 45 (3), Philosophy of Science Association, 1978.

[35] H. Herzberge. NaÏve Semantics and the Liar Paradox [J]. *The Journal of Philosophy*, 79 (9), Journal of Philosophy, Inc, 1982.

[36] I. Kant. *Logic* [M]. H. Robert, S. Wolfgang transl. Indianapolis: Bobbs Merrill, 1974.

[37] I. Kant. *Critique of Pure Reason* [M]. J. M. D. Meiklejohn transl.

Pennsylvania: The Pennsylvania State University, 2010.

[38] J. Partee. *Handbook of Logic and Language* [M]. J. Benthem, A. T. Meulen ed. North Holland, 1997.

[39] J. Locke. *An Essay Concerning Human Understanding* [M]. 27 edition. London, Printed For T. Tegg & Son, 73, Cheapside; R. Griffin & Co, Glsgow; Tegg, Wiss & Tegg, Dublin, 1836.

[40] J. L. Mackie. *Truth, Probability and Paradox* [M]. Oxford: Oxford University Press, 1973.

[41] J. Barwise, J. Etchemendy. *The liar: An Essay on Truth and Circularity* [M]. Oxford: Oxford University Press, 1987.

[42] K. Lehrer. *Theory of Knowledge* [M]. London: Routledge, 1990.

[43] K. Popper. Is It True What She Says About Tarski [J]. *Philosophy*, 54 (207), The Royal Institute of Philosophy, 1979.

[44] K. Popper. *The Logic of Scientific Discovery* [M]. Routledge Press, 2002.

[45] L. Wittgenstein. *Notebooks 1914 – 1916* [M]. G. E. M. Anscombe transl. G. H. V. Wright, G. E. M. Anscombe ed. Oxford: Basil Blackwell, 1961.

[46] L. Wittgenstein. *Tractatus Logico-Philosophicus* [M]. D. F. Pears, B. F. McGuinness transl. London and New York: Routledge, 2001.

[47] M. Glanzberg. The Liar in Context [J]. *Philosophical Studies*, 103 (3), Kluwer Academic Publishers, 2001.

[48] M. Eklund. Inconsistent Languages [J]. *Philosophy and Phenomenological Research*, 64 (2), International Phenomenological Society, 2002.

[49] M. Platts. *Ways of Meaning* [M]. London: Routledge and Kegan Paul, 1979.

[50] M. Dummett. More about Thoughts [M]. In *Frege and Other Philosophers* [M]. M. Dummett ed. Oxford: Clarendon Press, 1991.

[51] M. Dummett. *Frege Philosophy of Language* [M]. London: Duckworth, 1973.

[52] M. Dummett. *The Seas of Languge* [M]. Oxford: Oxford University Press, 1993.

[53] M. Black. *Language and Philosophy, Studies in Method* [M]. Ithaca, New York: Cornell University Press, 1949.

[54] Mark Richard. What are Propositions [J]. *Canadian Journal of philosophy*. 43 (5 -6), 2013.

[55] N. Rescher. *Satisfying Reason. Studies in the Theory of Knowledge* [M]. Dordrecht, Boston, London: Kluwer Academic Publishers, 1995.

[56] P. Grim. *The Incomplete Universe* [M]. Cambridge: MIT Press, 1991.

[57] P. F. Strawson. Truth [A] //*Truth*. S. Blackburn, and K. Simmons ed [M]. Oxford: Oxford University Press, 1999.

[58] P. Horwich. *Truth* [M]. Oxford: Basil Blackwell, 1990.

[59] P. Horwich. A Minimalist Critique of Tarski on Truth [A] // *Deflationism and Paradox* [M]. J. C. Bell, B. Armour - Garb ed. Oxford: Oxford University Press, 2005.

[60] P. Horwich. Implicit Definition, Analytic Truth, and Apriori Knowledge [J]. *Nous*, 31 (4), Wiley, 1997.

[61] Peter Hanks. What are the Primary Bearers of Truth [J]. *Canadian Journal of Philosophy*. 43 (5 -6), 2013.

[62] P. Weingartner. *Basic Questions on Truth* [M]. The Netherlands: Kluwer Academic Publishers Press, 2000.

[63] R. Givant, R. N. McKenzie ed. *Alfred Tarski, Collected Papers* [J]. Brikhäuser Verlag, Basel, 1986.

[64] R. Carnap. *Introduction to Semantics* [M]. Harvard University Press, 1948.

[65] P. Engle. *Truth* [M]. Acumen Publishing Limited, 2002.

[66] P. F. Strawson. Truth [A] //*Philosophy and Analysis* [M]. M. Macdonald ed. Oxford: Blackwell, 1954.

[67] R. L. Kirkham. *Theories of Truth* [M]. The MIT Press, 1992.

[68] R. Brandom. *Making It Explicit* [M]. Cambridge, MA: Harvard University Press, 1994.

[69] S. Blackburn. *Spreading the Word* [M]. Oxford: Oxford University Press, 1985.

[70] S. Haack. *Philosophy of Logics* [M]. Cambridge: Cambridge University Press, 1978.

[71] S. Leeds. Theories of Reference and Truth [A] //*Theories of Truth* [M]. P. Horwich ed. Dartmouth, 1994.

[72] S. Kripke. Outline of a Theory of Truth [J]. *The Journal of Philosophy*, 72 (19), Journal of Philosophy, Inc, 1975.

[73] T. Aquinas. *Summa Theologica* [M]. Fathers of the English Dominican Province transl. Mobile Reference, 2009.

[74] V. McGee. *Truth, Vagueness, and Paradox* [M]. Indianapolis: Hackett, 1991.

[75] W. Künne. *Conceptions of Truth* [M]. Oxford University Press, 2003.

[76] W. V. Quine. *Pursuit of Truth* [M]. Harvard University Press, 1992.

[77] W. V. Quine. *Philosophy of Logic* [M]. Harvard University Press, 1986.

[78] W. V. Quine. *The Ways of Paradox and Other Essays* [M]. New York: Random House, 1966.

中文

[79] 达米特. 分析哲学的起源 [M]. 王路，译. 上海：上海译文出版社，2005.

[80] 奎因. 真之追求 [M]. 王路，译，北京：生活·读书·新知三联书店，1999.

[81] 弗雷格. 弗雷格哲学论著选辑 [M]. 王路，译. 王炳文，校. 北京：商务印书馆，1994.

[82] 塔尔斯基．逻辑与演绎科学方法论导论 [M]．周礼全，吴允曾，晏成书，译．北京：商务印书馆，1963.

[83] 卡尔·波普尔．客观知识 [M]．舒炜光，等，译．上海：上海译文出版社，1987.

[84] 唐纳德·戴维森．对事实为真 [A] //对真理与解释的探究 [M]．牟博，江怡，译．上海：上海译文出版社，2007.

[85] 欧阳康．当代英美著名哲学家学术自述 [M]．北京：人民出版社，2005.

[86] 奎因．语词和对象 [M]．陈启伟，朱锐，张学广，译．北京：中国人民大学出版社，2005.

[87] 苏珊·哈克．逻辑哲学 [M]．罗毅，译．北京：商务印书馆，2006.

[88] 陈波．逻辑哲学 [M]．北京：北京大学出版社，2005.

[89] 张建军．逻辑悖论研究引论 [M]．南京：南京大学出版社，2002.

[90] 王路．弗雷格思想研究 [M]．北京：商务印书馆 2008.

[91] 王路．真与意义理论 [J]．世界哲学，2007 (6).

[92] 王路．意义理论 [J]．哲学研究，2006 (7).

[93] 王路．关于逻辑哲学的几点思考 [J]．中国社会科学，2003 (3).

[94] 王路．弗雷格关于意义和意谓的理论 [J]．哲学研究，1993 (8).

[95] 王路．论"语言转向"的性质和意义 [J]．哲学研究，1996 (10).

[96] 王路．句子图示——一种弗雷格式的解释方式 [M]．求是学刊，2014 (5).

[97] 达米特，舒尔特．达米特漫谈哲学 [J]．王路，译．世界哲学，2004 (3).

[98] 王文方．塔斯基的真理定义与物理论 [J]．逻辑学研究，2008 (1).

[99] 周志荣．论"真"概念的物理主义还原 [J]．哲学研究，2010 (2).

[100] 达米特．真的概念 [J]．周小华，译．世界哲学，2005 (6).